浙江省文化研究工程指导委员会

浙江文化名人传记精选修订丛书

原 主 编：万 斌

执行主编：卢敦基

大笔淋漓

潘天寿传

卢炘 著

浙江人民出版社

图书在版编目（CIP）数据

大笔淋漓 ：潘天寿传 / 卢炘著. -- 杭州 ：浙江人民出版社， 2024. 12. -- ISBN 978-7-213-11795-4

Ⅰ. K825. 72

中国国家版本馆CIP数据核字第2024X620Z1号

大笔淋漓：潘天寿传

DABI LINLI PAN TIANSHOU ZHUAN

卢　炘　著

出版发行	浙江人民出版社（杭州市环城北路177号　邮编　310006）
	市场部电话:(0571)85061682　85176516
责任编辑	沈敏一
助理编辑	王易天晓
责任校对	姚建国
责任印务	程　琳
封面设计	王　芸
电脑制版	杭州天一图文制作有限公司
印　　刷	浙江新华数码印务有限公司
开　　本	710毫米×1000毫米　1/16
印　　张	16.5
字　　数	251千字
插　　页	6
版　　次	2024年12月第1版
印　　次	2024年12月第1次印刷
书　　号	ISBN　978-7-213-11795-4
定　　价	68.00元

如发现印装质量问题，影响阅读，请与市场部联系调换。

“浙江文化研究工程成果文库”总序

有人将文化比作一条来自老祖宗而又流向未来的河，这是说文化的传统，通过纵向传承和横向传递，生生不息地影响和引领着人们的生存与发展；有人说文化是人类的思想、智慧、信仰、情感和生活的载体、方式和方法，这是将文化作为人们代代相传的生活方式的整体。我们说，文化为群体生活提供规范、方式与环境，文化通过传承为社会进步发挥基础作用，文化会促进或制约经济乃至整个社会的发展。文化的力量，已经深深熔铸在民族的生命力、创造力和凝聚力之中。

在人类文化演化的进程中，各种文化都在其内部生成众多的元素、层次与类型，由此决定了文化的多样性与复杂性。

中国文化的博大精深，来源于其内部生成的多姿多彩；中国文化的历久弥新，取决于其变迁过程中各种元素、层次、类型在内容和结构上通过碰撞、解构、融合而产生的革故鼎新的强大动力。

中国土地广袤、疆域辽阔，不同区域间因自然环境、经济环境、社会环境等诸多方面的差异，建构了不同的区域文化。区域文化如同百川归海，共同汇聚成中国文化的大传统，这种大传统如同春风化雨，渗透于各种区域文化之中。在这个过程中，区域文化如同清溪山泉潺潺不息，在中国文化的共同价值取向下，以自己的独特个性支撑着、引领着本地经济社会的发展。

从区域文化入手，对一地文化的历史与现状展开全面、系统、扎实、有序的研究，一方面可以借此梳理和弘扬当地的历史传统和文化资源，繁荣和丰富当代的先进文化建设活动，规划和指导未来的文化发展蓝图，增强文化软实力，为全面建设小康社会、加快推进社会主义现代化提供思想保证、精神动力、智力支持和舆论力量；另一方面，这也是深入了解中国文化、研究中国文化、发展中国文化、创新中国文化的重要途径之一。如今，区域文化研究日益受到各地重视，成为我国文化研究走向深入的一个重要标志。我们今天实施浙江文化研究工程，其目的和意义也在于此。

千百年来，浙江人民积淀和传承了一个底蕴深厚的文化传统。这种文化传统的独特性，正在于它令人惊叹的富于创造力的智慧和力量。

浙江文化中富于创造力的基因，早早地出现在其历史的源头。在浙江新石器时代最为著名的跨湖桥、河姆渡、马家浜和良渚的考古文化中，浙江先民们都以不同凡响的作为，在中华民族的文明之源留下了创造和进步的印记。

浙江人民在与时俱进的历史轨迹上一路走来，秉承富于创造力的文化传统，这深深地融汇在一代代浙江人民的血液中，体现在浙江人民的行为上，也在浙江历史上众多杰出人物身上得到充分展示。从大禹的因势利导、敬业治水，到勾践的卧薪尝胆、励精图治；从钱氏的保境安民、纳土归宋，到胡则的为官一任、造福一方；从岳飞、于谦的精忠报国、清白一生，到方孝孺、张苍水的刚正不阿、以身殉国；从沈括的博学多识、精研深究，到竺可桢的科学救国、求是一生；无论是陈亮、叶适的经世致用，还是黄宗羲的工商皆本；无论是王充、王阳明的批判、自觉，还是龚自珍、蔡元培的开明、开放，等等，都展示了浙江深厚的文化底蕴，凝聚了浙江人民求真务实的创造精神。

代代相传的文化创造的作为和精神，从观念、态度、行为方式和价值取向上，孕育、形成和发展了渊源有自的浙江地域文化传统和与时俱进的浙江文化精神，她滋育着浙江的生命力、催生着浙江的凝聚力、激发着浙江的创造力、培植着浙江的竞争力，激励着浙江人民永不自满、永不停息，在各个不同的历史时期不断地超越自我、创业奋进。

悠久深厚、意韵丰富的浙江文化传统，是历史赐予我们的宝贵财富，也是我们开拓未来的丰富资源和不竭动力。党的十六大以来推进浙江新发展的实践，使我们越来越深刻地认识到，与国家实施改革开放大政方针相伴随的浙江经济社会持续快速健康发展的深层原因，就在于浙江深厚的文化底蕴和文化传统与当今时代精神的有机结合，就在于发展先进生产力与发展先进文化的有机结合。今后一个时期浙江能否在全面建设小康社会、加快社会主义现代化建设进程中继续走在前列，很大程度上取决于我们对文化力量的深刻认识、对发展先进文化的高度自觉和对加快建设文化大省的工作力度。我们应该看到，文化的力量最终可以转化为物质的力量，文化的软实力最终可以转化为经济的硬实力。文化要素是综合竞争力的核心要素，文化资源是经济社会发展的重要资源，文化素质是领导者和劳动者的首要素质。因此，研究浙江文化的历史与现状，增强文化软实力，为浙江的现代化建设服务，是浙江人民的共同事业，也是浙江各级党委、政府的重要使命和责任。

2005年7月召开的中共浙江省委十一届八次全会，作出《关于加快建设文化大省的决定》，提出要从增强先进文化凝聚力、解放和发展生产力、增强社会公共服务能力入手，大力实施文明素质工程、文化精品工程、文化研究工程、文化保护工程、文化产业促进工程、文化阵地工程、文化传播工程、文化人才工程等"八项工程"，实施科教兴国和人才强国战略，加快建设教育、科技、卫生、体育等"四个强省"。作为文化建设"八项工程"之一的文化研究工程，其任务就是系统研究浙江文化的历史成就和当代发展，深入挖掘浙江文化底蕴、研究浙江现象、总结浙江经验、指导浙江未来的发展。

浙江文化研究工程将重点研究"今、古、人、文"四个方面，即围绕浙江当代发展问题研究、浙江历史文化专题研究、浙江名人研究、浙江历史文献整理四大板块，开展系统研究，出版系列丛书。在研究内容上，深入挖掘浙江文化底蕴，系统梳理和分析浙江历史文化的内部结构、变化规律和地域特色，坚持和发展浙江精神；研究浙江文化与其他地域文化的异同，厘清浙江文化在中国文化中的地位和相互影响的关系；围绕浙江生动的当代实践，深入解读浙江现象，总结浙江经验，指导浙江发展。在研究力量上，通过课题组织、出版资助、重点研究基地建设、加强省内外大院名校合作、整合各地各部门力量等途径，形成上下联动、学界互动的整体合力。在成果运用上，注重研究成果的学术价值和应用价值，充分发挥其认识世界、传承文明、创新理论、咨政育人、服务社会的重要作用。

我们希望通过实施浙江文化研究工程，努力用浙江历史教育浙江人民、用浙江文化熏陶浙江人民、用浙江精神鼓舞浙江人民、用浙江经验引领浙江人民，进一步激发浙江人民的无穷智慧和伟大创造能力，推动浙江实现又快又好发展。

今天，我们踏着来自历史的河流，受着一方百姓的期许，理应负起使命，至诚奉献，让我们的文化绵延不绝，让我们的创造生生不息。

2006年5月30日于杭州

目录

序　曲

沉重的历史车轮滚过纷繁的20世纪，中华民族从政治、经济到文化艺术经过种种坎坷，艰难地迈出了一步又一步，百年巨变，辉煌与沧桑同在。追踪伟人的步履，我们在历史的长廊徜徉、沉思。岁月如歌，敬佩、忧伤、感奋互相交织。

政治改良主义受挫

19世纪最让中国人触目惊心的鸦片战争，带着帝国主义列强的飓风，刮醒了中国知识阶层的自我迷醉。同一时刻，凡有爱国心的知识分子都开始关注国际格局，希望弄明白大清帝国为何如此不堪一击。曾国藩、左宗棠、李鸿章等一批洋务运动的头面人物成了人们的希望所在，然而旋即他们就让国人的希望破灭。但毕竟清政府闭关自守的大门还是被撬开了，从此军舰大炮、火车轮船、电报电话等机器设备连同科学技术统统进了国门，洋务学堂、江南制造总局、福州船政局、天津机器局、轮船招商局、矿务局、同文馆等等遍布九州。与此同时，丧权辱国的不平等条约一个又一个地强加在中华民族的头上。一方面引进先进科技需要金钱，另一方面战败需要支付巨额赔款，政府财政被掏空。仅《马关条约》清廷便需向日本赔偿军费二亿两白银，相当于日本政府年收入的三倍，可当时清政府年入不过七八千万两白银，其他割让领土、出卖主权的条款又何其多。

1894年中日甲午战争中，用西方先进武器装备训练的北洋海军竟然惨败于武器装备略逊一筹的日本海军。北洋海军的覆没，宣告了洋务运动的破产。

血的教训告诉人们，仅仅学习西方的科学技术不行，以康有为为代表的各省千余名举人联合向光绪皇帝上书，要求“拒和、迁都、变法”。但这次“公车上书”只主张改良而反对革命，“百日维新”的惨败自然早就孕育其中，“戊戌变法”没能够挽救中国。此事发生在本书传主潘天寿出生的第二年。

艺术融合之风云起

洋务运动和改良主义的是是非非暂且不论，不可否认的是，这些运动带来了西方的人文思想，开拓了中国人的文化视野。西方文化的渗入，作为参照物改变了传统文化的“唯我独尊”。清政府有保留地施行了派送留学生、开办新式学堂以及创办译书局之举。随着西方各种新理论的传播，以及文学和美术作品的大量流入，中西文化艺术的融合之风应运而起。

1906年，南京两江优级师范学堂（后为南京高等师范学校）在成立四年后，首次开设“图画手工科”，近代中国的美术高等教育从此开始。该校以日本的美术教育为示范，聘请的几乎都是日本美术教员，所配的译员也是从日本回来的留学生。主要课程投影画、画法几何、素描、水彩、油画、图案都是欧洲式课程，国画作为“加习的毛笔画”，地位可想而知。①

潘天寿就读于浙江第一师范学校时，校内两位美术教师中，李叔同是最早赴日本学习油画的艺术家，姜丹书则是两江优级师范学堂“图画手工科”乙班（1910年）毕业的最优等毕业生。

学习西画，掌握艺技，革中国画的命，“合中西而为画学新纪元”，以西洋写实主义改良中国画，很快成为20世纪初的新时尚。不光是康有为、陈独秀等有此主张，连蔡元培、鲁迅等亦有过相近的言论。蔡元培认为，“今吾辈学画，

① 参见姜丹书：《两江优级师范学堂与学部复试毕业生回忆录》，载《姜丹书艺术教育杂著》，浙江教育出版社1991年版，第187—191页。

专用研究科学之方法贯注之，除去名士派[1]毫不经心之习……用科学方法以入美术”。民间绘画团体可以不管，而新式小学、中学、大学都清一色地把西画素描、色彩作为科学的画法，定为美术主课。追求形似压倒了精神性写意的风气，如此连绵了数十年。

传统自身变革出新

尽管坚持传统写意的画家大有人在，但融合画风势不可挡。传统艺术似乎刹那间过了时，多数人徘徊在两者之间。

但天道酬勤，不少取捷径者往往兜了圈子还迷失了方向，离艺术的终极不是靠近反倒远了。那些执着地不畏艰险跋山涉水者，由于认定目标、态度坚定而修成正果。为传统艺术增添新枝蕊蕾者，最终并没有被历史抛弃。艺术园圃要的是百花齐放。

出生在浙东台州一带，从小就被人称之为“阿寿”“寿头”的潘天寿不谙世故，他与他的同学柔石一样，都有股“台州式的硬气”，照鲁迅所说是“有点迂”。

人家叫他“寿头”，潘天寿偏偏取号“阿寿”，这样反而可以任自己的意愿行事。做学生时，李叔同教素描，潘天寿不喜欢擦明暗，草草几笔交了作业，“寿头”只得个六十分也蛮正常；跟吴昌硕交往，凡学得有“昌气”的通通撕掉。中国的孩子中天才可能不少，但多被捧杀和打压了。潘天寿的天性有幸保存，这是他的造化。

他和陈师曾几乎同时撰写《中国绘画史》，也许是研究传统中国画历史的缘故，他们对文人画的理解比同时代的画人要深。文人画的价值经陈师曾的阐述，又经潘天寿的实践，出现了新的气象。

别家融合中西，潘天寿则强调“中西绘画要拉开距离”。明清时，中国画日渐萎靡，黄宾虹从柔的一面以浑厚华滋纠偏，潘天寿从刚的一面增其力度以走

---

① 蔡元培说的“名士派”指文人画。

图序-1　潘天寿先生像

向壮美崇高。他们没有在传统中淹没，也未被融合之风同化。

中国绘画自从美术院校出现以后，几乎所有的矛盾焦点都围绕院校反映出来。潘天寿有幸受吴昌硕的熏陶，于20世纪20年代与诸闻韵在上海美术专科学校共创全国第一个中国画系。此后，他又被林风眠看中，作为国立艺术院创立时首批主任教授之一，数十年没有离开过这所全国最重要美术院校的重点系——中国画系。他出任过系主任、教务长、校长、院长等职，又曾担任省美术家协会主席、全国美术家协会副主席、全国人民代表大会代表。时代赋予他机会和重任，加上个人的敬业精神和天赋，他终于挑起了中国画从传统自身求发展的重任，坚持民族艺术自身的特点，傲立于世界艺术之林。

不幸的是，这样一位曾经使这一段美术史闪闪发光的文化伟人，在美术教育史上彪炳后世的伟大教育家，成了滚滚历史洪流的无辜受害者。潘天寿的死与他坚贞伟岸的人格和艺术风格一样具有无比的深刻性，带给人们不尽的哀思和深省。

第一章　艺术启蒙

家道中落

潘天寿，原名天谨，乳名守权，学名天授，后改天寿，字作藩，改字大颐，号阿寿。别署慎予、三门湾人、未是草、懒秃、朽居士、懒道人、懒头陀、东越颐者、心阿兰若住持、寿者、古竹园丁寿者等，晚年常署雷婆头峰寿者。1897年3月14日（光绪二十三年二月十二日），他出生于浙东宁海县北郊冠庄村。

宁海地处浙东丘陵地带，虽然临东海，但全县多山。明代徐霞客曾慕名前来游览而写下了《徐霞客游记》的开篇之作。冠庄离县城十里，自宁海县城至宁波市需经过冠庄，冠庄距宁波市尚有二百余里，在1935年公路开通以前，少不了要翻山越岭。虽说偏僻，但由四个自然村合一的冠庄大村，约有四百余户，甚至可算是宁海城关出北门后的第一个大村。

据族谱记载："世祖仁约（六军使）于唐元和（七年）迁宁海深甽独山，为居宁海始祖。"官至六军使的潘展告老还乡，安居宁海。冠庄潘氏先祖则于元初自独山迁居而来，在大中山下子孙延绵，代有官出，故得名"官庄村"，后改名"冠庄村"。

传到潘天寿的祖父潘期照，潘家家境已十分殷实。上代虽然没什么家产传给潘期照，但他治家有方，在最红火的时候买进了不少田亩。他在冠庄造过两次房子，第一次建造的房子因失火而毁坏，所以后来建造的这座房子取名"又

图1-1　潘天寿出生地——宁海县冠庄“又新居”

新居”，东侧的火烧地成了菜园子。

又新居是南方式四合院，当地人称之为“楼下道地”，现为宁海“潘天寿故居”，已通汽车路。庭院不算豪华，但古色古香，三间两弄，正厅分堂前和左右正房，东西两侧各有三间厢房，都是二层木结构建筑。中间是鹅卵石拼花的天井，宁海人叫道地，因为开间宽大，道地不小，四周阶檐贯通，门窗有花格、檐枋，均雕绘着各种花鸟人物故事。

前面还有当地俗称“倒厅”的前厅，也有天井，两厅间设有一排八扇长长栲格雕花的屏门，两侧另有耳房与内院东西两厢相绕。

潘期照[①]（1845—1898），学名梦庚，字星辉，号拱北，人称拱北公、三星先生，当过乡长。传说，其有田千石（约合四百亩），但传给两个儿子时已经不多，仅约一百余亩。他努力培养儿子读书。潘期照有五个子女，长子潘秉璋、次子潘秉珪及三个女儿。

潘天寿是长房长孙，父亲潘秉璋（1872—1948），字子陶，号制臣，乳名达品，人称达品先生。母亲周水仙（1872—1903）是宁海西郊外两水拱村右榜举

① 王艾村认为潘期照名为潘妍照，“国学生”。见《潘天寿与宁海考略》，载《美术史论》1993年第4期。据潘公凯考证，其曾祖父潘期照不识字。参见潘公凯：《潘天寿评传》，商务印书馆香港分馆1986年版。

人周熊飞的长女。潘天寿出生的次年，二十五岁的潘秉璋考取秀才，这在乡间是十分荣耀的事。他知书达理，慷慨仁厚，乐于施舍，为人耿直，深受村民爱戴。不久被推为乡长，而且一当就是三十几年，并一度当上了县参议员。

俗话说“三岁看到老”，人一生的许多性格、习惯，或者说是天性，都可以追溯到童年时期。科学的追踪研究证明，从出生到七岁正是人身心发展最蓬勃的时期。潘天寿七岁以前的生活环境无疑是十分理想的，殷实的家境使他没有温饱的忧虑。

父亲写得一笔好字，每遇过年过节或者婚丧大事总要为乡亲们写对联横额。冠庄潘天寿故居（又新居）正厅枋下装饰性的栲格中，还保留着父亲的手迹“容膝易安”四个字，端庄的楷书取陶渊明《归去来兮辞》名句“倚南窗以寄傲，审容膝之易安”之意。作为乡长，潘秉璋自然要做许多公益性事务，经常要为一些家庭调解矛盾，并接济穷人。

母亲周氏天资聪敏，颇有家教，人又长得修长端正，是冠庄数得上的贤妻良母。她不但操持家务井井有条，还会裁衣绣花。别的农村妇女也有会绣花剪纸的，而她是自绘自描，高人一筹。

如果说日后潘天寿喜欢上写字与父亲有关，那么绘画的天赋可能则更多来自母亲的基因。

母亲教他识字又教他做灯笼、扎风筝。中国的农民一年到头劳碌，但秋收入冬后到旧历过年时就闲了，然后正月闹元宵，二月放风筝，孩子们就盼着过年，过年快乐，有吃有玩。正月十五的元宵节各地都要举行灯会，潘天寿在母亲的鼓励下，用彩笔给灯笼绘上画，他家的灯笼总是最有特色的。同样他会做许多花样不同的风筝，开始都是母亲教的。旧历二月十二日是个重要的日子，传统的花节又逢潘天寿的生日。潘天寿后来还曾刻过一枚图章“百花生日生”。花节过后两天，便是当地都总菩萨的生日。各乡的妇女纷纷赶往冠庄附近的一个都总庙来朝拜，求个吉利。相传都总庙菩萨是宋朝册封的护国侯王，曾担任过冠庄周围六乡的都总。在这些日子里，冠庄和都总庙是十分闹猛的。

母亲带着孩子们穿梭于人群之中，戏台上耀眼的龙袍凤冠、菩萨供品上贴着的神秘剪纸图案，母亲都会一一讲给孩子们听，而且都是有声有色的故事。

回家后随着母亲的巧手剪折，常常是摆满了一桌的纸折人物、犬马鱼兔以及各种红白剪纸。母亲还懂不少民间的绘画知识，她会告诉孩子青颜色与紫颜色相间不好看，还顺口念出一串串谚语，什么“红配绿，花簇簇”“青间紫，不如死”“粉笼黄，胜增光”“白比黑，分明极”。

母亲生了二女二男，依次是姐姐萱萱、天寿、妹妹仙仙、弟弟天膺。怀天膺时，她得了产后褥，发高烧卧床不起。潘天寿此时已经长到了七岁。

这年的伏天，宁海发生了一起历史性的反洋教起义。话得从早些年份说起，自鸦片战争以后，外国传教士凭借不平等条约，成批涌进中国。宁波是第一次鸦片战争后签订的中英《南京条约》中作为通商口岸的城市。宁海离宁波不远，所以很早就有传教士出入。至同治九年（1870），法国传教士傅万松先在风潭建起全县第一座教堂，后又在中胡、宁城、溪边、长街、新塘、前横、沙柳、白崎、桥头胡、凫溪、黄坦、大里等地建起了教堂和公所。县城则有天主教总堂。为扩展教会势力，教会仗教民之势，违弃了原先的教义，干了许多欺压乡民的坏事。据《宁海闹教案》有关资料记载：凡教民与乡民诉讼时，神父直入公堂盛气凌人地说教民不受大清法律之约束，带教民而出。在乡村，教民常与农民为放田水起纠纷，通常是教民先放。教民的牛马吃乡民的庄稼，农民不得牵走。教民在教会领到枪后，作威作福，甚至强买土地，侵占山林，包揽词讼，抢婚赖婚，侮辱民妇。

1903年8月13日，大里村的莽秀才王锡彤揭竿而起，这是他第三次发起反教会侵略的斗争。王锡彤与潘天寿的父亲潘秉璋是光绪二十四年（1898）同榜秀才，素有交往。王锡彤长期执教乡间，极富正义感和爱国心。他目睹教会私设公堂，庇护坏人，教民杀人亦不抵罪，传教士恃强霸占土地房产等恶行，痛心疾首。陶成章《浙案纪略》中曾记载王锡彤“立会招贤以排外为宗旨。于庚子辛丑（1900—1901）之际屡闹教案，清吏悬赏至八千金而卒不获，癸卯（1903）以后受革命党人之运动，遂改排外宗旨而为排满宗旨。其会名曰：伏虎会”。

王锡彤得知直隶（约今河北、天津、北京一带）爆发了由景廷宾领导的反对教案赔款和抗缴捐税的群众武装起义，便对当地人说：“天主教恶贯满盈，天怒人怨……正吾辈驱逐天主教时矣。”因率村中丁壮五六十人，烧毁大里及中胡教堂，抓捕不法教民，向县城进发。

途经冠庄，起义队伍已有二百余人。时近中午，乡董（乡长）潘秉璋安排村民分设三十桌宴席为之接风。潘家大院堂前潘秉璋亲自宴请王锡彤。据说，那天晌午宁波府派驻宁海的参将周友胜出城到冠庄与王锡彤谈判。王锡彤表示“城可以不入”，但要周友胜交出为恶的一个神父和四个教民。周友胜不敢答应，谈判未成。当晚起义军攻入县城——缑城，史载“从者近万”。

这次被称作“宁海教案”的起义，是在义和团运动后期浙江各次反帝斗争中规模最大、历时最长的一次。

其时，法国派“巴斯卡尔”号军舰驶入甬江口威胁，迫使清政府迅速镇压起义。浙江抚台聂缉规派台州知府徐承礼坐镇宁海，调台州各县清军和宁波府数百精兵，外加法国兵数十名缉捕起义农民。

12月，王锡彤长子王幼生被捕，解往宁波，后遇害。王锡彤改名换姓潜入外地，以后在新昌、嵊县、临海、天台、奉化等地继续活动。

法国迫使清政府签订了《宁海法国教案议约》，索赔白银十万两，约外又追加三万两。

王锡彤起义虽然归于失败，但这是宁海近代影响颇大的事件。尤其是七岁的潘天寿亲眼见到了群情激愤的动人场面，洋人洋教欺负中国人，清政府又屈服于洋人等种种怪现象，以及大人的议论都深深印入了他的脑海。

母亲那时得了产后褥，病倒在堂前东侧的正房里，外面乱哄哄，人声嘈杂近在咫尺，病中受惊自不待言。后来又担忧丈夫会受牵连，心里不免惶恐，度日如年。最终，三十二岁的潘秉璋因在乡间深得众望，乡民们一致为其辩护，清政府官员也有意保护，他才未被问罪。然而重病在身的潘天寿母亲却不过几周便告别了人世。

此后，父亲先后续弦的黄氏、杨氏，均先后病故，再续娄氏，得子天素、天尚、天伍。本来还算比较殷实的潘家，经过几番折腾，加之潘秉璋亦持家无术，渐渐家道中落。家庭变故对潘天寿的影响不小，从此他变得十分内向，也很少对人言及家事。[①]

母亲过世后，奶奶严氏（1848—1922）分担教养责任，也常给孙辈讲些有意义的潘家轶事。潘家为何取堂名为“慕荆堂”？这与一个传说有关。《续齐谐记》记述，相传古有三兄弟分家产，一棵大荆树突然枯萎，兄弟不忍心三段平分，大树亦重生开花，寓意兄弟和睦、家事兴旺。潘天寿晚年《回缑山故里》诗也提到了荆树：“屋角古荆树，高倚夕阳斜。”

私塾不准画画

七岁时，潘天寿由父亲取学名天授，就读于村中的私塾。其实私塾就设在潘家的“楼下道地”隔过一座屋子的大宅院里，当地人称之为“楼上道地”，又称“上屋”。

图1-2　潘天寿童年上学的私塾悬挂的牌匾

“上屋”比“又新居”轩敞，天井道地不是鹅卵石而是清一色的青石板，平展整齐，院内楼屋也比较高些，如今仍基本保持着当年的原貌。原先堂前是教室，上悬一块极精致、极考究的黑色大匾，有闪闪发光的四个斗大金字——“率真处世”，字体端庄、刚正。匾额上款“赐进士文林郎知台州府宁海县事”，下款“乾隆贰拾伍年玖月吉旦立”，可知此匾已历一百多个寒暑。前辈以“率真处世”激励着后代子孙奋进。[②]

私塾先生叫潘天道，年纪比潘秉璋还要大，辈分却与潘天寿相同。潘天道先生只算得半个秀才，但他的言语举止不折不扣地遵守着“率真处世”的准则。

1985年，笔者由潘天寿侄子潘望霖陪同专访潘天寿当年的私塾同学潘功恒

① 1983年，笔者替何愔整理回忆录，问及潘天寿祖辈之事，何愔均不知情。

② 笔者曾于1985年寻访时，在村长帮助下，将“率真处世”匾从正屋楼上堆满杂物的阁楼中寻找出来，经擦拭，仍完好如初。2002年闻当地政府决定恢复潘天寿童年读书处。据族谱载，此私塾为潘天寿太祖父志余所创建。

老先生（1898—1990）。对于童年趣事和塾师，潘功恒先生仍记得很清楚。他讲述了这样一个故事：

这一天，先生不在。

孩子们都围在一张书桌旁边。一个梳小辫子的顽童正在把铜钱大把大把地摸出来，咣啷啷摊了一桌子。

看到同学们多少露出了羡慕的神色，小童生很有点得意，家里给他的钱多，够他满把抓的。

突然，他想出了一个新点子。用手指钳起一个铜钱，两只小手使劲一折，竟然将这个铜钱一下折为两截了。

十几双小眼睛正在惊奇之中，只见他随手一扬，“啪”地一声，碎铜钱抛进了不远的尿桶里。瞧那神色，小顽童犹如干了一桩了不起的大事，洋洋自得。

一会先生来了，招呼大家各就各位读书。此时有个小同学告诉了先生刚才发生的事。

“什么？竟敢如此胆大妄为！”天道先生的声音气得有点发抖，“你……过来！”

小顽童早已收起了英雄本色，慢慢地挪到了先生的八仙桌前面。

“嗨，白白教，白白教。”先生仰起头边摇边说，“我也不打你，你书不要读了，读不好的。收起书包回去吧！”

小顽生本是准备挨板子的，无论如何也没想到竟要开除他。别的学生也猜不透先生为何今天发这么大火。

突然，先生吼了起来。

“你把皇帝的国号都丢到尿桶里去了，还读什么书！”

他站立起来，仰首望着那金色大匾，仿佛在自我忏悔，教出这样一个不争气的学生。铜钱上铸有大清年号，真是大逆不道。

先生瘦瘦高高的身躯在微微颤抖，课堂里鸦雀无声。先生这么站立了许久后管自走到隔壁的正房里去了。

往常天道先生是极其温良敦厚的。

课堂后面有个小天井，穿过天井有个先生的园圃。园圃里有一棵尺把粗的大梨树。待到果子成熟，摘来水滋滋的大梨子，先生总要分给学生们吃。

有时发现有外面的人来摘梨子，学生会叫嚷起来："先生！先生！有贼来偷梨啦!"

天道先生总是缓缓地说："唉，不要说贼，不要喊偷，让他摘几个去。"

最有趣的是，有一天夜里外人来偷梨。天道先生还提着灯笼给这位不相识的人照路。

他一边走一边关照："慢慢走，当心跌倒。"他总是想不明白，这些个孩子，想吃梨只管来要，何必偷偷摸摸这样做呢?

这位"君子坦荡荡"的好先生，每逢过年过节，总有许多学生前来送礼，这是乡村的习俗。可是天道先生很特别，一概不收礼，不管是粽子、年糕，还是鸡蛋鱼肉，送上门的全原封不动提回去，大家感到他有点古怪，但对他非常敬重。

老先生对学生管教严是出了名的，但毕竟有点儿迂。

一次，一个学生下课时站立在门坎中间，他是被先生叫去背《上论》末篇的。《论语》二十篇，《上论》末篇即第十篇《乡党》。学生像小和尚念经似地背着，背到"立不中门，行不履阈（门坎）"的地方，那学生声音小了下去，而且露出了羞愧之色。

"玩去吧!"先生不叫他再往下背，就这样算数了。

这就是天道先生的教育方法，他教学生先读《百家姓》，然后《上论》《下论》《上孟》《下孟》《大学》《中庸》等，全是儒家"四书五经"的说教。

此时科举制度虽然尚未废除，但变法维新正冲击着这种陈旧的封建教育。城市里已开始开办新式学堂，而偏远的宁海乡间一时还得不到这种裨益。

不过，天道先生也教《千家诗》《唐诗》之类的古典诗词，这对潘天寿日后进学倒不无好处。

天道先生如果身体不适，或者有事外出，这一天的课便由潘天寿的父亲来教。

潘秉璋授课也从不马虎，对自己的儿子与别的学生一样要求，一点儿不含糊。他的毛笔字写得相当好，又是当时村子里唯一的秀才，所以逢年过节，婚丧大事，来家求写对联、横额的不少。他从来不拿架子，总是有求必应。他来代课自然对学生写字也注意得多些。

潘天寿对写字颇有兴趣，而且能持久不衰。先生要学生先描红，后写墨映格，最后再写空格字，他一一遵从，而且每天都比别人多写一张。以后他总是每天午饭后写一张毛笔字，这个习惯一直保持到晚年。

字，虽是天天练，但字好字坏，如何运笔，天道先生从来不讲解，偶尔在习字本上圈几个红圈圈便是对这几个字的赞赏。

潘秉璋来教写字的次数，毕竟相当少。他事务较多，又过于信赖天道先生，以至私塾那几年，潘天寿连一本字帖也没有。学生们以认字会写为主，好坏并不讲究。潘天寿也看着先生写的样子描写，对字好字坏是似懂非懂的。

虽说家境还算殷实，但勤俭作为美德，天寿从小就十分注意。

其他学生的课桌分成两排，一排紧贴左侧的板壁，面壁背书写字。另一排放在中间，与那排同学背靠背，面向着先生。先生的八仙桌靠右侧放置，上头是先生，下头便是潘天寿的位置。在所有的学生中，潘天寿的位置最突出，别人背书要到八仙桌跟前来，他却只要站在自己位置上即可。

这一天，先生有些奇怪，潘天寿写的字远远望去总有点不对劲。他伸手取过那张写过字的土纸，架上老花镜，愣住了。字淡得一点精神也没有，原来为了节省纸墨，天寿用清水在土纸上练字，写完晒干，又可重写，从淡到浓，可以多遍使用。

“这孩子……真懂事。”先生喜欢天寿绝不是因为他是乡长的儿子，而是这孩子聪明懂事，好学上进，并且从不调皮捣蛋，不与人吵闹，文静、憨厚。

开头两年，潘天寿的背书和写字，成绩平平，不过还没有到受罚吃板子的地步。到了十一二岁，他的成绩转好，不久便名列前茅，令先生刮目相看了。

好景不长。

光是背背书、写写字，总容易腻烦。天寿便在纸片上画小人、画花、画鸟来消闲。略大一点，便热心于临摹《水浒传》《三国演义》等小说的插图。连乡村中祠庙门窗上的山水、人物、花鸟、虫鱼，他都一一用心记下而加以摹绘。

他的画在小伙伴中渐渐出了名，他也常常将自己画的纸片分送给同学，尤其是他画的将军、和尚，最得同学的喜爱。

一天，天道先生布置学生诵书，背手踱出教室。

“先生来了，先生来了！”当先生返回时，只听学生们惊慌地叫嚷着。

课桌椅一阵乱响。等先生跨进门槛，学生们早已一个个正襟危坐，都忘了诵书之事。

先生挨个地走了一圈，在一个学生面前站定了。

“把书底下的东西给我！”先生声色俱厉，目光严峻。

那孩子顺从地把露出一角的一张图画抽了出来。一幅《三国演义》的插图跳入眼帘。

“是你拿来的？”先生手握戒尺问道。

那个学生恐惧地摇摇头。

片刻的静默。

“是我。”一个声音从背后传来。

潘天寿像一段木头似的站立在自己的位置上。

“是我画的。”

先生大吃一惊。

他有点不信，这画出自一个孩子之手。天道先生清楚地记得，不久前他曾发现潘天寿在课堂里画画，便把那张画纸哗哗撕破扔了出去，还用戒尺狠狠地打了他的手心，罚他站立一个时辰。

今天，眼前的图画实在有点儿撕不下手。潘天寿等着又一次受罚，谁知道先生的戒尺徐徐落了下来。

“唉，画事有何出息，此乃匠人所为。巫医乐师百工之人，君子不齿矣！”

事隔好久，私塾同学还喜欢学着天道先生的口吻，蹙紧眉头，拖长声调，摇头吟诵：“此乃匠人所为，巫医乐师百工之人，君子不齿矣！”最后那句话常常是几个同学异口同声发出，接着便是一片笑声。这样的玩笑自然是冒着“大不敬”的风险，不能让先生有所察觉。

私塾允许练字，但不允许画画。练字属于文章课事，画画则是不务正业。

父亲与天道先生所见略同，“不专心文章课事”“不务正业”免不了严厉的责罚。别的事潘天寿都顺从大人，唯独画画对他来说实在难以放弃。

手心打肿了，他只是用另一只手揉着，或者用砚台按着，可从来不落一滴泪水。

以《芥子园画谱》为师

潘天寿晚年曾说：“我从十四岁起就下决心要做一个中国画家。”十四岁那年是他从乡村进县城读书的1910年。宁海县城又叫缑城，他读书的学堂在城中，叫缑中学堂[①]。宁海自1901年开办第一所初小学堂，至1904年才有第一所高小学堂。那时候缑中学堂办学条件很简陋，虽说开办已五年，但校址仍在关岳庙（武庙），学生住在不远的三公祠楼上，小学生晚自习回来要穿过一些佛殿。潘天寿晚年对此还留有深刻的印象，仿佛觉得菩萨随时都会从台座上走下来似的。[②]

因为读过七年私塾，父亲与老师交涉后，潘天寿便插班入初小三年级。按当时的学制，蒙养园毕业后，初小四年，高小三年。以天寿的国文水平来说，他满可以直接进高小，但私塾没有算学、音乐、美术，而小学的功课一门也不能少学，还要学物理、化学，那时叫格致，即“格物致知”的简称。

头一堂国文课，先生讲了一篇《朝发拜于长白山》的短文，天寿第一次听说中国是满族人统治下的中国，他感到十分耻辱，同时对脑袋上的小辫子也产生了厌恶。

以后他又了解了孙中山先生的革命主张，非常赞同。剪辫子是孙先生的主

---

① 一说潘天寿就读于城南的缑南学堂。参见宁海城关镇志编纂办公室编：《宁海城关镇志》，浙江人民出版社1989年版，第461页。

② 参见潘公凯：《潘天寿评传》，商务印书馆香港分馆1986年版，第4页。

张，他便朝闻夕改，而且剪得比同学彻底，干脆留了一个平顶头。谁能想到，这种平顶头，他一直保持了一辈子，终身没有改变过。

原来在私塾时，潘天寿就喜欢写字、画画。私塾认为画画妨碍正课而加以禁止，到学堂以后，绘画作为一门课程可以名正言顺地学了。但当时的美术课并没有给潘天寿留下多少印象。他只记得：

> 到城里入国民小学以后，买到了《芥子园画谱》，才知道画的范围很广，分科复杂。由分部的练习，到整体的组成，由简单的基础理论，到高深的原则，都是由浅入深，步序井然。于是，《芥子园画谱》就是我学画的启蒙老师了。并且也逐渐懂得了诗文、书法、金石以及画史、画理有不可分割的联系。
>
> 《芥子园画谱》是石印的，既无颜色，又无浓淡，对着临摹，每每发生许多困难。城里没有画师可请教，只有一家亲戚（姑父）是读书人，并且爱好古书画。到他家里去玩，总能看到几幅乡下小名家的画幅悬挂着，以为装饰。这就是我唯一能欣赏古画和在技法上参考学习的场所了。①

潘天寿说的姑父是二姑父，父亲因为几个继母没有能力管教潘天寿，一心想孩子进了县城小学，由他姑母、姑父代管再好不过了，所以，他让潘天寿住在这个家在城东的二姑母家里。照理说，离学校也不算远，可他偏要住到学校去。

二姑母叫潘彩金，二姑父叫王灿英，字冠卿。王家冠卿三兄弟的上一辈王荣夔受封子爵，曾为候补京兆尹，任过四川巴县知县。其家中厅堂上悬挂着圣旨龛，三兄弟各居一座院落，不像潘秉璋二兄弟共用一座又新居。后有花园，名“齐物园”，楼高地宽，又是花园道地齐全。此时王冠卿从日本东京政治专门学校留学回来，他的长兄王俊英为四品教谕、礼部员外郎，弟弟王韶英留学日

---

① 陆坚：《启发·鞭策·鼓舞——访潘天寿先生》，载潘天寿纪念馆、卢炘选编《潘天寿研究》，浙江美术学院出版社1989年版，第160—161页。

本早稻田大学经济系，他与弟弟都是同盟会会员，陈英士前一年曾在王家躲过清廷搜捕。

潘天寿对这门亲戚总怀有敬而远之的心理。姑母却将这个侄子视如亲生儿子，因为她未曾生育，天寿又十分懂礼貌。

潘天寿穿着一件粗布长衫进门，第二天姑母就差人去给他做了丝绸长衫。然而，潘天寿还是喜欢原来的那件粗布长衫。在这个大院里，就有些表兄表妹笑着说他是“寿头”，意思是不知好歹。那时他用的学名是“天授”，“寿”与“授”同音，姑母也亲昵地呼他“阿寿”。潘天寿搬到学校去住，大家更觉得他是“寿头”。

搬去住校后，潘天寿还常到姑母家观摹古画。此外，还央求人介绍他到附近乡村看私人收藏的书画。后来他曾回忆道：

> 在附近的乡村中，还有几家没落地主也保存着一两幅古画，自以为祖先留传下来的名迹，不常让人观看。我为了想作参考，总是托人介绍，跑一二十里路去看画。虽然有时觉得不满意，但是为了学习参考，兴趣总是蛮高，没有因跑酸了腿而有所懊悔的。①

两年后，潘天寿转入城西的正学高等小学。据《宁海城关镇志·遗闻轶事》载，转学的原因是潘天寿听级任老师的课时，擅自铺纸作画，级任老师斥其违犯校规，又称其画一童子手指一棵高大的梧桐树是暗指校长吴寅的雅号“子桐”。但潘天寿画的本意是感谢老师培育之恩，梧桐长得枝茂叶盛。若确有此事，这可以说是他第一次因画遭人误解。幸亏校长对此不以为然，但考虑到潘天寿继续留校对级任老师不便，于是经手让他转至正学小学就读。

十六岁成为高小生，在他那个年代年龄并不算大。对于宁海来说，正学小学是一所名校，是以明代名儒正学先生方孝孺的尊称命名的学堂。

---

① 陆坚：《启发·鞭策·鼓舞——访潘天寿先生》，载潘天寿纪念馆、卢炘选编《潘天寿研究》，浙江美术学院出版社1989年版，第161页。

图1-3　宁海正学高小旧址

在宁海，没有一个人不知道方正学为何人。方孝孺的忠烈，潘天寿在私塾中就早有所闻。每当天道先生要考背书时，总是要学生背诵《古文观止》中的《深虑论》和《豫让论》。老先生此时便合上书本，闭上眼，晃着脑袋，边听童子背诵边尽情地欣赏着其中优美的韵律和文意，乐在其中，醉在其里。同学们对这二篇论文都能倒背如流。方孝孺的大作，辞章精彩，义正词严，豪气荡然。

古之圣人，知天下后世之变，非智虑之所能周，非法术之所能制，不敢肆其私谋诡计，而唯其积至诚、用大德以结乎天心，使天眷其德，若慈母之保赤子而不忍释……

方孝孺（1357—1402），字希直，宁海人。曾“从宋濂学，濂门下知名士皆出其下”。明太祖称他为庄士，“蜀献王闻其贤聘为世子师”，“尊以殊礼，名其读书之庐曰正学”。黄宗羲《师说》则列其为明代诸儒之首。明惠帝时召为翰林、侍讲学士，“预经筵，备顾问，日侍左右，甚为倚重”，重要文书皆出其手，文章醇深雄迈，为人忠直，德高望重。燕王朱棣兵入京师，惠帝自焚，孝孺被捕下狱。朱棣（成祖）欲利用孝孺的威望起草诏书登基，以夺取帝位。《明史·方孝孺传》有一段记载：

先是成祖发北平，姚广孝以孝孺为托，曰：城下之日，彼必不降。幸勿杀之，杀孝孺天下读书种子绝矣。成祖颔之，至是欲使草诏。召至，悲恸声彻殿，成祖降榻劳曰：先生毋自苦，予欲法周公辅成王耳。孝孺曰：成王安在。成祖曰：彼自焚死。孝孺曰：何不立成王之子。成祖曰：国赖长君。孝孺曰：何不立成王之弟。成祖曰：此朕家事。顾左右授笔札，曰：诏天下非先生草不可。孝孺投笔于地，且哭且骂，曰：死即死耳，诏不可草。成祖怒，命磔诸市，孝孺慨然就死，作绝命词曰：天降乱离兮孰知其由，奸臣得计兮谋国用犹。忠臣发愤兮血泪交流，以此殉君兮抑又何求？呜呼哀哉兮庶不我尤。时年四十有六。

其弟方孝友就戮时亦赋诗一章，妻郑氏及二子中宪、中愈先自经而死，二女投秦淮河死。

《四库全书总目提要》及其他史料记载，朱棣还威胁道："汝不顾九族乎？"孝孺凛然道："便十族，奈我何？"不拟诏书，反书"燕贼篡位"四个大字。朱棣"命抉其吻，剔其舌，孝孺犹噀血犯御座，磔之"，并"诏悉焚夷方氏墓，以次捕其族党，至辄不屈，乃尽诛之。死者八百四十七人，谪戍绝徼者不可胜计"。[①]

方孝孺确实是"这个偏僻小县的读书人的骄傲，也是忠诚刚直的台州人的典型"。[②]

潘天寿每天上学要走过正学坊、正学祠。正学高小的先生又不时提及这位本乡先贤的动人事迹。

用本乡先贤英豪为师表，对学生作启蒙教育，是教育的成功经验。

潘天寿直到晚年，还时常提到方正学。他的同学赵平复（柔石）投身革命，也有方正学所给予的动力。鲁迅在《为了忘却的记念》如此评价柔石："这只要一看他那台州式的硬气就知道，而且颇有点迂，有时会令我忽而想到方孝孺，觉得好像也有些这模样的。"

其实潘天寿的个性多少也是有点类似这般。一次上数理课，潘天寿自觉已学懂了，实在熬不住，便悄悄画起画来。先生大发雷霆，当场没收了他的画笔。课后潘天寿找来个蚕茧，剪去一端，套在手指上蘸墨作画，蚕茧不能使他随心

---

① 据族谱载，宁海潘氏其十世孙为冠庄潘氏之始祖，其孙池卿娶方孝孺从姑小奴。潘天寿为潘氏第二十八世孙。

② 潘公凯：《潘天寿评传》，商务印书馆香港分馆1986年版，第7页。

所欲地表现，便索性直接用手指勾勒，用手掌揉擦。

久而久之，倒也画出了一种笔所不能表现的意趣。后来，他到外婆家黄坛去，外公带他结识了黄坛擅长指墨画的老艺人严远轩，从此他才知道用手指作画是古已有之的，并且得到了鼓励和辅导。1962年，吴茀之在《潘天寿画集·序》中写道："潘先生少年作画，尝得到宁海同乡徐抚九、杨东陆和严远轩等画迹的启发。严长指墨，诱导了他最早对指头画的兴趣。"其中徐抚九与杨东陆的启发则是在数年后他师范毕业回宁海任教时期。

宁海的人文历史和地域环境都对潘天寿的成长起了潜移默化的也是根深蒂固的作用。宁海是古代越人勾践后人东越活动区域，山清水秀，人杰地灵。雷婆头峰是冠庄附近的一座山峰，潘天寿曾取号东越颐者、雷婆头峰寿者都与家乡的地域人文有关。

尤其值得一提的是雷婆头峰。传说潘天寿小时候在附近放过牛，还多次登过此峰。1959年以后的画作多数以雷婆头峰寿者落款。二十年前，笔者曾由当地护林人向导，登临这一"远看很平常，近看突兀峋嶙"的山峰。

雷婆头峰是这一带最高的山峰，有三四百米高，在冠庄西侧。攀登此山，需先到一个叫"仙人跳"的地方，从仙人跳翻上一条岭，才到达雷婆头峰的峰脚，走过峰脚，从岭的背后下山，可以通得很远。据说，这是早年宁海县城去宁波府的必经之路。

图1-4　潘天寿家乡宁海的雷婆头峰

山峰虽然不大，但知名度不小。峰下有个凉亭，人们坐在凉亭里歇脚时多半会说到关于她的传说。

关于雷婆头峰，宁海县地方志中有一则地名的传说："从前，冠庄村有九泡龙潭，潭中有九龙作怪，年年洪水泛滥，吞噬田禾，苦害冠庄一带村民。天庭雷婆闻之，下凡怒镇九龙。从此冠庄一带年年风调雨顺，五谷丰登。玉帝恼雷婆私下人间，招惹是非，令速返回。雷婆不忍抛却苦难百姓，拒绝归庭。玉帝乃命托塔天王于雷婆头上压一石塔，使其永作山村野婆，遂成山顶一峰。民感其德，称之为雷婆头峰，亦称雷婆婆峰。”雷婆为民除害，又不畏玉帝的故事代代相传，从而使这座远看圆圆如发髻的山头较周围诸峰出名。

雷婆头峰在路的左侧。远看像馒头山似的山峰，近看确实非常陡峭高大，一块几乎直立的因年久而发黑的“兀石”迎面扑来，“雷婆婆”摆出一张威严的黑面孔，轻易不让人登上她的头顶。唯一可行的路是绕后山而上。路很不好走，但一旦登临极顶则可以看见美不胜收的风景。在这块小小的几十平方米的山顶上几乎可以瞭望全县的山山水水。南面是条状的山脉；越过绿色田野，远处是房屋密集的县城；西北面则有泼墨似的峰峦叠嶂，气势宏大。

潘天寿对故乡的山水有着特别的感情，他曾回忆道：

> 我年轻的时候，喜欢往野地里跑，对着山看半天；对着水，看半天；眼睛在看，心里在想，想那些山和水有关系的事情。其实，都是人的事情……我倒是和山水交上了朋友，和花草树木交上了朋友；有时一个人自言自语，人家说，你是在和石头说话吧！我说，石头就是我自家呀！①

此时，父亲只能供给他学费和最低限度的伙食零用，即使是画画的纸也很成问题。他只能买一角钱一刀的土纸，这种土纸恐怕是书生从来不会问津的。尽管是土纸，也经不起他的巨大消耗。为了省纸，他常常先以水当墨在纸上作画，晾干后再从淡墨到浓墨，一张纸练上好几遍。

砚台是自制的，笔筒也是自制的，这些自制品现存于宁海潘天寿故居。一只粗大的笔筒就是他找来古柏树段镂空而成的，连墨水也是从锅底铲下松烟加胶锤制的。他还用不同的材料试做毛笔，笋壳、棕线、猪鬃、兔毛、羊毛等都

---

① 蔡若虹：《怀念潘天寿先生》，载《人民日报》1980年5月28日。

图1-5　少年潘天寿自制的大笔筒和墨砚

是他用过的原料。刻印章用的滑石买不起，就用黏土反复甩打，进窑烧出细腻的砖石。刻成印章后，因为此物太吸印油，他就想到上蜡后使用。虽然这些印章无法与青田石媲美，但还能顶用，也正是有了它们，潘天寿篆刻的兴趣才不至于因经济的拮据而泯灭。更让人想不到的是，他甚至还自制过印泥，又把装印章的木箱改成柜子，在柜门上亲手刻上工整的颜体字。要不是后来在“文革”中遭损，这些家当陈列出来该多么有意思。

学习要培养兴趣，兴趣是真正的老师，可潘天寿的兴趣简直是与生俱来的素质；做事情要执着，锲而不舍，家庭和地域文化给了他有益的熏陶。

第二章　奠定基础

接受师范正规教育

潘天寿的成长道路到了最关键的一刻。高小毕业，他面临两种可能。在那个时代，高小毕业已经相当于秀才了，但是通常或从商或务农，只有少数家境特别好的才能赴外地求学。父亲虽然知道儿子好学上进，成绩优异，但供不起他继续求学，便劝他回家务农，帮助治家。

学校老师闻讯，觉得如果潘天寿不再升学，委实可惜。他们为他出主意，又跑来劝说潘秉璋。当时已开办有免费入学的师范学校，潘天寿有了继续升学的希望，父亲同意他报考浙江省立第一师范学校。“考得取就继续念书，考不取就回家种田。”他们就这样说定了。

人的一生会有诸多机会，至于是否抓住机会，主要得靠自己，对于潘天寿来说正是如此。

一千二百名考生仅录取六十名，潘天寿以策论第一、总分第二的成绩被浙江一师录取。他对得住自己的父亲，老人家独自挑着治家的担子；他也没有辜负正学高小的老师，这些老师的姓名如今都已难以考证；他的努力没有白费，别说十年寒窗之苦，仅仅是从宁海徒步二百里到宁波，从宁波到曹娥搭一段火车，再从曹娥走到杭州，还挑着个铺盖卷，赴省城赶考就已极不容易。

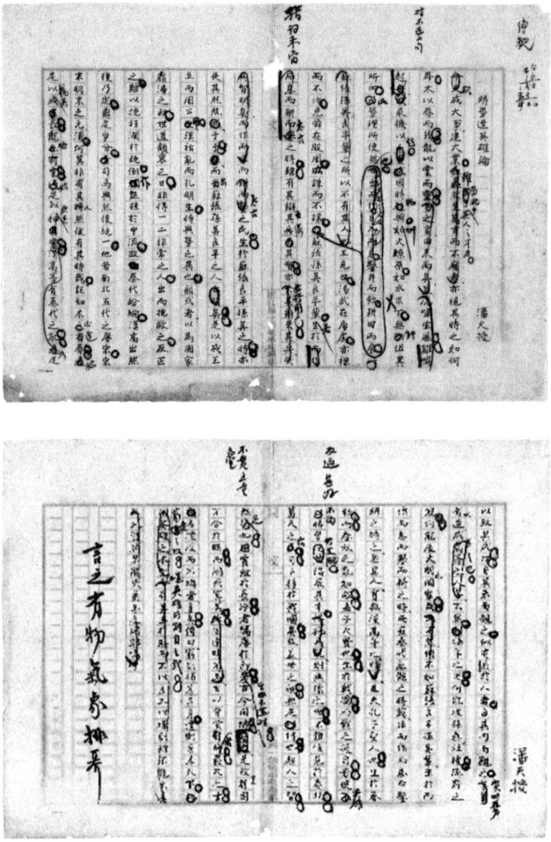

图2-1　潘天寿在浙江一师求学时的作文手稿

那篇策论写得一定很棒，因为数十年后，他还会背诵。[①] 出题让学生论时势，何其不易，而潘天寿之所以能夺魁，与受地域文化历史的熏陶以及熟读方孝孺《深虑论》等有关。方文审时度势，句句在理而气盛。如今在杭州潘天寿纪念馆有一篇《时势造英雄论》的手稿，这是潘天寿在校时的作文，先生在上面圈圈点点，还评语：“言之有物，气象排奡。”又批阅：“传观”。借此，我们多少可以想象出他应考文章的大概模样。

浙江一师校址设在杭州贡院旧址。贡院是科举乡试考举人的考场，杭州贡院原是南宋礼部贡院、中央一级的考场，所以旧廊屋达千余间。

1908年，科举废除的第四年，浙江官立两级师范学堂在此兴办，旧屋拆除，按日本东京高等师范式样建造新屋。

1912年，浙江官立两级师范学堂改为浙江省立第一师范学校。

校门轩朗，三座拱门，中间那座又高又大，门前宽广开阔。透过拱门远望，两堵长长的白墙，将甬道与操场隔开，道旁翠柏成行，百米开外的第一斋楼房展现出学府的庄严。

当年鲁迅从日本回国后最先便是在这里任教，这是一所学风、师资、生源

① 1983年，笔者听何愔所说。

图2-2　浙江省立第一师范学校校牌

图2-3　20世纪20年代的浙江省立第一师范学校

以及设备均为第一流的学校，深深地吸引着省内外的青年学生。

第一师范像一架精密的大机器，有规律地准确无误地运转着。

清晨五点钟，起床号吹醒了整个红色围墙内的每一个角落。

清一色的男学生动作麻利地开始为时一个钟点的“清洁运动”和写日记。

“清洁运动”包括四节，即盥洗、饮开水、大便、运动。时间分别为五分钟、两分钟、五分钟、二十分钟。

饮开水的时刻也有规定，一日四次，每次两小杯，饭前饭后不饮，因为不合卫生要求。

白天课时六至七节，最后一节是课外活动，所有学生不准留在教室里。即使不参加体育运动，也须在室外散步。

晚自修两小时，夜里九点半就寝，十点整座校园便在熄灯号声中迅速地沉静下来。

这里的一切都有条有序，校风严正而气氛活跃。

全校共五个年级，三百个学生，全部是住校生。当时男女生分校，浙江一师全是“和尚班”。

教师多数也住校，一人一间，不带家属，师生朝夕相处，关系融洽。

学生白天上课都在“本级教室”，那些教室是不固定的，根据课程不同而改变，与现在的高等学校相似。在学生寝室的楼下设有自修室，叫“斋室”，每个人都有自己固定的位置。一室六个组，每两人合用一桌，桌下有抽屉，桌上有书架，两排书桌书架背靠背，四人一组，互不影响，共二十四人。斋室实行混合编排，高低年级搭配在一室，高年级生在自修室起主导作用。

膳厅四五十张方桌排得整整齐齐。先生的饭席设在膳厅当中。

每张餐桌上摆着两荤两素一汤和七双筷子。浙江一师的膳食是公费的（后来减半），伙食办得不错，师生的饭菜是一样的。

一位高年级同学独占一边，其他同学依次两人合坐一边。高年级生为桌长，他首先开筷，其余人再开始夹菜吃饭，浙江一师的用膳座位也是高低年级混合搭配。

几百人的膳厅只听碗筷叮当响而不闻人声，用膳是有纪律的，不准说话，老师的饭席也同样没有说话声。

每当熄灯号响起，寝室的说话声都变轻了，很快便寂静无声了。

学校当时实行军事化管理，军队铁的纪律通过教官胡公冕得到了实施。胡公冕后任北伐军前敌总指挥部政治部主任。体育课除了田径、球类以外，还有体操；体操除了双杠、单杠、吊环及跳马以外，还有兵式体操。尽管有些学生很不习惯[①]，但潘天寿无不适应。他的体育成绩不出色，唯擅一种走天桥的活动，他可以从容不迫地在三丈多长的天桥上若无其事地行走，甚至边走边搀扶别的同学。

---

① 丰子恺随笔《伯豪之死》记载了自己对军训及学校生活的不习惯。参见丰子恺：《伯豪之死》，载丰一吟编《丰子恺随笔精编》，浙江文艺出版社1996年版，第35—43页。

艺术熏陶

浙江一师培养了宣中华、叶天底、柔石等一批革命先驱，也出了音乐家吴梦非，艺术教育家刘质平，鱼类学家陈兼善，语言学家朱文叔，国画家潘天寿，漫画家丰子恺，作家曹聚仁、傅彬然、贾祖璋、范尧生、汪静之、冯雪峰，以及郁达夫、徐志摩等一大批名人。人们称这所学校是“名人的摇篮”。

潘天寿一生没有受过艺术类学校的专门训练，也没有出洋留学，浙江一师毕业便是他的最后学历。然而，浙江一师的五年却真正给了他所需要的学养、器识和艺术熏陶。

1915年潘天寿进校时的校长是大名鼎鼎的经亨颐，他曾留学日本八年，在浙江省官立两级师范学校创建之初即担任教务长。经亨颐“性亢直，守正不阿；豪于饮，时发天真佳趣；身颀瘦而挺拔，长颈方额，巨眼赭鼻，声昂昂，望而知其为卓然丈夫”①。

第一师范学习的课程广度和深度是其他学校难以比肩的。举个例子，经亨颐在1918年12月13日的日记中曾记录着一份试卷，考题为《Hume（休谟）与Kant（康德）二氏认识根源之异点》。此类试题恐怕会难倒今日之师范生，可它却出现在潘天寿求学时期。

更让后人惊奇的是此前中国的学校一向重文科和数理，轻视艺术和体育，经校长则积极响应当时教育总长蔡元培“以美育完成其道德”和“以美育代宗教”的主张，提出“德、智、体、美”并重。浙江一师的学生既要学习教育、伦理、国文、英文、数学、物理、化学、博物、历史、地理、法制、经济、农业，又要学习图画、手工、音乐、习字和体育。学校还明文规定“国画、手工、音乐不及格不得毕业”。

比潘天寿高一级的丰子恺曾这样回忆这所母校：

① 姜丹书：《经亨颐先生传》，载《姜丹书艺术教育杂著》，浙江教育出版社1991年版，第251页。

> 图画、音乐两科最被看重，校内有特殊设备（开天窗，有画架）的图画教室，和独立专用的音乐教室（在校园内），置备大小五六十架风琴和两架钢琴。课程表里的图画、音乐钟点虽然照当时规定，并不增多，然而课外图画、音乐学习的时间比任何功课都勤；下午四时以后，满校都是琴声，图画教室里不断的有人在那里练习石膏模型木炭画，光景宛如一艺术专科学校。①

经亨颐深知学生要得到良好的艺术教育，必须发挥教师的作用，所以在接任校长之初得知李叔同已赴上海任教，立即亲自赴沪，聘请李叔同回浙。

经亨颐与李叔同是留日同学。李叔同于1905年东渡日本，在东京美术学校攻读西洋绘画和音乐。他是中国第一个出国学习西洋画的留学生，并受到印象派绘画的影响。中国第一个话剧社——春柳剧社，也是他与欧阳予倩、曾孝谷等人在东京共同创办的。他主演的《茶花女》《黑奴吁天录》新剧，曾名噪一时。

归国后，他在出生地天津的一所工艺学堂任教，与柳亚子组织了“文美会”，主编《文美》刊物，还担任过上海《太平洋报》副刊《太平洋画报》的主笔。李叔同赴任前，向经亨颐提出两个前提条件。“第一，教美术要有画室，画室要配上全部画架、石膏像等一应用具。”经亨颐答应他辟出三间画室，饰以黑色幕布窗帘，凡绘画用品，如静物模型、石膏像、美学刊物、大小不同的画架、三脚写生凳、画箱、伞杖、西画颜料、铅画纸、速写本都可以从日本或意大利进口。同时可以雇请青年男子模特儿。

“第二，教音乐须给学生每人配一架风琴，再加若干钢琴，师范生必须人人会弹琴。”经亨颐虽有难色，但仍然答应办到。条件合情合理，琴多则学生可以充分利用课余时间，随时随地练习，自然更能学好。然而，一时到哪儿去寻觅三百架风琴、钢琴呢？

经校长从南京等地勉强凑到了大小风琴二百架，虽然离要求尚有距离，但李叔同被校长的诚意感动，欣然赴任。②

---

① 丰子恺：《李叔同先生的教育精神》，载丰一吟编《丰子恺随笔精编》，浙江文艺出版社1996年版，第370页。

② 此事依据作者1985年采访沈本千先生记录。一说风琴是五六十架。

由于李叔同的存在，浙江一师的艺术教育氛围就与别的学校大不一样。当时任教国文的夏丏尊先生有过这样的评价：

李先生教图画、音乐，学生对图画、音乐，看得比国文、数学等更重。这是有人格作背景的原故。因为他教图画、音乐，而他所懂得的不仅是图画、音乐；他的诗文比国文先生的更好，他的书法比习字先生的更好，他的英文比英文先生的更好……这好比一尊佛像，有后光，故能令人敬仰。①

潘天寿在这所学校接受熏陶是多方面的，但应该说受李叔同和经亨颐的教育和影响最大。他自己曾多次提到过这两位先生：

经子渊、李叔同先生，主张人格教育，身教重于言教，对后学有深刻影响。

吾师弘一法师（李叔同）云：应使文艺以人传，不可人以文艺传。②

潘天寿在先生的身教中潜移默化地养成了对艺术和艺术教育的忠诚，而且一生保持着对他们的敬重。潘天寿在校当学生时，李先生单身住在校内，他与李先生有过单独接触，但似乎不像丰子恺、刘质平那样的亲近李先生，所以他没有得到过李先生的书画馈赠。对校长的敬重也使他难以启口求赠字画。后来，他终于从别

图2-4　经亨颐像

图2-5　李叔同像

① 丰子恺：《悼夏丏尊先生》，载丰一吟编《丰子恺随笔精编》，浙江文艺出版社1996年版，第299页。

② 参见潘天寿著，潘公凯编：《潘天寿谈艺录》，浙江人民美术出版社1985年版。

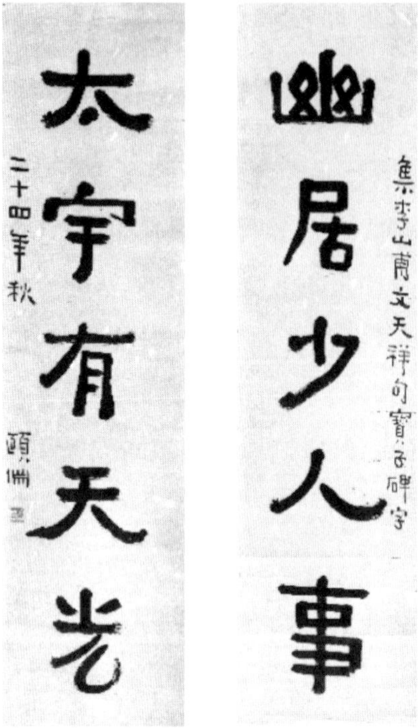

图 2-6　经亨颐对联

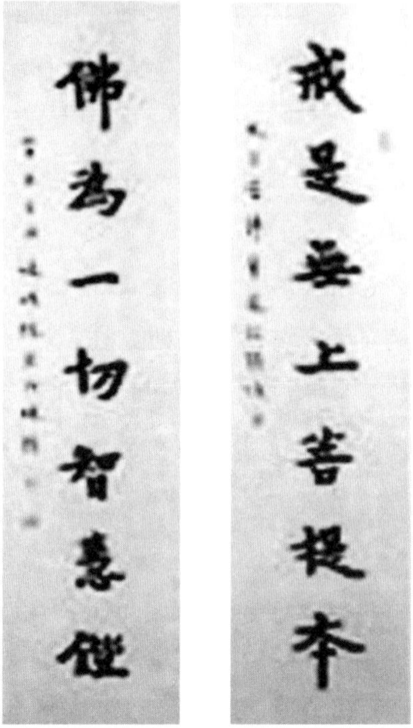

图 2-7　李叔同对联

处求到了两位先生的书法对联，并始终悬挂在自己的画室里。经亨颐的对联是集李山甫、文天祥诗名用爨宝子碑字体写的：“幽居少人事，太宇有天光。”李叔同的对联是：“戒是无上菩提本，佛为一切智慧灯。”[①]后来为筹办书法篆刻专业，他又割爱捐赠给了浙江美术学院中国画系。

李叔同先生在浙江一师引进了西方美术教育的授课方式。在潘天寿进校前二年，李叔同曾得到经校长的同意，从很多收藏家手里借到很多名贵的古代金石书画，开了一个盛大的美术展览会。当年担任图书手工课教席的姜丹书曾记载道：“展期三天，观众甚盛，此为浙省公开美术展览会的第一声，启发了社会的赏美术品的新风气。展后，并就展品中送出了数十件，用珂罗版印成一本纪

---

① 经亨颐“幽居”联是潘天寿岳父何公旦的收藏，写于1935年秋天。李叔同“戒是”联是从社会上收购而来，其时李叔同已出家为弘一法师，写于1931年3月，录的是大方广佛华严经偈颂句。现存杭州潘天寿纪念馆故居的对联为潘公凯的复制品。

念册。”[①]美术展览会尽管在西方已司空见惯，但在当时中国还十分稀罕，故影响不小。

再一件事是李叔同首次试行裸体模特素描教学，以半裸的男人和全裸童男为模特，这在中国属于一大开创。1914年，刘海粟在上海美专安排女裸模特教学，并于1917年展览陈列学生人体素描习作，终于引起了模特风波。李叔同试行男性人体模特写生显然是经过思考、根据中国国情小心谨慎地作出的举动，而且并未在全校学生中推开，只在专修科开设。浙江一师图画课程每周两节，从一年级到五年级全部开设，所以总课时并不少。

“上课铃没有响，李先生早已端坐在讲坛上‘恭候’学生，因此学生上图画、音乐课决不敢迟到。往往上课铃未响，先生学生都已到齐，铃声一响，李先生站起来一鞠躬，就开始上课。他上课时常常看表，精密地依照他所预定的教案进行，一分一秒钟也不浪费。”“凡本课中所必须在黑板上写出的东西，都预先写好。黑板是特别制的双重黑板，用完一板，把它推开，再用第二块。”[②]这些事虽很小，但其一丝不苟的精神可见一斑。李先生这种身体力行对师范学生的教育是深入骨髓的，潘天寿一生近五十年的美术教育生涯几乎都保持了先生这种认真的献身精神。在李叔同的案头，常放着一本明代刘宗周著的《人谱》，其中有数百条古贤圣人的嘉言懿行。他在此书封面上手写“身体力行”四个字，而且每字旁加一个红圈。李叔同如此要求自己，潘天寿、丰子恺等优秀学生也如此要求自己。浙江一师的学生几乎都是优等生。

第一堂图画课发生了一件事情。

教室里二十个学生分成四组。

每五个人对着同一个实物写生。道具台上钉着一片普普通通的枫树叶子。

学生们坐在各自的三脚写生凳上，将观察到的形体和明暗，细心地描绘到画板的铅画纸上。

---

① 姜丹书：《浙江五十余年艺术教育史料》，载《姜丹书艺术教育杂著》，浙江教育出版社1991年版，第149—150页。

② 丰子恺：《李叔同先生的教育精神》，载丰一吟编《丰子恺随笔精编》，浙江文艺出版社1996年版，第372页。

潘天寿注视片刻，然后迅速勾出了树叶的形态，他用粗线条草草地擦上明暗。他座位边已经有两张同样的图画丢弃着，这是第三张。

离他不远的地方，李叔同先生也如同学生一般，聚精会神地画着树叶。

潘天寿左右环顾，几次想站起交作业，但都忍住了。他又钉上新的画纸，开始画，但显然没有兴趣。

下课了。

李叔同先生翻阅着同学们的素描作业。

一张又一张，都比较细腻，明暗线条井然。

突然，一张粗笔画，明暗层次又很少。他扫一眼姓名——“潘天授”。

又一张同样的图画，又是——“潘天授”。

作业发下来了——六十分，潘天寿早有预料。李先生在课外组织研究西画的桐阴画会，报名者很多，而潘天寿却没有报名。

他觉得不习惯西画，有点腻烦；觉得慢慢改，细细擦，即使画准了也意思不大。

虽然，先生画得很像，但他不喜欢这种画法，而是特别喜欢李先生的金石书法，别具汉魏六朝气息，圆润浑厚，觉得非常有味道。

尽管浙江一师还有其他专职的国画教师，但潘天寿总是向李先生请教中国书画，李先生也从未责备过他西画太潦草。学生尊敬自己的先生，先生也理解自己的学生，他们相处得非常自然。

一片树叶的素描问题，其实是模仿自然与尊重艺术自律性的一种矛盾。潘天寿的感觉第一次与西方文化抵牾，李先生从日本接受的便是西画观念。当然，此时潘天寿和李叔同谁也没有对此细加注意。

潘天寿没有参加桐阴画会，却参加了乐石社——一个学习篆刻的课外组织，同样是李先生为导师。经亨颐校长擅长书法又善治印，书法得力于《爨宝子碑》，功力遒劲而能脱化，治印以中锋直刀，不落平凡。所以，他也常到乐石社给学生以指导。在乐石社里，潘天寿得益匪浅，治印的入门由此而始，尽管在宁海他已有过不少实践。

有一件事使他永生难忘，他晚年给来访的学生讲自己的艺术道路时还常常提起。由于以前从未得到过行家指点，他不知道自己在宁海刻的印章优劣如何，非常想请内行指点。正好有一天经校长来乐石社，他就腼腆地请求校长指导。校长耐心地看了一方又一方，而双眉却依然紧锁，认为不好，直到最后有两方最早刻的、潘天寿自认为不好的、不敢出手的东西，反而得到了校长的赞许。潘天寿对此回忆说："当时我认为刻得满意的，老师认为不好。而自以为平正呆板的刻得不好的，老师反认为路子正。"经校长告诉他要"以汉印为宗，多临汉印"，要刻得匀称，字规范，但又非以整齐为能事，要取其自然。治印还须胸中先有书法，要学秦篆汉隶。

艺术首先须培养眼力，须有专家指导和同道切磋，第一师范的学术气氛对潘天寿非常有益。

潘天寿反复琢磨先生的教导，把自己刻的那些印章对照印谱仔细地研究了又研究。他终于有了些体会，认识到眼力的重要。他毫不犹豫地将这些印文统统磨去，重新再刻，同时更加紧地练起字来。

其实他从未间断过习字。在宁海求学时，他有过两本字帖，颜体和柳体写得相当顺手。现在他对"二爨"产生了浓烈的兴趣。

这"二爨"是东晋的《爨宝子碑》和南朝宋的《爨龙颜碑》，书法质朴，字体介于隶楷之间，可谓大巧若拙的书体。康有为曾推崇爨宝子碑"沉着而痛快"，誉为"正书古石第一本"，又因爨龙颜碑"雄强茂美"而许为"神品第一"。

经亨颐写的"二爨"，古朴挺劲又飞动瑰丽，潘天寿见了非常喜欢。此外，他又从校长的隶体行书中吸收着多种养料。

学校里开设正式书法课，潘天寿则在课内课外皆得名师。校内有经亨颐和李叔同，校外有如马一浮、张宗祥、丁辅之、余绍宋等，都以书法闻名。

比他低三级而与赵平复（柔石）同班的沈本千曾这样回忆潘天寿："他的字是全校写得最好的，一师图书馆丰富的碑帖临本被他领读遍了。同学们一有新的碑帖也主动先让他过瘾，并笑着称其为'不迷不成家'，他已经迷进去了。在研读临摹过程中，他对书法源流、字体变迁作了研究。"[①]潘天寿的书法渐渐脱

---

① 本书作者于1985年访沈本千记录。

颖而出，师生对他刮目相看，索字者纷至沓来。

他正愁着无钱买宣纸，现在上好的宣纸不请自来。他一向办事认真，所以很少写坏；否则，他是赔不起的。

图2-8　潘天寿赠送柔石的《晚山疏钟图》

多的时候，他一天要作书画二三十幅，他放弃了吃喝玩乐，几乎把课余时间都花在书画上。宿舍、斋室内他的位子四周，琳琅满目，挂的皆是书画作品。

那一时期的书画篆刻作品现存的已为数不多，但几乎全是应人所嘱之作，有赠送应云庵（应野平之父）世伯的《溪山烟雨图》，有赠送给赵平复（柔石）的《疏林寒鸦图》《晚山疏钟图》《行书楚雨沧海》，也有送禄安同学的《设色枇杷图》《清影摇风图》《雪竹图》及送集成同学的《紫藤白头翁图》。作品虽然看似创作得比较草率，但透出一股“野”气，完全不受拘束，一任性情写意，笔墨均生动自然。“潘作藩印”和“草堂印”“太岁在乾印”几枚印章也畅达自然，这些已是得到经亨颐指点后

图2-9　潘天寿《紫藤白头翁图》

的作品，格调均不低，毫无俗气。

潘天寿日后有一段名言："艺术之高下，终在境界。境界层上，一步一重天。虽咫尺之隔，往往辛苦一世，未必梦见。"追究其源，经亨颐的点拨该是他最早的切身感悟。

人格教育

第一师范既有学养的滋润和艺术的熏陶，更是在人格器识方面几乎给了学生烙印式影响。

图2-10　浙江一师四字校训

经亨颐校长提倡德、智、体、美全面发展，注重"人格教育"，认为师范教育，要使学生具有高尚的品性，将来才能为人师表，即"教育者须有高尚之品性"的名言。由此，他定下四字校训——"勤、慎、诚、恕"，并且亲自手书悬挂在礼堂上，开学典礼上此四字更是必训之辞。

刚进校的低年级生常常不习惯学校的严格要求，而潘天寿的个性与四字校训却异常合拍。

如果用校训来衡量，他确实是个好学生。"勤"，他勤奋好学，各科成绩都不错，尽管因偏爱绘画和文史，数理科上花的时间并不多。"慎"，他说话不多，办事谨慎，成名以后还常以"做人要如履薄冰"律己育人。"诚"，是他一贯的对人、对工作的态度，诚心诚意，实事求是，对祖国赤诚忠心。"恕"，潘天寿宽容大度，总是"以德报怨"，从不斤斤计较。

学校招生重质量，对年龄限制较宽，在学校里，潘天寿年龄不算大。虽然同班同学有比他大十几岁的，但在同学心目中，潘天寿仍然是受大家尊敬的兄长。

学校的老师都按照校长的主张认真实施教育，个个以身作则，尽心尽职。

有一次，校内发生了一起学生宿舍的失窃事件，一个同学的毛线衣被窃，这在第一师范是前所未有的，通过推断属于同学之间作案。舍监夏丏尊先生为此十分焦急，万一查无结果，不但行窃者得不到教育，亦为校风校纪所不容。但又没有切实的证据，普遍搜查又不合人格教育的要求，夏先生急得团团转。后来李叔同先生出个主意，他们二位先生决定采取绝食行动，最后在这种“人格感化”下，师生被感染了，行窃的学生也被感染了。学生对老师的纯真同样报之以真诚，学生对老师更尊敬了，尤其是对李叔同先生。据说，毛衣失窃的学生便是潘天寿。

李叔同确实是潘天寿心目中一座仰之弥高的大山，崇高而奇峻，深邃而博大。溪流经久不息，带着大自然的清新，穿过葱茏茂密的林木，流过峻岩奇石，流进了学生的心田。

大家都非常留意这位师长的一举一动，姜丹书在《追忆大师》一文中记道：

> 上人平日早睡早起，每日于黎明时必以冷水擦身，故其体格虽清瘦，而精力颇凝练，极少生病。
>
> 上人对于烟、酒、赌等毫无嗜好，平日勤于职务，有暇则写字。
>
> 上人为教师时，对学生素无厉声正色之责让，至不快时，只于面貌上稍见愠色，而连说几声“吪趣”“吪趣”，即是顽劣学生亦无不敬畏悦服。此种感化力，实为常人所不及，余等辄戏之曰“魔力”也。①

日后潘天寿的习性与先生的这些习性都非常相近。

李叔同主张“先器识而后文艺”，即“首重人格修养，次重文艺学习”。他告诫自己的学生，“应使文艺以人传，不可人以文艺传”，倘若没有“器识”，无论技艺何等精通熟练皆不足道。这些教导深深地印入了潘天寿的脑海，并成为潘天寿日后教育弟子的箴言。如今《潘天寿谈艺录》中不但记录着李叔同“应使文艺以人传，不可人以文艺传”的原话，又有大量由此转化出的潘天寿自己的语录：

---

① 姜丹书：《追忆大师》，载《姜丹书艺术教育杂著》，浙江教育出版社1991年版，第271页。

有至大、至刚、至中、至正之气，蕴蓄于胸中，为学必尽其极，为事必得其全，旁及艺事，不求工而自能登峰造极。

画格，即人格之投影。故传云：士先器识而后文艺。

艺术品，为作者全人格之反映。无特殊之天才，高尚之品格，深湛之学问，广远之见闻，刻苦之经验，决难得有不凡之贡献。故画人满街走，而特殊作者，百数十年中，每仅几人而已。

艺术以真率为本色，故不可以为伪，入伪即非艺术。

美情与利欲相背而不相容。去利欲愈远，离美情愈近；名利权欲愈炽，则去美情愈远矣。惟纯（真）坦荡之人，方能入美之至境。

古之画人，好养清高旷达之气，为求心境之静远澄澈，精神之自由独立，而弃绝权势利禄之累，啸傲空山野水之间，以全其人格也。

名利之心，不应不死，学术之心，不应不活。名利，私欲也，用心死，人性长矣。画事，学术也，用心活，画亦活矣。

画事须有高尚之品德，宏远之抱负，超越之见识，厚重渊博之学问，广阔深入之生活，然后能登峰造极。岂仅如董华亭所谓："读万卷书，行万里路"而已哉？

易曰："天行健，君子以自强不息。"是做人之道，亦是治学作画之道。①

潘天寿沐浴着浙江一师的人格教育，他对经亨颐、李叔同等先生十分钦佩。从此以后，他一生自觉进行人格修炼，并且成了忠实的传道布业者。

1918年，潘天寿在一师读三年级的时候，李叔同先生突然出家为僧，这自然使全校震惊。

浙江一师的人格教育是非常入世的儒家教育，师生们追求的是教育救国、科技救国、艺术救国。但这种新式教育与旧式礼教又完全不相同，它加入了民

① 潘天寿著，潘公凯编：《潘天寿谈艺录》，浙江人民美术出版社1985年版。

主的自觉的独立的意识。学生在校学习的目的是十分明确的，一方面完成学业，另一方面修养品行，完善人格，毕业后踏上社会以报效祖国。作为师范生，他们均有从事教育的思想准备，所以他们对自己的教师特别尊重，并刻意模仿，而且都有自己心中的楷模。李叔同先生那种极端的敬业精神，那种渊博的学识和人格的魅力，不言而喻早就成为榜样。用夏丏尊的话说，李叔同是“做一样，像一样”。“他教图画、音乐两科。这两种科目，在他未到以前，是学生所忽视的。自他任教以后，就忽然被重视起来，几乎把全校学生的注意力都牵引过去了。”夏丏尊《弘一法师之出家》载，丰子恺称自己的先生李叔同“拿全部的精力和时间来当教师”。这种“教育精神是认真的，严肃的，献身的”。①

那么，李叔同为什么放弃教业遁入佛门了呢？师生们热烈地议论着。有的为先生可惜，有的为失去这位名师而遗憾，有的则认为先生自有先生自己的理由，只不过常人未像他那样大彻大悟。

1912年，中华民国建立之时，李叔同正好来到第一师范任教，他曾即兴填了一曲慷慨激昂的《满江红》，学生们几乎都能背诵得出来：

> 皎皎昆仑山顶月，人有长啸。看囊底，宝刀如雪，恩仇多少。双手裂开鼷鼠胆，寸金铸出民权脑，算此生，不负是男儿，头颅好。荆轲墓，咸阳道。聂政死，尸骸暴。尽大江东去，余情还绕。魂魄化成精卫鸟，血花溅作红心草。看如今，一担好河山，英雄造。②

而他所作的另一首《祖国颂》，也几乎全国的学生都会唱，由他作曲、夏丏尊作词的一师校歌也是非常入世的。

历史上有过不少出世入佛门的名人，但一般都是做官做得顺当时积极入世，只有到了事业受挫、贬官受冷遇之时，才想到入空门。也有为逃避世上纠纷，剃度以求安宁的，但几乎全是山穷水尽时的迫不得已之举。

---

① 丰子恺：《李叔同先生的教育精神》，载丰一吟编《丰子恺随笔精编》，浙江文艺出版社1996年版，第371—373页。

② 林子青：《弘一大师年谱与遗墨》，时代文艺出版社2009年版，第40页。

然而，李叔同却不同，他的出家是在功成名就、众望所归的生存状态之中作出的选择。他是少有的奇才，出家之时还只有三十九岁。然而，在他那个时代，凡是众人所羡的事情他算是都已做过了，而且皆有业绩留世。李叔同给师生们留下了一个不解之谜，走得很从容，把自己全部的收藏和用品作了分赠。他把多年所作的书画，包括油画，以及书籍均赠给北京新办的国立美术学校，可惜这些宝贵的资料经过战乱，下落不明。直到2002年，忽有《美术报》等新闻报刊称某处发现一批李叔同早期美术作品。[①]他把印章赠给杭州西泠印社，后来移至石壁内，西泠印社有穴曰“印藏”即是，近年也已经取出另行收藏。他分赠给学生笔砚碑帖和生活用品，自己只留下极少生活必需品。杭州虎跑现在建立了李叔同纪念馆，来到这里总让人产生一种敬仰、神秘之感。

潘天寿当时的感触也许更大，因为就在此前不久的寒假，他遵父命回乡完婚。妻子是宁海黄坛人，叫姜吉花，不识字但勤劳贤惠，朴实又善解人意。一切婚事应酬和礼尚往来，父亲全安排得有条有理。老人家自己先后四次结婚，自认为不会给儿子选错对象。潘天寿虽然在杭已接触到男女自由恋爱、婚姻自主等新思想，但总拗不过固执的父亲。潘秉璋是一乡之长、一家之长，潘天寿只有顺从的份。

潘天寿接受了父亲的安排。新婚燕尔的喜悦还没有消退，他便目睹自己所敬重的老师断绝个人欲望，决然出家的现实，顿时觉得惶恐不安，仿佛自己做错了事情。

人世间自有种种烦恼，社会的，家庭的，李先生有李先生自己的生活，但当时的潘天寿还只有震惊而并没有要立即仿效的意思。

潘天寿确实去找过李叔同，也确实有过当和尚的念头，资料来源是他自己的一次讲话。1954年华东美术家协会成立大会上，他说：“过去画中国画崇尚超逸、清雅，没有人间烟火气，才称得上画品高。许多古代画家，如石涛、八大、石谿、渐江等都是和尚，还有一些大画家是道士。我以前曾经想出家当和尚，以求画格高超，能够达到上乘。李叔同（法号弘一法师）是我在浙江第一

---

① 这批美术作品后经专家论证并非真迹。

师范的老师，那时他在杭州烟霞寺当和尚，我去找他，谈谈做和尚的情况。弘一法师对我说：‘尘世多烦恼，有斗争，出家人之间的斗争、烦恼，并不比尘世少，有的地方，可能更厉害。’我听了这一番话，就打消了出家之想。解放后，读了毛主席的《讲话》，才体会到艺术不能脱离人民，要为人民大众服务的道理。”[①]

他说得很清楚，自己是为求“画品高超，达到上乘”而想到出家当和尚，而且是在新中国成立以前。但显然不是李叔同刚出家的那个时候，这从李叔同说的话中可以推测，对“出家人之间的斗争、烦恼”只有当了几年和尚以后才能有所体会。另外，在浙江一师读书时的潘天寿没有到求“画品高超，达到上乘”的阶段，这事当发生在他编撰《中国绘画史》（1926年），对历代画家作了系统研究后才有可能。上海人事繁杂，1928年他受聘为国立艺术院教授，回到杭州，1930年与何愔结婚。去找弘一法师可能是1928年到1930年之间的事。

正如潘天寿的儿子潘公凯所说：“这一件事（李叔同出家），使他陷入深思，在一段长时间里为之默默神伤。而且，这一影响随着年龄的增长而显得越益深刻。潘天寿一生的淡泊，寡欲，宁静，超脱，洁身自好，固然是出于先天的本性，但更重要的是出于后天的颖悟，他从这些可尊敬的师长身上，尤其是从李叔同身上，解悟了世俗虚荣的浅薄，精神寄托的久远。”[②]这最后两句话，恐怕既是潘天寿的解悟，也是李叔同出家的追求。

当然，浙江一师思想纯正、努力学习的氛围是校长师生共同创造的，他们刚刚送别了李叔同，又迎来1919年五四运动的洗礼。

第一次世界大战结束后，作为战胜国之一的中国竟然在巴黎和会上遭到帝国主义列强的胁迫，外交失败。国家危难，时局剧变。1919年，北京学生发动了五四运动，并点燃了各地反帝反封建的烈焰。

“外争国权，内惩国贼！”

“取消二十一条！”

---

① 应野平：《回忆潘天寿二三事》，载潘天寿纪念馆、卢炘选编《潘天寿研究》，浙江美术学院出版社1989年版，第54页。

② 潘公凯：《潘天寿评传》，商务印书馆香港分馆1986年版，第12页。

“还我山东，还我青岛！”

一面又一面写着标语的条形小旗，在空中挥舞，红色的、黄色的、蓝色的小旗，人手一面。举着标语、呼着口号的师生拥出了浙江一师的校门。

街道两边的群众，时而跟着高呼口号，时而掌声齐鸣。

工人、店员、市民纷纷加入了这支群情激昂的队伍。

5月12日，杭州学生联合会在湖滨数千人的大会上宣布成立。

一师是浙江学生运动的中心，潘天寿的同班同学宣中华[①]被各校推选为理事长，一师的学生作为中坚力量，被推上了浙江的政治舞台。

会后举行了声势浩大的游行，宣中华等代表又前往省议会请愿，声援北京学生的爱国斗争。

国家兴亡，匹夫有责。

学生们一群群出入商店、车站、码头，查禁日货。

湖滨公众体育场，成堆的洋伞、草帽、皮包……被愤怒的烈火吞没。

五四爱国运动迫使中国代表团拒绝在《巴黎和约》上签字，从而大大鼓舞了民众的爱国热情。

就在6月，一波未平，一波又起。

省议会决定向教育界开刀。议员们要否决建立浙江大学的提案，同时减少浙江一师学生享受的公费资助。好一个釜底抽薪的阴谋！学生们商量着对策。

学生的行动总是使政府要员们头痛。

在省议会举行常会的那天，议员们一个接一个得意地摇进了会场。

他们要同时通过三个提案。

第一个提案是给自己增加薪金。

第二个提案是否决建立浙江大学，理由是经费不足。

第三个提案也是因经费不足而把一师学生享受的公费资助减半。

---

① 宣中华（1898—1927），五四运动期间杭州市学生联合会理事长，兼浙江省学生联合会理事长。1921年应陈望道函请，到上海参加马克思主义研究会，加入社会主义青年团。年底，赴莫斯科参加共产国际召开的远东各国共产党及民族革命团体第一次代表大会，受到列宁的接见。1924年加入中国共产党。1927年四一二反革命政变期间，在上海龙华英勇就义，年仅二十九岁。

提案付诸表决时，突然茶杯、痰盂等物从天而降，顿时响声大作。议员们六神未定，已经有人掀翻了桌椅。他们只得一个个抱头鼠窜，狼狈不堪。

原来楼上旁听公民席中的一师学生造反了。明目张胆地损公肥私，是可忍孰不可忍。如此之世道，不反更待如何？

然而，学生造反归造反，省议会照旧倒行逆施，强制推行他们的决议。

黑暗，窒息。光明何在？希望何在？师生们渴求希望的曙光。

不久，《新青年》《每日评论》《星期评论》等进步刊物不胫而走，深受师生的欢迎。

一师校内不久就有一份本校的《浙江新潮》刊物诞生了。校内学生组织的“全国书报贩卖部”开张了。

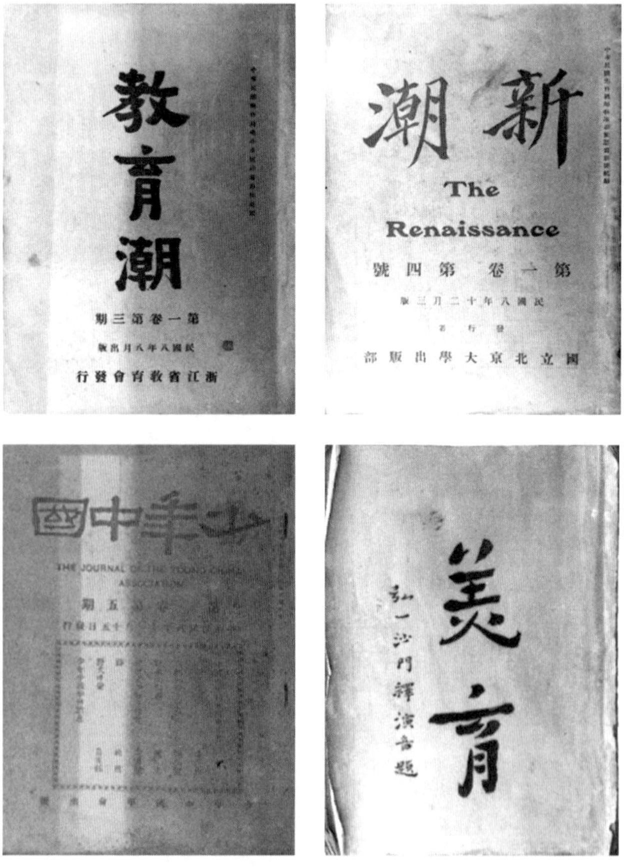

图2-11　潘天寿留存的进步书刊

尽管这些刊物带些过激的言辞，但毕竟给师生送来了新思想新文化。

《浙江新潮》遍销全国，影响极大。它的发行网遍布全国，而且不乏知名之士。湖南有“长沙马王街修业学校毛泽东君”，江苏有“南京高等师范杨贤江君”，上海有“静安寺寰环中国学生会敏于君”，等等。

潘天寿虽然不是直接办报的人，但他那时的思想是十分激进的。他始终站在进步学生的行列里。比他低三级的宁海同学赵平复（柔石），当时常常通过他向宣中华、徐白民这些学生干部借进步书籍。宣中华后来是浙江革命的主要领导人，徐白民成了中共上海区执委委员，他们都与潘天寿同班，是他最要好的同学。

那年12月2日，西湖边落叶满地，寒风刺骨。

沿湖的公众运动场却人声鼎沸，口号声不绝。四千余名学生为声讨日本帝国主义者残杀福建人民，举行集会和示威游行。

忽然，警笛四起，全副武装的军警把学生们团团围住。

一边是刺刀加警棍，另一边却是手无寸铁的青年学生。

军警以刺刀紧逼学生后退，他们把学生逼到西湖岸边。

学生已无路可退，而军警还在施加淫威，继续持枪进逼。上了刺刀的枪不去对准帝国主义者，却在学生面前耀武扬威。

扑通，扑通。

女同学发出了尖叫声，有人掉进了寒冷的湖水里。

这时在最前列的潘天寿，坚定地立住了脚跟，任凭刺刀在眼前晃动。军警改用枪托撞击人群，他却倔强地一动不动，像生了根似的，像一尊威武的雕塑，巍然屹立。

后退的人群止住了，口号声又响了起来。

刺刀划破了潘天寿的脸，殷红的血沿着脸颊向下淌。他依然毫不畏惧，只用手抹了一把。

同学们见此情景，气愤之极。一阵震天动地的怒吼，军警们胆怯了。

军警阵脚一乱，纷纷后退，潘天寿又和同学们一起前呼后拥地冲向了大街。

经亨颐不愧为与时俱进的革新者，浙江一师进步学生的行动得到这位校长的大力支持。

浙江一师成了浙江新文化运动的中心，外省学生千里迢迢纷纷前来投考。

经亨颐试行了他的教学改革，首先允许学生自治。

浙江一师学生自治会经过充分酝酿后诞生了。上海的报纸转载了学生会会刊上发表的成立宣言和章程。其时全国只有北京大学有学生自治会，浙江一师的举动引起了全国各地的关注，并为兄弟学校所仿效。

宣中华当选理事长，徐白民当选评论长，浙江一师学生会在五四新文化运动中起了“磨盘轴芯”的作用。

经亨颐又改国文为国语，废止了语文课只读儒家经典的规矩，而选读通俗易懂的白话文，并增聘了陈望道、刘大白、李次九和原来在校的夏丏尊为各年级语文主任教员。这些新派教师大量选用陈独秀、李大钊、鲁迅等发表的文章为教材，一时间浙江一师掀起了阅读进步书刊和追求新思想的热潮。

上至省长齐耀珊、教育厅长夏敬观，下至六十五名省议员，他们对浙江一师恨之入骨。他们下令要经亨颐解聘上述新派教员，称此四人是“四大金刚”。经亨颐正需要“四大金刚”这样手执金刚杵的护法神，当然不予听从。

经亨颐成了出头椽子。一个调令，让他去教育厅坐冷板凳，当什么“随时顾问”。

经亨颐不愿从命，毅然辞职。

在学生会的领导下，一师师生与省政府之间进行着“调经”与“留经”的斗争，这便是震惊全国的“一师风潮”。

教员拒绝新校长的聘请，学生集体前往梅花碑，向省政府请愿。

矛盾逐渐升级，一方要武装解散一师，另一方要誓死保卫一师。

1920年3月28日，武装镇压请愿学生的事件在杭州发生了。这是五四以来全国第一起流血惨案。

次日凌晨四点左右，又有五百多名军警包围了一师。

至六点，军警冲进校门，两个军警挟持一个学生，强行拖向校门，企图以武力解散浙江一师。

学生会成了师生的指挥部。一方面让全体学生集中于操场，与军警对峙；另一方面，同时联络住在校外的教师，奔走相告，谋求各界支持。

潘天寿一直在师生指挥部，当宣中华、徐白民等同学商量对策之时，他守着门口，防止心怀不轨之徒窜入。

支持一师师生的电报如雪片一般从全国各地飞来。有各地教育会，有全国学联、上海学联、江西学联、广东学联，有留日浙江同学会、北京大学浙江同学会、北京浙籍学界，有全国各界联合会，有名人梁启超、张一麐、范源濂、蔡元培等以及学生家长。甚至不少省议员也感到事态不妙，纷纷发表声明，反戈一击，谴责齐耀珊和夏敬观。

中午十二点半，军警又一次吹响哨子，向操场猛扑。

此时外校的支援队伍赶到，其中还有女子学校的一批女同学，生力军的出现扰乱了反动派的计划。

他们给一师的学生们带来了食品，带来了温暖，也带来了力量。

校门外二三百辆黄包车自动散去了。军警雇黄包车强行遣散学生的计划破了产。

最终，反动派解散一师的阴谋被粉碎。经亨颐和“四大金刚”虽然自动辞职，但新任的校长姜琦贯彻了经亨颐的改革精神。

姜琦聘请了朱自清、俞平伯、刘延陵、叶圣陶等进步教师。一师新文化运动后继有人。

消息传到北京，鲁迅先生称这次斗争为第二次“木瓜之役”，他把十年前他们在浙江两级师范与夏震武（浙江省教育总会会长）的斗争称为“木瓜之役”。

鲁迅说道：“十年前的夏震武是个‘木瓜’，十年后的夏敬观还是一个‘木瓜’，增韫早已垮台了，我看齐耀珊的寿命也不会长的。现在经子渊（即经亨颐）、陈望道他们的这次‘木瓜之役’比十年前我们那次的‘木瓜之役’的声势和规模要大得多了……总算打胜了。”①在这场腥风血雨的斗争中，潘天寿都在斗争的第一线，是学生会最坚定的拥护者。当警察冲进学校想抓宣中华时，他挺身而出，掩护了自己的同学。他和同学们经受住了最严峻的考验。

---

① 转引自杭州一中七十五周年校庆筹备办公室编：《杭州第一中学校庆七十五周年纪念册》，第82—83页。

第三章　海派浸润

乡间教员

从浙江一师毕业前夕，潘天寿听人说上海图画美术院[①]校长带学生来杭州写生，住在郭庄，就找上门去了。一见面才发现校长刘海粟很年轻，原以为他应该是经亨颐校长那样的长者，不料与自己年龄相仿。刘海粟十七岁就开始办学校，极为健谈，对图画也有研究。刘海粟在四十年后曾回忆道："我那时虽然已经做校长了，但其实年纪是差不多的，只比他大一岁。他随身带着几幅画，一看画，我就高兴，他的画气魄很大。一张是牛，半身的，一张是鹰，有一股野气……我说：'你在这里不行啊，到上海来怎么样？'他只是笑笑，说：'好、好。'"[②]时隔多年画的内容还记得，可见印象之深。

上海图画美术院是全国最早的美术专门学校，也是一所私立学校，潘天寿对它的了解也仅仅是该校思想很开放。他希望自己能入专门的美术学校深造，该校可能就是值得去的地方。

---

① 1912年上海图画美术院成立，1915年更名为上海图画美术学院，1920年更名为上海美术学校，1921年更名为上海美术专门学校，1930年改名为上海美术专科学校。新中国成立以后，经多次院系调整并入南京艺术学院。

② 刘海粟：《往事依稀怀阿寿——刘海粟老人谈话记录》，载潘天寿纪念馆、卢炘选编《潘天寿研究》，浙江美术学院出版社1989年版，第26页。

但是，当时教育部明文规定师范生须得任教两年，才能继续升学。

潘天寿打起铺盖，回到了老家宁海缑城。[①]

故乡使他目瞪口呆。五年了，自己已经身高一米八，装着一脑子新思想新文化学成归来了。而缑城似乎没有什么变化。

正学高等小学——全县的最高学府，依然是一所高小。校长周小昌聘他在学校讲授国文、算学和图画。浙江一师的高材生还是大受器重的。

操场南端有一排矮小的楼房，靠近围墙。楼下是办公室，楼上是教师宿舍，一人一间，均不能带家属。

最东边的一间已经腾空，潘天寿就住上了此楼最好的房间。走廊尽头，较为安静。打开北窗，隔着操场，教学楼举目可见。

潘天寿任教后，除了上课，很少下楼，犹如闺房淑女。他把备课和批改作业所余的大量时间都让给了作画和写诗。

在浙江一师当学生时，毕竟课程多，画画时间有限。现在他可以画到深夜以至到天明，只要自己愿意，谁也不会来干涉。

屋角的一只大花缸，不几天就得清理一遍，因为废纸积聚得很快。

他给自己规定，一天画完一刀纸，否则就不睡觉。为了省钱，他仍然用最便宜的土纸，而且正反面全派上了用场。他的月薪仅二十四元。

画得满意的时候，他就情不自禁地吟上几句诗，而且把画贴在墙上。学生上楼向他讨画，他会毫不吝惜地把画揭下来相送，从不让人空手而归。

但是，他不常回冠庄。

姜吉花也不常进城，她有一大堆家务要做。继母娄氏为潘秉璋添了三个孩子后，不幸过世。没有婆婆，她这个大房媳妇担子不轻，公公几乎把整个大家庭都交给她来管理。

一家人的衣食都得安排，一日三餐要做，农家一年四季自给自足，腌菜、做酱、酿酒、制糕，样样都不能少。闲下来裁衣纳鞋，八九个人要穿要着。

---

① 笔者于1985年访潘天寿的堂弟潘仲麟得知，此前潘天寿曾由同乡介绍去上海外滩外白渡桥边一家日本的洋行当职员，因不适，很快就回到了宁海。

图3-1 潘天寿的书橱

潘天寿回冠庄的日子总耐心地教吉花认字、写字。临走时嘱咐吉花，让她练练字，但她老忘。

画室很干净，八仙桌一尘不染。笔墨纸砚各就各位，总还是前次离开时的模样。书橱的门有他的题刻："种菽粟于砚田收成有日，怀奇珍于文席待聘以时"。字体端庄有力。里面的书也没有动过。他叫来吉花，又要教她写字。

"太阳这么好，我得去把豆瓣酱翻开晒晒。"她不等潘天寿开口，便急匆匆挪动小脚下了楼。她的脚是缠小了的，没有城里女学生那般行走便捷。

潘天寿皱了皱眉头，叹了一口气。她一走便半天不上楼。

"天寿，吃饭啰！快下楼呀！"

正当潘天寿作画渐入佳境之时，吉花的喊声也接踵而至了。

晚上，潘天寿在看书写诗，吉花端张凳子坐在一边借光纳鞋底。然而时间太晚，她支撑不住，便靠着书橱，发出了轻微的鼾声。

文化水准的差异，爱好的不同，使潘天寿觉得了无情趣，待在家里感到别扭，便提早回了学校。

他默默地接受了旧家庭赠送给他的这件"礼品"，但毕竟缺少志同道合的乐趣。

父亲盼望早抱孙子，那么就依父亲吧！

有了个儿子，姜吉花像得了宝贝一般。然而某天晚上，孩子被闷在棉被中，却迟迟没有被发现，孩子就这么夭折了。一次疏忽，造成了永远的遗憾。

后来二人又有了一个咿呀学语的女儿，取名质兰，为拣一个鸽子蛋而摔倒，亦夭折。

“是我不好。是我的命不好。”她唠叨着。

潘天寿的婚姻，成了剃头挑子一头热。

他所做的仅仅是把每个月的薪金尽量节省，带十块银圆回冠庄以补贴家用。

父亲满意的儿媳妇，儿子偏偏不中意。潘秉璋百思不得其解，他自己多次娶妻续弦，有哪一次自由恋爱过，不也一样过日子。他叹息：“如今这世道，真是人心不古。”

在偏僻的乡镇，潘天寿缺少书画界朋友，他成了离群的孤雁。开始，他将就读师范时期接受的新知识进行整理、巩固和消化，但一年下来几乎没有多少长进。在这闭塞的地方，他感到窒息。

他终于恍然大悟，小镇五年来没有变化，原因正在于此。孤陋寡闻必然与落后闭塞相联系。

他觉得寂寞时就卷几幅书画去“二亩园”。“二亩园”是他回宁海后常去的地方。拐过几个弯，在石板铺就的巷子深处，有一座为宁海人十分敬重的大宅院，这就是“二亩园”。当年的“二亩园”确实是鹤立鸡群。

它的建筑，完全仿照杭州的之江文学院，回廊亭阁，花坛鱼池，绿树成荫。不用说，此宅主人不是一般的人。

徐抚九是宁海数得着的名人，他曾任杭州之江文学院教务长三十余年，能书会画，远近闻名。他的儿子徐定涛早年留学日本，回国后参加过辛亥革命，曾拍卖先祖银楼（银行）支援革命，担任过沪军都督府外交部长。

潘天寿每次登门拜访，只要徐先生在家，老人总以真诚相待，他十分爱才惜才。

徐抚九本人写字全用中锋，肩架稳妥，用笔沉着。当年之江文学院大礼堂的横匾便是他写的。他思想开放，能不囿于一家之见指教青年，而且非常谦虚。“要晓得拘谨不能成家。我们的禀赋不同，你的字，有些地方我或可略微指点一二，但千万别像我，老朽不足为师。”

其时徐抚九年近六十，他自怨字画气魄不够大。但他无论是字还是画，厚重圆润，功力到家，潘天寿觉得可取者甚多。

徐抚九还对徐定涛说过："天授将来会有出息，不像我没有魄力。他写字也好，画画也好，用力都很雄健。"[①]

徐抚九对潘天寿影响不小，他是在吴昌硕之前高度评价潘天寿的第一位文化名人。后来，潘天寿特地为徐抚九老人画了幅《蔬果图》相赠，上题：

风肃肃，白空之秋艳明烛。薄糟薄糟色离绿，应为寿餐落英菊。来今即万古，羲和驭龙驹。莫信鲁阳戈，彭祖不少年。抚九世伯大人正腕，甲子灯节并录旧作题之。

潘天寿

潘天寿在宁海任教时期，所画的作品现留存者不多，但均毫无拘束，颇有气势，《秋菊佳色》《一帘花影》《寒山过雨》《率意墨荷》《紫藤明月》《凌霄花图》《济公与象》《秃头僧》《雪景八哥》都别具特色。

其中1921年所作的《凌霄花图》，现为宁海文管会收藏，是一帧八尺条幅。悬崖绝壁，上不见顶，下不见底，那一脉飞瀑从天直泻，气势非凡，痛快泼辣。主体凌霄从画外落笔，垂绝壁之顶而下，细细一根藤蔓在最下端开出一丛妖艳的花朵。对比强烈，艳而不俗。沿右侧纸边，题诗一首，顶天立地："绝壁一千尺，想是盘古运斧之遗（物），白涧飞空动魂魄。一树藤，长脉脉。长脉脉，不可言，一开一谢三千年，我欲从此化龙飞腾上青天。"此图不但构图奇特，而且诗画相得益彰，可谓初生牛犊、壮志凌云。

还有一幅中堂《雪景八哥》（142.5厘米×79.3厘米）作于1921年，现存于青岛市博物馆。该图描绘了十几只八哥雪夜栖歇寒枝的景象，题诗："凝寒料峭绝，欲解流苏结。云水漫沉沉，天暮舞飞雪。"1963年，潘天寿去青岛讲学时还曾见过此作。

另一幅代表作品是四尺整纸的《秃头僧》。寥寥数笔，勾勒出一位侧坐老僧。老僧默然独坐，直盯烛香，神志高古。笔墨简而耐看，流畅洒脱。作品现

① 出自1985年笔者访问徐抚九之孙徐锡祯的访谈录，徐锡祯为浙江文史馆馆员。

图 3-2 《凌霄花图》

图 3-3 《雪景八哥》

藏于杭州潘天寿纪念馆。

这些作品虽然显得较草率，但那股野气着实可贵。潘天寿那时对文人画重神韵、重格调、重气势的特征已有理解，作品又很有个性特点，所题诗句多为自己所作，并已开始用“阿寿”落款。然而，在宁海毕竟还缺少一批可以切磋画事、志同道合的朋友，他向往着浙江一师时的生活。

他在一首记游诗《独游崇寺山桃林》之自序中写道：“辛酉暮春，意绪无聊，每喜独游。看花则欲与对语，问水则久自凝眸，盖别有感于怀也。”

尽管在课余饭后觉得烦闷时也到野外走走，让自己沉浸到大自然的宁静中

图3-4　1922年所作《秃头僧》

图3-5　1922年所作《济公与象》

去，但他的内心始终宁静不了。

他写道："一灯人倦月弯弯，帘影朦胧独闭关。夜半吟魂飞铁马，漫天红雨艳沩山。"

骊珠岂能久蟠浅池，他期待着一展宏图，早日跳出这个狭窄的天地。

此时，浙江一师的老同学朱绍先、王岁南、陈维源邀他到孝丰（今属浙江安吉）任教。朱绍先其时任孝丰县高等小学的校长。孝丰是近代大画家吴昌硕的家乡，离杭州、上海都不很远。潘天寿便欣然赴任了。

春节后，潘天寿就离开宁海，前往孝丰。杭州到孝丰的公路尚未开通，只通到横湖，所以几位老同学提前一天动身，特地赶几十里山路到横湖过夜，迎接潘天寿。本来可以坐轿子赴孝丰，但潘天寿坚持步行，边走边游，倒也很有情趣。潘天寿在孝丰是颇受欢迎的。

孝丰的环境也比宁海好，他认真教学，据说光是备课笔记就有一大捆。课余，他和一行同学的足迹遍及所有的名胜。城内的奎星阁、桃园里、三眼井，城外的三公潭、白云庵、潮湖寺、弗家滩，都是他们常去之处。到灵峰踏雪赏梅，在“水滴石穿”、石门、独松关等地寻诗写生。他对泉石、石松、涧梅、山花，以及石鸡、青蛙都作过静心的观察和深刻的领悟，这对他今后身处大城市作写意花鸟仍能把握明确的形体和准确的结构，起了重要的作用。

春假期间，他与老同学沈遂真①在县城高小的“一字楼”举办了一次书画联展。孝丰、安吉的名流几乎无一缺席，县城小学从建立以来大概还没有这样热闹过。当时孝丰有名的潘鼎成和杨植之等书画家都来了。

潘鼎成写大字非常出名，县政府大门前数米高的“礼义廉耻”几个毛笔字，就是他随手写成的。他见到沈遂真的书法时有些吃惊，连连赞叹：“后生可畏！后生可畏！”

沈遂真的十几幅行书、草书老辣冷峻，他学的是赵松雪的字。吴昌硕第一次看到他的字，就评价甚高，但说从他写的字推断，遂真可能寿命不会太长。不料，被昌硕老人言中，这位才华横溢的青年书法家后来果真中寿而夭。

杨植之看画很仔细，他在潘天寿每幅画前都要停留片刻。他是吴昌硕的入室弟子，常常醉后作画。他的年龄要比潘天寿小，但出道早，对吴昌硕的画风已熟门熟路。他常造吴昌硕的假画，而且将吴昌硕的印章挂在腰边炫耀。昌硕老人曾劝他最好用自己的名字落款，但他仍大大咧咧的，觉得无大碍。

宁海的老兄竟能画如此多的题材，令杨植之有点不安，他不得不刮目相看。

古梅、新荷、秋菊、幽兰、竹石、松柏、杜鹃、石鸡，花鸟种类繁多。

仙佛、游侠、墨龙、猛虎、牛马、鱼鹰也多有奇趣。

还有寒林山水、古木泉石，皆大气不俗。

展览中最引人注目的是一幅丈二匹的《松月图》，透着诗味野趣。直到20世纪90年代，画家李大震（庸）还在《浙江日报》上发表的《潘天寿喜作大

① 沈遂真是画家诸乐三的舅舅。

画》一文中作过如下描述：

> 潘天寿年轻时就喜作丈二巨幅。我曾在安吉乡间看到过他二十几岁时画的《松月图》，题为“老龙崛出夜明珠”，枝柯如铁，直上云汉；盘根虬曲，宛若游龙，颇具森然之气。据说，当时找不到适用的笔，潘先生就地取材，缚草为毫，自制了一枝如椽大笔，泼墨挥洒，顷刻即成。此画虽与晚年所作在功力和笔墨上有很大不同，但以章法和气质论，已经初具自己的风格面目了。

当然，风格也许还谈不大上，但面目之独特是显而易见的。除了用毛笔作的中国画以外，此次展览还有一些一般人不常见的指墨画，也让人惊喜。成就一个人，要有好的环境和机遇，然而自身条件更为重要，尤其是自信。潘天寿二十四五岁的年龄竟敢在县城举办双人联展，而且首次展示指墨作品，没有自信，没有胆识，何以敢为？没有一定的艺术基础又岂敢亮相？命运之神已经在向他招手，艺术殿堂的大门正在悄然开启。

在开画展以前，比潘天寿低一级的浙江一师校友诸闻艺的哥哥诸闻韵①正好从上海回孝丰养病，潘天寿在一师时曾见过他，两人在异地相遇谈得十分投机。诸闻韵是吴昌硕的亲戚，他在上海学过美术，又当过吴昌硕孙子的家庭教师。诸闻韵很快又回上海去了。这坚定了潘天寿离开孝丰去上海发展的信念。

浙江一师的生物教师王淮君为潘天寿找到了一份在上海的工作——民国女子工校的教职。②

潘天寿终于启程了，但离开孝丰的脚步比离开宁海来得沉重，这一方面是

---

① 诸闻韵（1895—1939），字汶隐，别署天目山民，浙江孝丰鹤鹿溪（今安吉塘浦乡）人。早年居上海，在吴昌硕家任家庭教师，与弟诸乐三均为吴嫡传弟子，擅长诗书画印，工花卉、山水、人物，尤长于墨竹。任教于上海美专，并与潘天寿等共创中国第一个国画系（科），任系主任。后任国立中央大学艺教系和国立艺专（中国美术学院前身）中国画系教授。

② 潘天寿在20世纪50年代填写的简历上写的是女子工艺学校，见中国美术学院档案。

由于前面的道路迷迷茫茫无法预测，另一个原因是他在这块土地上有了一段恋情。

她叫王樨芬，孝丰东山王宅的七姑娘，杭州女子师范学堂毕业生。王家是书香门第，曾祖王鲁风是文举人，祖父王律山是日本留学生，民国初年当过地方民事长，相当于现在的县长，后来办学校，亲任校长。父亲在苏州当县官时过世，母亲二十九岁就开始守寡。

王宅是一座气势恢宏的明代大宅，围墙全用特大号青砖砌成，坚实如一座小城堡。若干年后，笔者见这里已建成一座颇有规模的中学，唯断墙残壁犹在，昔时盛况只能从当地老人的口中去了解。①

王樨芬小潘天寿一岁，她与潘天寿在杭州读书时就相识，聘潘天寿到孝丰任教她是出了主意的。王家富庶，并不需要姑娘外出工作，所以在潘天寿到来之前，王樨芬一直在家里。她当老师也为的是有机会与潘天寿接触，果真不到一年他们便情投意合了。王樨芬把潘天寿请到家里与母亲相见，希望能成秦晋之好，但母亲因潘天寿有家室而断然反对。

王樨芬与她母亲毕竟是两代人，五四时期的青年，对于婚姻、恋爱有自己的思考。新的观念犹如燎原烈火传播得极快，五四知识分子普遍接受了婚姻自由的进步思想，认为通过自主的婚姻可以养成人们“自由、真理之精神”和“特立独行之人格”，而自主的婚姻就是要自由恋爱而结合。

自由恋爱、自由结婚、自由离婚是五四知识分子对婚姻文化的主张。中国近代史上此时出现了少见的离婚高潮。青年们大胆追求本来就应该属于他们的这三种婚恋自由。

这两个青年因受过五四时期民主自由思潮的熏陶，对自由恋爱十分向往。王樨芬觉得自己比潘天寿父母为他包办的女子强，她肯定潘天寿没有精神的满足，这种婚姻应该终止，而自己正是合适的接替者。

她感到快乐，似乎自己正在做一件极为有意义的公众事业，但又十分痛苦，

---

① 1993年，笔者访问潘天寿在孝丰县高等小学教过的学生王文宾和王樨芬的同胞妹妹王怡芬，两人都已是八十六岁的老人。潘天寿后来在上海美专的学生金郊农也已年近古稀，还陪着笔者走访。

母亲太不理解自己。而且，潘天寿的态度也不能令人满意，男子应该主动一些才是。

潘天寿经常去东山王宅，本来他就十分爽气，有人向他要字画，几乎是来者不拒。对王家自然更当如此，王家姊妹许多人都有潘天寿的画，可惜多数没有保存下来。1922年，旧历壬戌之年，这一年潘天寿留存的作品不少，创作情绪颇高。王樨芬脾气倔强，感情专一，由于母亲反对这门婚事，她偏来个非潘天寿不嫁。潘天寿离开孝丰后，母亲为了帮她散散心，几次带她到杭州居住，后来几次有人求婚她都拒绝了。她回答母亲很干脆："我与潘天寿你不肯，要我嫁别人我也不肯。"她终身未嫁，默默地等着相爱之人。

1949年新中国成立后，王樨芬被划为地主成分，田地被分掉了，房子也分了。因为没有结婚成家，一直孤苦伶仃一个人，虽然领养过一个干儿子，但干儿子长大后也结婚另住了。她曾给潘天寿写过信，潘天寿也回信劝她在当地小学教书，但未能如愿。20世纪60年代初经济困难时期，在已无可变卖的物品，毫无办法时，她想到了潘天寿，又怕影响他，但最后还是写了信。潘天寿给她悄悄汇过三十元钱，但在汇款单到的前一天，她撒手离开了人间，没有得到这份迟到的温暖。养子王五毛从邮局取到来款，正好作了干妈的安葬费用。王樨芬是1962年过世的，但潘天寿对后事全不知晓，也不敢打听。他怕节外生枝，会伤害身边的夫人。就这样，他与王樨芬的恋情以及他写过信、汇过款，与这个地主女儿有过交往的这段历史，杭州很少有人知道，而在孝丰东山，几乎所有上了年纪的老人都晓得。

结识海派泰斗吴昌硕

1922年夏天，潘天寿来到了上海，他个人艺术的春天随之而至。他最初任教的是民国女子工校而不是美术专门学校。此前，诸闻韵进了上海美专，任国画教师。通过诸闻韵，他被介绍到上海美专，开始只担任抄写讲义职司，接着任教国画实习课。①

图3-6　1923年的潘天寿，摄于上海

上海这座开放性的国际大都市，在20世纪20年代初已是全国经济、文化、艺术的中心；已与纽约、伦敦、巴黎、东京共享世界五大都市之誉，拥有百万人口，号称大上海。自1843年上海根据《南京条约》被列为对外通商口岸，至此已过去了近八十个年头。外国列强在上海设立了租界，大量的外国资本随之涌入，国内资金也陆续流入上海。繁荣的经济吸引着各色人等汇聚在此。上海继苏州、扬州、杭州等城市之后，终于成了江浙画家开拓绘画市场的胜地。清代张鸣珂在《寒松阁谈艺琐录》卷六中写道："自海禁一开，贸易之盛，无过上海一隅，而以砚田为生者，亦皆于于而来，侨居卖画。"更有现代论者称："晚清时期东南各省的书画家向上海集中，是在魏晋南北朝和南宋之后的又一次大规模的迁徙。"②

士夫画家、文人画家从业余爱好渐渐转为专业从事绘画，主要是经济这根杠杆在起作用。潘天寿来到上海的时候，已是以吴昌硕为首的大写意花鸟画隆兴之日。被潘天寿称之为前海派的画家"三熊二任"朱熊、张熊、任熊、任薰等以人物画和兼工带写的花鸟画为主，无疑这种类型的作品花时间多，当社会需求大的时候自然有点不适应。而吴昌硕的重彩大写意显然出手快，色彩上又同样艳丽鲜亮，还融进了金石的笔法，文人学养和文化情趣无减反增。于是吴昌硕成了公认的后海派领袖人物。

上海是中国最早开放的城市之一，国外的绘画，当时叫洋画，率先带进了

① 参见冯蔼然：《纪念同学潘天寿院长》，载潘天寿纪念馆、卢炘选编《潘天寿研究》，浙江美术学院出版社1989年版，第20页。

② 参见徐虹：《海派艺术的文化环境》，载本社编《海派绘画研究文集》，上海书画出版社2001年版，第708页。

一股写实的画风。出国留学的李铁夫、周湘、陈师曾、高剑父、李叔同、李毅士等带回西方绘画和转道日本学来的西画画法，并且也引进了现代美术教学模式。

刘海粟曾在周湘创办的中西画函授学校学过画，所以他创办的上海美专初办之时既教授中画又教授西画，办学条件简陋。草创之不易可想而知，但“她”毕竟是我国最早的美术专门学校，担当起了培养艺术人才和艺术师资的任务。这所私立学校也是上海第一所男女同校的专科学校。

潘天寿走马上任，开始教的是高师科三年级的课，毕业班的国画实习课可不是好上的。揽得瓷器活，可得要有金刚钻呀！

毕业班的学生，有的已画得相当不错，他们见新来一个与自己年龄相仿的人当教师，不免颇多议论。传统的师道尊严在这所以模特儿事件风靡上海的开放性学校里，自然常常被抛在脑后。

不称职的教师被学生轰走，不但不足为怪，而且颇为时髦。

学生们有意要考考这位新教师，而且是在第一堂课上。

潘天寿挟着一卷画，跨进了教室。

学生们觉得这位穿长衫的先生气度不凡，但他们还不相信这个乡下来的先生有多大能耐。

潘天寿还未打开画卷，就有学生把他拉到桌边。笔墨纸砚，一应齐全，他们早早就布置好了。

“潘先生，潘先生，画画看，画画看。”

潘天寿也知道这是学生考先生，但一点也不生气。

这个学生点画兰竹，那个学生点画猛禽，还有的点画牛马。他们要看看先生到底画得怎么样，嘴巴上客客气气，肚子里却鬼点子不少。

其中有一位学生叫吴谿，以后取字茀之，是这个班的高材生。[①]他参与了这场闹剧，有心考考老师，他估计这位比自己只大几岁的先生，最多不过中等同

---

① 吴谿（1900—1977），初名士绥，改名谿，字茀之，以字行，浙江浦江人。1925年毕业于上海美专高等师范图工系。历任上海美专、国立艺专教授，浙江美院教授、中国画系主任。著名花鸟画家。1994年，浙江浦江建立吴茀之纪念馆，并对外开放。

学的水平。

潘天寿提起笔，轻轻地一点，然后迅速作起画来。他的画素来干净利落，一笔是一笔，笔笔都不含糊。

一落笔，学生就傻了眼，一个个呆若木鸡。

几十年后，吴茀之回忆此事，仍感慨不已。当时学生们都佩服得不得了，他们不再怀疑这位先生了，而是报之以加倍的敬重。

学生的反应像风一般传到了校方那里。两个月后，他又被校长请去，增开一门中国绘画史的课程，过年后正式被聘请为教授。1924年，他辞去工艺学校的课程，住进了美专校内的宿舍。

中国画教学老师当时主要有诸闻韵和潘天寿二人，诸闻韵年长又先进美专，但教学上的大小安排他都主动与潘天寿商量，共同努力办好这个新的系科。当时谁也没有意识到，他们是在做着中国画教学的奠基工作，他们是当之无愧的奠基人。

潘天寿简直是一步登天。他从来都是非常自信的。此时他的画又受到了大家的好评。中国自古就有"无师自通"的能人，潘天寿靠的便是天分和勤奋。

"虽无师乱碰，我也有我的一套本领，并以为现代或古代的名画家，也没有什么了不得，将自己弄得飘飘然而有列子御风之概。"晚年他这样自嘲那段生活。

大凡出色的艺术家总有极强的个性，青年潘天寿的勇气之中多少也夹杂着骄气。与众不同的是，他始终没有放松自学的要求，他更刻苦了。

上海毕竟与外地不同，经常有出色的古代绘画和近代绘画展览。潘天寿不用像在杭州读书时那样，出入裱画铺去关心有什么好画可以观摩了。画展研习成了他的癖好。

有时，他也到在沪的几个宁海老同学处走走，杨仲春、吴其寿、柴时林几个也都爱好书画，还谈得拢。

潘天寿当上教授的消息传到宁海，老家凡是来上海的人总要到南市（今已并入黄浦、浦东等区）来。上海美专这段时间正是在南市办学。

一天，一个宁海正学小学的毕业生出现在潘天寿面前。他叫张明养，是个腼腆的孩子，到南京去考中学，路过上海，特地来看望先生。

潘天寿招待了这位学生，还留他在自己房间里住宿。他的住房极其简陋，一张两尺半宽的小床、一顶旧蚊帐，一条破棉被还打过几个补丁。

张明养太意外了，这与宁海时在老师房间里见过的一模一样，所不同的只是用具更旧了。

张明养日后成了复旦大学的名教授，新中国成立后又出任国际关系研究所研究员。他与先生一直保持着长久的友谊。

此时，在浙江一师比潘天寿低三级的校友沈本千，与柔石同班也是“乐石社”成员，考进了上海美专。他后来成了著名书画家，在经济上也得到过潘天寿的帮助。

其实，潘教授工资少得可怜，每月十五元大洋，大约只能维持他一个人在上海的生活费用，而且他还需要补贴宁海的家用，此时他的大女儿秀兰已经降生。尽管他把自己的生活安排得十分清苦，但除了买纸张和必要的书籍以外，仍所剩无几。宁海老家人不相信当教授会这么寒酸，那时他弟弟读书也要花费，所以老是埋怨他给家里汇的钱太少。他又十分戆，也不作解释。

他常常胡乱地对付自己的肚子，饿了就到弄堂口买份烧饼油条塞进肚子，根本不顾有没有营养。好在他的消化功能特佳，身体也未就此衰弱下去。他简直是一部好机器，一直运转正常，不论什么食物，都能转化为能量。

就这样，这些年他干的是教授的工作，拿的是助教的工资，过的是校工的日子，但他还是乐呵呵一张笑脸。

多数教师靠卖画维持生计，可潘天寿不习惯于卖画，他不喜欢迎合买主而改变画风。他作画追求老辣缜密、迹简意远，而通常买主喜欢艳丽甜俗、热闹好看。

他是艺术中人，与金钱是无缘的。尽管在他身后其一张大画可以在拍卖场卖出两三亿元人民币的价钱①，但在他生前没有在经济上帮过他什么忙。

---

① 2018年，嘉德拍卖潘天寿《无限风光》的成交价为2.875亿元；2019年，嘉德拍卖潘天寿《初晴图》的成交价为2.058亿元。

正因为他不卖画，所以当时开绘画展览，每次总是他最拿得出画，也多具不同流俗的个性。

他渴望着在艺术上奋进。

画虽然不卖，但送人是常有的事。宁海徐抚九先生做寿，潘天寿念及早年指点之恩，作了一幅五尺对开的直幅《蔬果图》作为贺礼。他对宁海的父老兄弟特别牵肠挂肚。

对物质生活毫不在乎的潘天寿，在学业上则始终保持着一种不断攀登的高要求，“高峰意识”几乎贯穿了他的一生。在浙江一师求学时，他敢于向校长经亨颐求教；在上海，近在咫尺的吴昌硕先生更是他心仪的人物。

吴昌硕的府第在上海北山西路吉庆里，这是一个古老的石库门建筑，一幢三间二层的楼房。楼房虽然有点陈旧，油漆也已斑驳脱落，却有一种古朴、幽静之感。

潘天寿手捧一卷画，用蓝印花的粗布包裹着，匆匆辨认着门牌，终于他站定了——523号。

在举手叩门的瞬间，潘天寿多少有过一些迟疑。八十高龄的大书画家吴昌硕就住在里面呀！对自己这个初出茅庐的造访者，会如何相看呢？潘天寿又一次察看门牌，终于勇敢地敲响了这扇艺术大师之门。

当时在上海，大写意文人画派的领袖人物，当推吴昌硕与王一亭二位。

王一亭，名震，商贾出身，年龄较吴昌硕小二十余岁，其人物画成就突出，而花鸟山水画则逊于吴昌硕。

吴昌硕，名俊卿，秀才出身，旧学根底扎实，其画风深厚博大，不但工画，诗、书、印学均造诣极高。他是海派真正执牛耳者。潘天寿在浙江一师求学时就对他极为钦佩，几年来一直在寻求机会，聆听教诲。

吴昌硕是近代画坛影响最大的画家，创吴派风格，独树高标。他精研青藤、雪个、清湘诸大家，而且熔晚清各家之长于一炉，遗貌取神，又不拘成法，能以极简洁概括的笔墨表现深邃的意境和丰富的思想感情。

好在诸闻韵是吴家远亲，且与昌硕先生常有往来。在推荐天寿任教美专不久，诸闻韵又遵嘱向昌硕先生介绍过这位宁海来的朋友。

这天，潘天寿独自前往拜访。叩门后，有人带他穿过楼下的会客室，登上二楼，来到先生的画室。吴昌硕常在这里接待画友和求教的青年学子。

室内窗明几净，一张大画桌夺人眼目。墙上挂着一幅立轴，伴以石头的牡丹图，使画室充满春意；沿板壁摆设的一堂椅几，一尘不染。

吴昌硕打量着面前这位浙江来的高个子青年，指指椅子，说道："坐，请坐。"

"打扰先生啦!"潘天寿客气地说。

没有更多的寒暄，略谈片刻，潘天寿就在这位艺术大师面前打开了蓝印花布包袱，取出自己的画，虔诚地请求指点。

吴昌硕素以慧眼称世，无论什么书画，在他眼底下没有一个能虚讹过去。有时候说几句好话，是为了给人个面子，捧捧场。

老人对每一张画都注视良久。一幅又一幅。

"好！画得好，格调不低，落笔不凡。"

老人眼里闪出了喜悦的光芒，又以少有的赞扬语气说："阿寿，你画得蛮好，有自己的面孔（貌），不简单。"

这样一句普通人常用的赞语，因为出自吴昌硕先生之口，使潘天寿浑身充满暖意。

当时的国画界谁都知道，这位艺术大师平时只对年长的画师略加谀辞，而且多取诙谐、宽慰之意，对晚辈只说好而很少加评语。

虽是初次相逢，潘天寿又生性不善多言，但一老一少从画谈到诗，又从诗谈到印，犹如久别重逢的师生，谈得十分投机。

吴昌硕早在四十岁时，诗、文、金石已颇有成就，在苏州刻图章、卖图章，然而还不曾认真地专注于作画。他的朋友任伯年，年纪比他大，那时在上海卖画，在画坛已很有名望，便约吴昌硕到上海来。一个是孝丰人，一个是萧山人（原籍绍兴），同属浙江老乡。

一天，在任伯年的画室里，任伯年在台子上铺开一张宣纸。

"昌硕，过来。"

待吴昌硕走近画桌，一支画笔出其不意地塞将过来。

任伯年笑吟吟地说："你画画看。"

"我还没学过，怎么能画呢？"吴昌硕摇摇头。

"你虽没有专门学过，但我觉得你有作画天赋，随便画上几笔就是了。画一牡丹、一块石头吧。"

在任伯年的鼓励下，吴昌硕蘸起朱砂就点了下去。

笃！牡丹的芯一下点活了。又用墨随便一勾，特别的叶子出来了。

任伯年在一旁微笑着，暗暗称好。

只见吴昌硕画花杆子时，用笔那么一拉。这一拉，任伯年不禁拍案叫绝。

"你将来在绘画上一定会成名！"

吴昌硕还以为是跟他开玩笑呢！任伯年却十分认真地说："落笔用墨，浑厚挺拔，不同凡响。即使现在看起来，你有些笔墨已经赶上我了。"

吴昌硕擅长篆书，他不自觉地以篆书的用笔入画，苍茫古厚，确实有他人不可求之处。所以初次作画，便使任伯年服膺。

从此，吴昌硕就跟任伯年学起作画来。

事实已经证明任伯年预言的准确，吴昌硕以后在画界的成就的的确确青出于蓝而胜于蓝。这当然与他日后的刻苦练习及深厚的诗书金石功底密不可分，却也印证了老艺术家的眼力入木三分。

如今吴昌硕已八十高龄，发现未到而立之年的潘天寿作画才气如此惊人，这叫他一时难以平静。

这一天潘天寿离去之后，他还对着潘天寿送给他的一幅画出神。他越看越觉得这青年画格高雅不俗。

吴昌硕特地把自己的弟子叫到身边，指着潘天寿的画感慨地说："你们的画和我的画面貌都一样，要有另外一个面貌才好。你们看阿寿的画，就有他自己的面貌，又没有俗气。你们要知道，学我即使学得一模一样，也是劳而无功，你们一定要有自己的风格，走出自己的路来，将来才能在画坛上有一席之地。"

不几天，有个下午，潘天寿再次登门，与昌硕先生又谈起诗和画来，许多见解不谋而合，这更使吴昌硕觉得意趣相投。

第二天，吴昌硕的情绪还很好。他翻出潘天寿的画，又想起那带有浓重宁海口音的浙江话，顿时神思飞动，来到案头，挥毫濡墨，一副集古诗句的篆书对联顷刻即成：

> 天惊地怪见落笔，
> 巷语街谈总入诗。①

十四个刚柔并济、圆熟精悍的大字，既表达了老人对潘天寿艺术上的评价，又反映了自己愿为画坛扶新秀的心声。他特地派人把对联送至潘天寿住处。

潘天寿收到对联，受宠若惊。他后来这样回忆此事：

> 有一天下午，我去看吴昌硕先生。正是他午睡初醒以后，精神甚好，就随便谈起诗和画来。谈论中，我的意见，颇和他的意趣相合，很高兴。第二天就特地写了一副集古诗句的篆书对联送给我，对联的上句是“天惊地怪见落笔”，下句是“巷语街谈总入诗”。昌硕先生看古今人的诗文书画等等，往往不加评语。看晚辈的诗文书画等，只说好，也往往不加评语，这是他平常的态度。这副送给我的篆书对联，自然也是昌硕先生奖励后进的方法，但是这种奖励方法，是他平时所不常用的。尤其所集的句子，真觉得有些受不起，也更觉郑重而可宝贵。很小心的什袭珍藏有十年多之久。抗战军兴，杭州沦陷，因未及随身带到后方而遭遗失，不识落入谁人之手，至为可念！回忆联中篆字，以“如锥划沙”之笔，“渴骥奔泉”之势，不论一竖一画，至今尚深深印于脑中而不磨灭。②

从此，潘天寿经常出入吉庆里，吴昌硕与他成了忘年之交，而且总是亲切地称他为“阿寿”。

---

① 吴昌硕在1920年曾用行书写过此对联，但未见赠人，现存于上海浦东吴昌硕纪念馆。赠潘天寿的对联是用篆体书写的。

② 潘天寿：《谈谈吴昌硕先生》，载《潘天寿美术文集》，人民美术出版社1983年版，第198—199页。文中“什袭”二字意为把物品一重重地包裹起来，语出《太平御览》。

一次，吴昌硕问潘天寿是否收到一张他所赠的画。当听到未曾收到时，吴昌硕立刻找内人查问，弄明白原来是自家媳妇喜欢这幅画，给扣下了。

“抱歉，抱歉。半路里杀出个程咬金。”

吴昌硕一边摇头一边当着潘天寿的面，又铺纸重画了一张。这件事给潘天寿的印象很深。[①]

潘天寿对自己的名字“天授”，早有改动之意。以前也有人叫他“阿寿”，现在昌硕先生将其作为昵称称之，所以他干脆改名为潘天寿，画画也多用“阿寿”“寿者”落款题签，后来“天授”竟然废弃不用了。另外，他又取号大颐，“颐”为脸面，“大颐”则借指自己是长脸，潘天寿取名、取字无不体现出性情之真。大家都喜欢和他交朋友，因为他非常随和，又靠得住。

那天，潘天寿又画了一幅山水，自己看看觉得还能满意，就拿去给吴昌硕看。

“嗯。”老人还是点点头，话却不多。

当天晚上老人做了一首七古长诗，他自言自语：“阿寿太性急了，花鸟还没学好，又去画山水了。”

第二天清晨，他就叫人把诗带给了潘天寿。

这首七古，开头夸奖，后面是诫勉。这比平时的赞赏更引起了潘天寿的思考。

全诗如下：

读潘阿寿山水障子

龙湫野瀑雁荡云，石梁气脉通氤氲。久久气与木石斗，无罣碍处生阿寿。寿何状兮颀而长，年仅弱冠才斗量。若非农圃并学须争强，安得园菜果蓏助米粮。生铁窥太古，剑气毫毛吐。有若白猿公，竹竿教之舞。昨见画人画一山，铁船寒壑仙飞湍。直欲武家林畔筑一关，荷蒉沮溺相挤攀。相挤攀，靡不可。走入少室峰，蟾蜍太么么，遇著吴刚刚是我。我诗所论

① 此事为本书作者访潘天寿弟子高冠华时所知，高冠华说是潘天寿亲口对他说的。

疑荒唐，读者试问倪吴黄。只恐荆棘丛中行太速，一跌须防坠深谷，寿乎寿乎愁尔独！①

吴昌硕以他锐利的目光，觉察到这个“年仅弱冠才斗量”的青年对古人的重工力、严法则的主张有点掉以轻心。所以特地在诗中婉转地指出：“只恐荆棘丛中行太速，一跌须防坠深谷，寿乎寿乎愁尔独！”诫勉他不要操之过急，行不由径。

吴昌硕是极重循序渐进、反对冒险速成的。而当时的潘天寿，自信天分不差，凭着性情与趣味，敢于横涂直抹。

正是吴昌硕，第一个真正对潘天寿的潜力作出高度评价，又第一个严肃指出他当时的不足之处。

强者与弱者的不同，往往在对待自己的缺点上表现得最为分明。原谅自己，无力纠偏补过，自然是弱者；唯有虚怀若谷，闻过则喜，有则改之，才是强者的性格。

野马般任意挥洒的潘天寿，开始约束自己。他逐渐收敛，向着深邃严肃的方向发展。

一条绳子可以牵走一头牛，一句忠告能够引导一个人。潘天寿一生始终保持着对吴昌硕的敬重，吴昌硕也不止一次对他表示赞赏。

潘天寿曾在1957年12月西泠印社举办的吴昌硕先生纪念会上发言，坦诚地讲述了这段动人的故事：

我在二十七岁的那年，到上海任教于上海美专，始和吴昌硕先生认识。那时候，先生的年龄，已近八十了，身体虽稍清瘦，而精神却很充沛，每日上午大概作画，下午大多休息。先生和易近人，喜诙谐，休息的时候，很喜欢有熟朋友和他谈天。我与昌硕先生认识以后，当然以晚辈自居，态度恭敬，而先生却不以年龄相差，有前辈后辈之别，谈诗论画，请益亦多，

① 吴昌硕著，吴东迈编：《吴昌硕谈艺录》，浙江人民美术出版社2017年版，第3页。此诗与潘天寿《谈谈吴昌硕先生》（载《潘天寿美术文集》，人民美术出版社1983年版）中记录的有所出入。

回想种种，如在目前，一种深情古谊，淡而弥厚，清而弥永，真有不可言语形容之概。[①]

又说：

但是有一次，我画成一幅山水之后，自己觉得还能满意，就拿去给昌硕先生看看，他看了以后，仍旧只是说好。然而当天晚上，却做了一首长古，第二天的早晨，就叫人带交给我，诗里的内容，全与平时不同，可说诫勉重于夸奖。因此可知道昌硕先生对学术过程：极重循序渐进，反对冒险速成。

……

我在年轻的时候，就欢喜国画，但每天自以为天分不差，常常凭着不拘束的性情、趣味出发，横涂直抹，如野马奔驰，不受缰勒，对于古人的重工力严法则的主张特别轻视。这自然是一生的大缺点。昌硕先生知道我的缺点，即在这幅山水画上明确地指出我的缺点，就长古中末段所说的："只恐荆棘丛中行太速，一跌须防堕深谷，寿乎寿乎愁尔独。"深深地为我绘画"行不由径"而作恳至的发愁与劝勉。[②]

为了怀念这位左右一代风气的大宗师，潘天寿还作了一首诗：

忆吴缶庐先生

月明每忆斫桂吴，大布衣朗数茎须。
文章有力自折叠，情性弥古侔清癯。
老山林外无魏晋，驱蛟龙走耕唐虞。
即今人物纷眼底，独往之往谁与俱。[③]

图3-7　吴昌硕像

① 潘天寿：《谈谈吴昌硕先生》，载《潘天寿美术文集》，人民美术出版社1983年版，第198页。
② 潘天寿：《谈谈吴昌硕先生》，载《潘天寿美术文集》，人民美术出版社1983年版，第202页。
③ 潘天寿：《谈谈吴昌硕先生》，载《潘天寿美术文集》，人民美术出版社1983年版，第203页。

创办全国第一个中国画系

作为中国第一个中国画系所在学校，上海美专在筹办之初专职的中国画教师仅诸闻韵和潘天寿二人。刘海粟曾讲过教师少的原因："开始时美专偏重西画，国画系是阿寿来的时候筹备起来的，当时国画教师很少。国画系第一班学生不多，十几个人，顾坤伯就是这一班的学生。教师还有诸闻韵。王一亭有时也请来表演一下。吴茀之是当时的高师科毕业班学生。阿寿到上海，几个月以后就来美专教课，他一来就是教师，就上课，上中国画习作课和中国绘画史课。一方面因为他画画很好，一方面他是师范出身，能讲课，有的国画家能画不能讲，所以我就请他来教国画。"①

刘海粟请潘天寿的确没有请错人。当时上海滩画家心思全在卖画上，市场经济驱使画家论尺议价，公平买卖，一个勤快一些的画家日子可以过得相当不错，而潘天寿却始终没有对此动心。

诸闻韵的画价就已经不低。吴昌硕曾亲笔为他开过润例：

鹤溪仙馆润例

闻韵诸兄，家倚鹤溪，挹天目之灵秀，所作书画虽袭复堂之芬迹、白阳之轨而纯乎天籁。间作古篆刻，亦饶有秦汉隽趣。来沪访道，同好求之纷沓，苦无偏酬，为订例于左，将以餍所求也，更以限所求也。

横、直整张　三尺十八元　四尺二十八元　五尺三十六元　六尺四十八元　八尺六十四元

屏条　视整张减半

册页　每握六元

---

① 刘海粟：《往事依稀怀阿寿》，载潘天寿纪念馆、卢炘选编《潘天寿研究》，浙江美术学院出版社1989年版，第26页。

纨折扇面　人物山水　视花卉加半　点景加半　金笺加半　篆隶行书减半

刻印　每字二元　砚墨费一成

庚申冬仲安吉吴昌硕老缶[①]

只要画三张册页小画，收入就可超过每月十五元的工资。潘天寿参加的画会也给他开过润例，但他很少送画去卖。他并没有急于作画，而是在勤于备课，相当长一段时间在埋头《中国绘画史》的写作，这是商务印书馆的约稿。

上海美专要他增开中国绘画史课，促使他对绘画历史进行全面研究。当时，画家同仁中能系统讲授绘画史的人寥若晨星，国内连一本完整的绘画史专著也还没有。此前，他与陈师曾有过交往，知道陈师曾正在编译日本中村不折、小鹿青云的《支那绘画史》。

于是，潘天寿便找来了《支那绘画史》，发觉内容不错。同时，他又研究了《古画品录》《续画品录》《唐朝名画录》《历代名画记》《益州名画录》《图画见闻志》《画继》《图绘宝鉴》《图绘宝鉴续编》《绘事备考》《国朝画征录》《国朝画识》《墨香居画识》《墨林今画》《佩文斋书画谱》等十几部书。

他也读了西洋绘画史，将中西绘画作了些比较，所以他讲授的画史课大受学生欢迎。

潘天寿讲授绘画史的消息，很快引起了出版界的注意。他们发觉潘天寿年纪虽轻，但画史课内容充实，而且洋溢着强烈的民族精神。1924年，他们请潘天寿编一本《中国绘画史》。

潘天寿接受了。四五十年以后，他回忆此举："那时年轻，所谓'初生之犊不畏虎'，现在想起来，觉得太可笑了。"

奋斗一年有余，1925年春天，他的第一本著述完稿了。在他的书稿付印前，同年7月陈师曾的《中国绘画史》问世。陈师曾的著作虽也有内容参照《支那绘画史》，但比较简略。相比之下，潘天寿的《中国绘画史》较为详细，

① 吴昌硕也曾为齐白石定过润例，其价格不到诸闻韵一半。

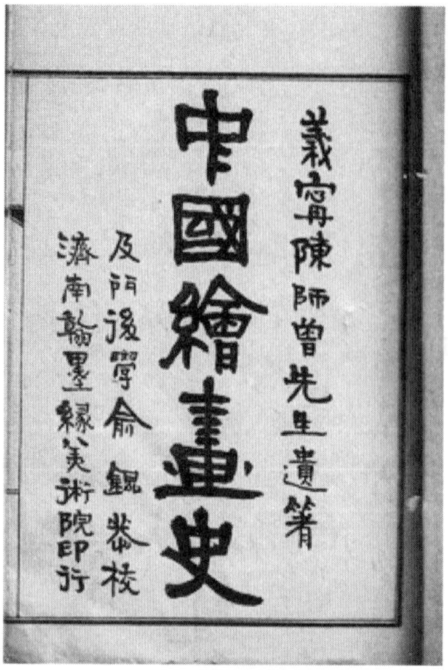

图3-8　陈师曾《中国绘画史》

图3-9　潘天寿《中国绘画史》

所以他照约交稿，并在书后加了一篇“附录”，以后在修订本中还提到陈师曾的那本书。这两本书是我国早期的绘画史出版物。

潘天寿的书出版于1926年7月。他写“自叙”的落款日是1925年2月2日。

尽管他考证了中国绘画的起源，介绍了各个时期的绘画作品和画家，尤其是宋元以后的史事、材料比同时期的其他著作都远为丰富，改变了一般画史书籍“繁于古、略于近”的偏向，但他不敢掠人之美，表现出一个真正学者的诚实。在“自叙”中，他写道：“本书大体以《佩文斋书画谱》及中村不折、小鹿青云所著的《支那绘画史》为根底，辅以《美术丛书》诸书；偏漏的地方，自是不免，还望读者有所指教。”

讲授和编撰中国绘画史的意义远远不只是出了一本书，而是有了绘画史论方面的成果。二十几岁的潘天寿通过对绘画发展史的学习和研究，开始从绘画史的高度来思考、审视画家，以及自己的绘画作品和道路。

学生们总是喜欢问个明白，潘天寿也喜欢那种打破砂锅问到底的劲头。常常会出现以下情况。

“潘先生，你说吴昌硕在绘画史上地位很高，高在什么地方呢？”

“昌硕先生嘛，确实不简单，他以金石篆籀之学出之，雄肆朴茂，不守绳墨，别人是很难做到的。他的画风与别人很不一样。”

“先生，能不能说具体点呢!”

“昌硕先生作画师法自然，但更不求形似，而是强调气势和抒发情感。以气势为主，故在布局方面，与前海派胡公寿、任伯年等完全不同。与石涛、八大、青藤，也完全异样。”

潘天寿看学生还是不甚理解，又解释道：

“举例来说，如画梅花、牡丹、玉兰等等，不论横幅直幅，昌硕先生往往从左下面向右面斜上，间或从右下面向左面斜上。它的枝叶也作斜势，左右互相穿插交叉，紧密而得对角倾斜之势。尤其是画藤本植物，或从上左角而至下右角，或从上右角而至下左角，奔腾飞舞，真有蛇龙失其夭矫之概。其题款亦多作长行，以增布局之气势。”

“先生，吴昌硕设色的特点如何?”

“昌硕先生可谓大写意花卉最善于用色的能手，质朴、古厚，非常有意趣。他是第一个大量用西洋红作画的画人，大红大绿，复杂又有变化。”

学生们常常围着潘天寿这样穷问不舍。他们最喜欢这位年轻的教授，因为潘天寿善于分析表达，肯讲真话。笔者在访问当年的老学生时，发现几十年前的答问他们竟然还记得清清楚楚。

当学生们散去以后，留给潘天寿自己思考的问题则是：“昌硕先生如此有特点，那么我的特色何在？我该站在绘画史的哪一个位置?”

潘天寿整理自己这一时期的作品，凡是有一点类似吴昌硕画风的，便毫不犹豫地统统销毁。如今，人们要找他这一时期的作品颇为不易。由于吴昌硕的影响实在太大，当时上海与吴昌硕接近的画家，几乎无一不受其影响。所以，潘天寿的做法，多数人不理解。

老朋友则当面规劝，他们有他们的艺术标准，认为脱开吴派，作品就缺少蕴藉，一句话：“太野。”

“行不由径”可是一句非常厉害的话，而且大家都知道这是昌硕老人说的。

潘天寿则认为画得与昌硕先生一个样没有意思，有了昌硕先生还要我干什么？他反问自己，又认真地检查了自己走过的道路，觉得收敛一些是必要的，但决不可失去固有的特点。

“阿寿真是一意孤行，画得还是很野。”有人把潘天寿的近况告诉了吴昌硕，老人不置可否，笑了笑。

潘天寿依然故我，追求构图的奇特，非常大胆；用笔奔放、泼辣，常常侧锋用笔，或者中锋、侧锋并用。传统中国画讲究中锋用笔，甚至笔笔要有出处，潘天寿离经叛道，承受的压力相当大。

大师毕竟与众不同，更何况是吴昌硕——近代首屈一指的大画家。

齐白石曾屡次提出要拜吴昌硕为师，可缶老始终说“不敢”。齐白石还是私淑昌硕，并将其与徐渭、八大山人同列，又极其诚恳地咏诗：“青藤雪个远凡胎，老缶衰年有别才。我欲九原为走狗，三家门下转轮来。”

齐白石的可贵之处，在于吸取了文人画的文化内蕴和笔墨之长，又保持了平民本色，作品天真童趣而简拙生辣。齐白石的画风没有被吴昌硕所淹没，终成大家，但那是以后的事。

潘天寿比齐白石更自觉，他敬佩吴昌硕，但在20世纪20年代就时时戒备着，生怕被大师的光芒所淹没。他更加勤奋地思考，夜以继日地在宣纸上探索。早在杭州、宁海的时候，他就是十分勤奋的人，但如今的勤奋与以前有所不同。以前是放任地发挥个性，没有任何心理压力；如今则有种种文人画的要求摆在面前。从某种意义上来说，传统了解得越多，束缚也越多。经过对绘画史的研究，潘天寿觉得眼前明朗了，他自信能把握好传统与创新的关系，走出自己独特的路来。

要是换了别人，当昌硕先生指出他“行不由径”之时，也许会从此谨小慎微，走到另一个极端上去而一蹶不振。潘天寿却信心丝毫不减，而且很快稍作调整又勇往直前了。他要继承文人画的优良传统，又要像吴昌硕那样一反文人画末流的柔媚纤细画风，而且他觉得自己的国画要追求比昌硕先生更大气磅礴的境界。

尽管短时间里造就不出一位大画家，但潘天寿具有一位画家最可贵的条件：自信、勤奋又有天分。天才总是压抑不住的，迟早会发出那与众不同的光芒来。

潘天寿不断有新作品问世，他仍然常常去请教昌硕先生。吴昌硕不愧为眼力超人，老人又发话了。

"阿寿学我最像，跳开去又离开我最远。大器也。"[①]这实在是吴昌硕对晚辈最高的评价了。画界同仁也发现阿寿很快走出了自己的路子，确实有才气。

潘天寿如此快地得到海上画派认可，令众人刮目相看，这在同辈中自然是凤毛麟角。潘天寿此时十分冷静，他觉得自己的画还不够凝练、含蓄，他没有忘记昌硕老人的告诫。

后人评述："吴派中，只跳出一个潘天寿。"此话可能有些过头，但真正与吴派画风拉开距离的，既有传承又别开生面的大画家，恐怕除了潘天寿，确实难寻第二人。

潘天寿在教学上一丝不苟，而且可以说他从事绘画史研究的初衷也是为了教学。作为中国画教师，他必须在绘画上让人信服，所谓笔头功夫不能差，还得有创作，有学问。短短二三年工夫，潘天寿已经成为上海滩有名的新秀，成了上海美专一块响当当的牌子。许多学中国画的学生就奔着潘天寿报考上海美专，潘天寿后来去新华艺专教课，学生又奔着进新华艺专读书。在浙江一师打下的基础和良好的学风，不仅是在此时，甚至在其一生都潜在地起着作用。这让我们深切地感受到中学教育的重要，以及名校名师对于天才学生的意义。浙江一师后改为杭州市第一中学、杭州高级中学，至今还是全省乃至全国最好的学校之一。

1925年5月，潘天寿走出了小屋，发现上海变了模样。他关在小屋里埋头学问的时间太长了。

人们的爱国热情一夜之间升华了起来。

一个日本纱厂的经理枪杀了中国工人顾正红，而工人们不过是要求开工、发工资等一些最起码的要求，同时受伤的工人有数十人。

此事发生在上海小沙渡路，公共租界的英国巡捕房不但不处理，还参与迫害工人，并包庇杀人凶手川村。

5月30日，上海学生联合游行，向市政厅、老闸巡捕房示威请愿，但英国老闸巡捕房头目爱伏逊竟然下令向手无寸铁的学生开枪，十几名学生当即遇害。

这便是震撼全国的五卅惨案。

---

① 卢炘：《潘天寿艺术座谈会纪要》，载《新美术》1991年第3期。

学生遭枪杀后，帝国主义分子又调来法籍捕头、安南巡捕和中国巡捕。他们用救火水龙头向高呼口号的人们喷射，像冲浇积聚的蚂蚁群一般随意。

上海各界愤怒了，中国这头睡狮苏醒了。全国六百多个城镇、一千七百多万人游行示威，掀起了罢工、罢课、罢市的反帝爱国斗争高潮。

画家们用自己的方式支持群众。刘海粟、潘天寿、王陶民、许醉侯、钱瘦铁等五人宣布，为支持五卅运动的民众，卖画一月，以作捐助。①

五四时期的热血又在潘天寿胸中涌动，他忘情地挥毫作画，常常忘了饮食。

夜深人静的时候，他又为民族深深地焦虑。面对帝国主义强大的资本和凶残的武力，他茫然若失。作为一个文人、艺术家，他应该如何救国？

灯下，他提笔在那篇绘画史“自叙”的稿纸开头加了一段话：

> 艺术每因异种族的接触而得益，而发挥增进，却没有艺术亡艺术的事情，这是征之史册上，历历皆然的。不是么？罗马、希腊虽亡，罗马、希腊人的艺术，却为东西各国的艺术家所尊崇推仰；这正为艺术的世界，是广大无所界限。所以凡是有它自己生命的，都有立足在世界的资格，不容你以武力或资本等的势力屈服与排斥。

夜深了，他打开窗户想吸一口新鲜清凉的空气。然而，六月天的热浪即使在夜里也还没有消尽。没有一丝儿风，也没有一丝儿凉，空气依然浑浊而闷热。

正当潘天寿欲求艺术来摆脱社会的烦恼之时，他所敬重的先生经亨颐此时亦来上海客居。

那一天，姜丹书先生来约潘天寿一起去拜会经先生。姜丹书也是潘天寿在浙江一师时的老师，去年曾应聘来上海美专任教，但有一年光景他便转任中华书局艺术科编辑主任，暂时离开了美专。

经亨颐是国民党元老，国民政府成立后任国府委员，曾兼任全国教育委员

① 《申报》于1925年6月20日、21日登载上海美专学生会启事：“沪上罢业工人二十万，无以为生，由各界设法援助。敝校学生会除举办救济‘五卅’事件书画展览会外，特恳本校教授刘海粟、王陶民、许醉侯、钱瘦铁、潘天寿五先生卖画一月，所得润资悉数由敝会捐助罢业工人。”

会委员长，先后致力于教育事业三十余年。自从“一师风潮”过后，他去职在省立四中当校长，又兼春晖中学校长，又任国立师大及中山大学教授，但均不得志。

大凡政途沉浮不得志者，都会对闲情逸致有不同程度的追求。所以，经亨颐在沪常组织雅集，小范围内寻求志同道合者。

经亨颐非常高兴，在上海还有那么多朋友、学生。谢公展、王陶民、马孟容、诸闻韵、黄宾虹、张大千、张聿光、方介堪、郑曼青都常在一起相聚，再加上姜丹书、潘天寿，还有其他一些故友，亦颇有雅趣。

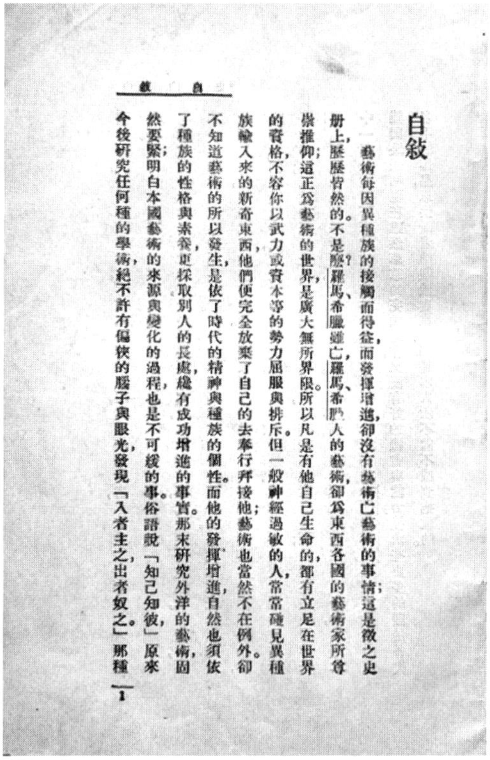
自敍

一　藝術每因異種族的接觸而得益，而發揮增進，卻沒有藝術亡藝術的事情；這是徵之史册上，歷歷皆然的。不是麼？羅馬、希臘雖亡，羅馬、希臘人的藝術，卻爲東西各國的藝術家所尊崇推仰；這正爲藝術的世界，是廣大無所界限。所以凡是有他自己生命的，都有立足在世界的資格，不容你以武力或資本等的勢力屈服與排斥。但一般神經過敏的人，常常碰見異種族輸入來的新奇東西，他們便完全放棄了自己的去奉行拜接他；藝術也當然不在例外。卻不知道藝術的所以發生，是依了時代的精神與種族的個性。而他的發揮增進，自然也須依了種族的性格與素養，更採取別人的長處，纔有成功增進的事實。那末研究外洋的藝術，固然要；緊明白本國藝術的來源與變化的過程，也是不可緩的事。俗語說「知己知彼，」原來今後研究任何種的學術，絕不許有偏狹的腦子與眼光，發現「入者主之，出者奴之。」那種

自敍　1

图3-10　潘天寿《中国绘画史·自叙》

经亨颐为人刚正恬淡，酒席上又豪于饮，人品学养皆受众人敬仰。他雅兴突发，举杯发起了高论：

“吾国文人素以岁寒三友为高尚情操之寄托，诸位不知有否雅兴，不妨凡艺林中之志同道合者，组织它一个‘寒之友社’如何？吾辈皆寒之友也。”

众人自然欣然赞同，并公推经亨颐为社主。此“寒之友社”，实可谓无组织之组织，也无所谓门户式之章程，只以道义相契结而已。

此时，经亨颐的年龄已至五十，办“寒之友社”时却是初习画。但他原本擅书法，得力于《爨宝子碑》，功力遒劲而能脱化，又善治印，中锋直刀，不落平凡，故能移笔作画，无师而自成。这有点儿像吴昌硕学画的经历。取名“寒之友社”，因所习画材，如竹、梅、菊、水仙及松、石等，皆耐岁寒之品。以画材谓画友，别有内涵。经亨颐作画，“其作风大气磅礴，笔力超拔，墨韵生辣”。无论是画品还是人品，经亨颐均是公认的好，故很有号召力。姜丹书在《经亨颐先生传》中记载：

> 自是在海上结合同道，常为雅集，命名曰“寒之友社”，风雨泼墨，诗酒联欢，皆一时知名之士，余固昕夕相叙焉。如此闲情逸致，亦无几时，于是南游粤峤，北作燕客，奔走国事，浮沉政途，固不得志。既复优游汉皋，终乃还来京畿，虽为中央委员，而仍只空悬名义，无所事事。间尝建议普及教育之策，凡童必入学，入学不须钱，以全国盐税作全民教育经费，既富裕，又普遍，且平均，是曰“国本教育”，盖取《尚书》“民维邦本，本固邦宁”之义；然卒未见采用。廿二三年间，将任教育部长之呼声高，惟吾逆料其未必果。人问故，曰：今非能用其人之时，彼不肯稍枉以徇人，则使之行者，不如尼之止者之多也。卒寝之。后虽任全国教育委员会委员长，亦属空名，尝戏称为“光棍委员”以自嘲，实亦自伤其不遇时也。溯自民十五年后，与其谓先生为政治生涯，毋宁谓为艺术生涯，盖其于政治，始终气味不相投，而于艺术，则所树立者高焉。①

潘天寿在沪期间别的雅集参与不多，唯经先生、姜先生所邀活动差不多次次必到。其实，这时候上海美专的情况实在有点不妙。

这一方面是轰动全国的模特儿事件还在发酵。刘海粟于1925年9月28日写信至江苏省教育会抗议禁止人体模特儿的议案。江苏省教育会则复函刘海粟，解释此禁令的目的是取缔淫画而非艺术。往来信件均见诸报端。刘海粟又在美专作公开讲演，并以无线电台广播。随后又有人出来质疑，认为“欲禁淫画，必先查禁堂皇于众之上海美专学校模特儿一科。欲查禁模特儿，则尤须严惩作俑祸首之上海美专校长刘海粟”。刘海粟继续借媒体反驳，但又有上海县教育局奉上海县知事公署训令给予棒喝。此事还闹到五省联军总司令孙传芳和江苏省省长那里。多次反复，终于下来一个结论：“查该校以此号召无非为引诱青年、多收学费起见。惟淫荡秽恶实于风化攸关，似应从严查禁。”几经抗争，刘海粟最后致函孙传芳同意停止使用人体模特儿。此信登于1926年7月15日《申报》：

① 姜丹书：《姜丹书艺术教育杂著》，浙江教育出版社1991年版，第254页。

"馨帅钧鉴：敬肃者，伏读钧座禁止敝校西洋画系生人模型之令文，殆系吾帅政策不得已之一举。夫政术与学术同源而异流。吾帅此举，用意深长。爰即提交教务会议，研讨之下，为学术安宁免生枝节起见，遵命将所有敝校西洋画系所置生人模型，于裸体部分，即行停止。用特据情拳报钧座，即乞赐察不宣，刘海粟叩。"

另一方面，更为糟糕的是美专已发不出教师的工资，甚至拖欠达半年之久，最终爆发了一次风潮。1926年秋天，模特儿事件遭受挫折的刘海粟，面临学生要驱逐校长的窘境。学生们认为他不务正业，并且要收回由学生出力捐募兴建的校舍。

师生举行了罢课，还有教师提出另外组织一所上海新华艺专。

潘天寿不谙人事，在模特儿事件上似乎是个局外人。他正专心致志于中国画教学，事后也未见他对此事有过什么评说。成立新华艺专于解决囊中羞涩倒具有点实际意义，这一年姜吉花又生了他们的第二个女儿潘贞，经济上压力很大。但刚开始他对成立新华艺专积极性并不高。

办学校先得有一笔经费，俞寄凡向自己的一位亲戚去借款，对方表示借款可以，但必须有潘天寿担保才行。潘天寿信誉好，对方放心。于是乎积极主张办校的一些老同事都来做潘天寿的工作。

潘天寿想不好是否离开上海美专。老同事说得很恳切，希望他能帮个忙，过去撑个台柱子，同时经费也可有个着落。

1927年春，潘天寿和诸闻韵一同转入上海新华艺术专科学校（以下简称"新华艺专"），他们和俞寄凡成了开办新华艺专的主要成员。俞寄凡与上海美专解除关系，当了新华艺专校长。潘天寿则既在新华艺专当艺术教育系主任，同时还兼着上海美专的课。诸闻韵任新华艺专国画系主任。潘伯鹰、张聿光、诸乐三、汪亚尘等均为新华艺专教授。①

新华艺专有新华艺专的难处，潘天寿抱着一种思想，即朋友要自己帮忙，当然尽力而为，但他对上海美专仍有较深的感情。对二校的教学他都很认真，

① 有关新华艺专的建立，参见冯蔼然：《忆潘天寿》，载中国人民政治协商会议浙江省委员会文史资料研究委员会编《浙江文史资料选辑》第21辑，浙江人民出版社1982年版，第26页。

后来成立的昌明艺术专科学校请他上课，他也不推辞。他对艺术教育始终保有满腔热情，不管学校是谁在办，他都不大计较。

潘天寿还是教国画花鸟、山水以及绘画史。此时他已是名画家，师生们都称赞他笔墨好，艺术上厉害。虽然有人给他开了润例，但他还是不习惯卖画，不愿受买主的制约。

此时，他的大写意绘画既有了明确的师承脉络，重视对传统的研究，又渐渐与吴派脱开。三十而立，潘天寿到了孔夫子所说的而立之年，他的画风已经初步确立。

“阿寿的画为何总是那么强而有力？”

师生们常常聚在一起琢磨他的画。昌硕先生的泼墨荷花，在浑浑然一大片墨色中，浓淡相间，总是可以觅出荷叶的向背和荷花的俯仰来，有时甚至可以判断出不同时期的荷花。而潘天寿并不特别注重墨分五色，所泼的墨荷却特别有精神。

“他首先考虑的是整幅画的整体效果。不求局部的小变化、小对比，而求整体的大变化、大对比。”

“是呀！单从一块荷叶看，浓淡变化并不大，基本是平泼，但几块荷叶放在一起，又成了不同浓淡深浅的墨色。”

“他这样处理，特别适宜作大画。如果还是以传统的吴派泼墨，整体效果肯定无以企及。他是有意减弱每一笔中的浓淡变化。你看，荷叶梗子他常常用焦墨勾出，多么突出。”

有一天，潘天寿刚刚上完课，一群人就把他围住了。

他一看都是学生，问道：“有事体吗？”

“潘先生，大家在分析您的画，觉得您的颜色用得特别好。”

潘天寿一听，知道了。前几天已经有人告诉他，徐悲鸿称赞过自己的用色。徐悲鸿说：“绘画不拘中西，设色难在调和。阿寿善用几种极难调和的色彩，大块渲染画面，自有风格，在画人中不可强求的。”[①]

潘天寿与徐悲鸿接触不多，但知道他是很有西画功力的画家。其实徐悲鸿用色不主张多，平时作水墨画居多，用色彩也极注意在全画中的比重。

“用色嘛，”潘天寿搔搔头皮，说道，“要记牢‘色不碍墨’。荷花，我觉得用纯西洋红为好。荷叶是大块墨色，空白是白色，红黑白三色正好对比强烈。”

他又说：“水墨中施以小块的石青、石绿或者刚才说的西洋红，我看是好的。因为石青、石绿、西洋红都是重色，在大面积的黑白灰主调中，有那么些星星点点，倒会有珍珠宝石闪闪发光之功效。”

“潘先生，泼墨荷花有啥要领?”

“泼墨要在平中求不平，不平中求大平。”潘天寿用墨特别注重大效果。

学生们总有问不完的问题，他们也自己分析出了潘天寿与吴昌硕在绘画上的许多区别。

潘天寿的画就这样引起了画界的关注，特别是学生反应最强烈。

除了具体的画法趋向有序，更重要的是此时潘天寿对文人画整体传统的认识和把握已上了一个台阶。诗书画印以及画史、画论的全面修养使潘天寿开始有能力去研究和把握诸如“如何处理单纯的个性感情和综合性的传统法度、外在的笔墨表现与内敛的构图之间的张力关系”。“艺术自身的规律使他意识到对传统的继承，恰恰是反叛与突破所赖以成功的必要前提”。[②]在潜心钻研传统和刻苦磨炼功夫的过程中，他比同时代的人更值得肯定的，或者说是他表现得更为坚定的信念，正是如何在笔墨语言中更多地赋予其审美内涵和多种修养，创新必须时时不忘传承。他没有止步于吴昌硕的画风，而是“将吴派风格及其遗留下来的许多艺术课题带到自己下一步的绘画实验中。它们包括如何处理色彩的浓艳与格调的典雅，用笔的强悍与面貌的清新，气势的博大与刻画的深入，造型的古拙与风格的自然等等这类艺术矛盾，以及如何超越南北分宗这一更宏

---

① 冯蕙然：《忆潘天寿》，载中国人民政治协商会议浙江省委员会文史资料研究委员会编《浙江文史资料选辑》第21辑，浙江人民出版社1982年版，第27页。

② 潘天寿绘，《潘天寿书画集》编辑委员会编：《潘天寿书画集》，浙江人民美术出版社1996年版，第24页。

大的美术史问题”[①]。

上海的五年对潘天寿而言至关重要，他用不长的时间，反省了过去所走过的艺术道路，并真正深入文人画的精髓中，对此作研究，认真思考。按他的个性，如果不是吴昌硕劝勉，换一个别的什么人来，自己不一定会买账。即使是吴昌硕，潘天寿也并未一头栽进去拔不出来，而是完成了“一入一出”的过程，这是十分可贵的。

潘天寿不但从吴昌硕画风吸取营养，又学石涛、八大、石谿等历史名家。上海经常有各种画展，这些年他见了许多古画及同时代名家之作。20世纪50年代他带学生从杭州到上海去看画，谁有什么收藏都记得很清楚，尽管往事一越已经三十年。晚年他还讲过自己观摩陈师曾作品的一个故事：

> 在上海美专教课时，有一个暑假，上海“天马会”开画展，我和诸闻韵负责指挥布置中国画部分。布置好后，我和闻韵说：“这次展览中，陈师曾先生的花卉如墨蕉、梧桐诸条幅，都很精彩。”闻韵说：“这次陈先生的作品不但花卉好，几幅山水也十分好。”可是我一点儿也没有注意到。后来特地去看，还是并不觉得它的特别好处。画展结束后，师曾先生的展品留存在刘海粟家……挂在壁上，我却“熟视无睹”。此后我也常研习山水画。一年以后去海粟家，师曾先生的画仍挂在画室里，一溜眼，觉得画得很好；再隔一年，又去海粟家，仍然看到师曾先生的山水，更觉好；到第三次看到的时候，觉得好以外，并知道师曾先生山水的来龙去脉，工夫深沉，兼以天分高超，学养丰富，故能骎骎地独辟蹊径于当时画坛，实非一般画家所能望其项背。[②]

潘天寿对于学问便是如此上心，他讲述的过程正是他上海五年学画的缩影。

---

① 潘天寿绘，《潘天寿书画集》编辑委员会编：《潘天寿书画集》，浙江人民美术出版社1996年版，第24页。

② 陆坚：《启发·鞭策·鼓舞——访潘天寿先生》，载潘天寿纪念馆、卢炘选编《潘天寿研究》，浙江美术学院出版社1989年版，第162—163页。

第四章　艺专十年

国立艺术院

1928年春，即吴昌硕谢世的第二年，潘天寿离开上海返回浙江，刚创立的杭州国立艺术院聘他担任国画主任教授，从此揭开了他艺术生涯光辉的一页。

杭州国立艺术院的创办是20世纪中国艺术教育史上最重要的篇章。1927年，中华民国政府在南京建都，国立北平艺术专科学校校长林风眠因为在5月11日发起国民艺术大会、主张艺术大众化触犯了北洋军阀张作霖，国立北平艺专被并入北平大学，改作美术专门部。他便辞职南下，在南京国民政府就任大学院（教育部）艺术教育委员会主任委员。由于北平尚在军阀统治之下，1927年11月和12月大学院艺术教育委员会在南京开了两次会议，通过了“筹办国立艺术大学”提案。这个提案是蔡元培的创见，蔡元培便是大学院院长。

对于艺术大学地址选择，委员会也采纳了蔡元培的意见。

他提出：“美育之目的，在陶冶活泼敏锐之性灵，养成高尚纯洁之人格，故为达到美育实施之艺术教育，除适当之课程外，尤应注意学校的环境，以引起学者清醇之兴趣，高上（尚）之精神。故校舍应择风景都丽之区，建筑应取东西各种作风之长。”

“窃以最适宜者，实莫过于西湖。盖其地山水清秀，逶迤数百里，能包括以上（其他例举从略）各名胜之长，而补其所不足。且该地庙宇建筑，颇多宏

图4-1　杭州国立艺术院

丽……”

杭州曾是南宋国都，有着南宋画院的优良传统，人文与自然环境的确优于别处，又与上海这个经济繁荣地区为邻，与南京国民政府的政治中心亦相距不远。选择杭州无疑十分有眼光，“可使艺术既依托附近政治和经济的力量，又与政治、经济保持相对独立性”①。大学院委派林风眠具体负责筹建事务。

三个月后，国立艺术院在杭州筹建完成。学院与国立第三中山大学（浙江大学前身）校长蒋梦麟商定，借得罗苑作为校舍，又向杭州市当局租得孤山一带的照胆台、苏白忠烈祠、三贤祠等，因陋就简，草创而成。

春天的脚步悄悄踏进了西湖罗苑，微风带着春的气息吹醒了桃枝柳条，绽出饱满的鹅黄色嫩芽，转眼便又绿了枝条，绿了罗苑，绿了西子湖。

水中倒映的罗苑，临湖八角楼的二层水榭、古典式优雅门窗的花厅、亭台

① 刘晓路：《从北京到西湖：北平艺专和杭州艺专的比较》，载林风眠百岁诞辰纪念画册文集编辑委员会编《林风眠与二十世纪中国美术国际学术研讨会论文集》，中国美术学院出版社1999年版，第37页。

楼阁全都簇拥在嫩绿色的树丛之中，这年春天来得比往年都早。

这是十年前哈同夫人罗迦陵建造的一座湖上迷宫。犹太人哈同在上海滩投机经商发迹，他的大本营在上海，上海展览馆的旧址就是昔日不可一世的哈同花园。罗迦陵看中了西湖，通过浙江督军杨善德与市政公所打通关节，竟然不顾杭州市民、省议会的抗议，抢占了孤山脚下白堤临西湖的一块地皮，造起了行宫。

后来，罗苑由政府收回后分配给国立第三中山大学，而当成为杭州国立艺术院的校舍时，才真正引起了全国文化艺术界的注目。

国立艺术院（又称西湖国立艺术院，后来改名杭州艺专、国立艺专、中央美术学院华东分院、浙江美术学院、中国美术学院等），开创之初设国画、西画、雕塑、图案四系和研究部，后来又设建筑、音乐系。林风眠任首任院长，兼西画教授。林文铮任首任教务长，兼西画教授。

除了林风眠和林文铮以外，国立艺术院聘了二十余位教授。其中五位主任教授为：吴大羽（西画主任教授）、潘天寿（国画主任教授）、李金发（雕塑主任教授）、刘既漂（图案主任教授）、李树化（音乐主任教授）。

其余有李风白、李超士、王悦之、蔡威廉、王静远、孙福熙、陶元庆、方干民、叶云、黄纪兴、李苦禅、张光、朱荇青、王子云、刘开渠，以及雷圭元、姜丹书、李朴园、钟敬文、张天翼等。

外籍教授有克罗多（法籍）、斋藤佳藏（日籍）、杜劳（俄籍）、魏达（英籍）、马巽（俄籍）、薛洛夫斯基（俄籍）、沙拉契夫（爱沙尼亚籍）、普洛克（奥地利籍）等。

3月1日开学时，尚有一些教师未到岗。

为了补办开学仪式，蔡元培先生在百忙中偕夫人由南京赶来主持仪式。

蔡元培亲临西子湖畔，听取了人事及图书设施、石膏像、建筑仪器等教具的采购情况。“由于南京政府在内战中军费浩繁，大学院经费十分有限”，当时开办费包括第一学年的经费总共只下拨十四万元，这么少的钱办一所大学，实在是不可思议。大学院对此十分明白，所以蔡元培赴杭时又带来大学院节约下来的七千银元补充第一年的费用开支。下学期，美术院增设八个教室，大学院又另拨八千元作建筑费。①

照理中央下来的大官不会轻易在民居落脚，但蔡元培不在新新饭店下榻，却在灵隐路玉泉路口的林风眠家住了五天，目的是提携这位二十八岁的校长。蔡元培与林风眠早在法国就相识，1925年蔡元培偕夫人第二次拜访林风眠，当时林风眠同其法国夫人艾丽丝·冯·罗达（Elise Von Roda）在法国乡间居住，生活十分拮据。蔡元培在那里寄宿了三天，与林风眠作过长谈，临走还相赠一千法郎。他看中了这位在留学生中绘画最好、最有天分的青年。所以当1926年林风眠在国立北平艺专受挫、辞去校长一职时，他就准备在江南再创办一所国立艺专，让林风眠来施展才华。事实证明，此举十分英明。

3月26日，国立艺术院首次开学庆典隆重举行，兼作临时礼堂的罗苑花厅热闹异常。嘉宾和主任教授登上主席台，教授们个个西装笔挺，只有潘天寿仍然是一身长衫。

林风眠致开幕辞，那带着浓重广东口音的国语，每句话都说得很重、很有力量。最后他扫一眼全体师生，兴奋地说：

“今日我们在西湖孤山之麓播下一粒艺术种子，正值西湖春暖播种时期，这颗种子一定会发芽成长。希艺术同仁和全体师生共同关心爱护，使之不断壮大。但愿将来艺术之树如同孤山老梅，根深蒂固，与日月同辉，我们之前途未可量也。”

接着，热烈的掌声回应着蔡元培的训辞。他的讲话与十几年前就任北京大学校长时提出的办学精神相贯通，强调“以美育代宗教”。

“如今西湖等名胜古迹寺庙太多，宗教迷信太盛。将来应以艺术来代替宗教，改变社会落后面貌和不良习俗。”他接着说，“学院是为研究学术而设的，提倡美育合乎世界潮流，艺术是表达人的美好愿望。国家需要高深艺术人才，以谋美育之实施及普及，国立艺术院的创办，寄托着广大国民殷切之期望。”

潘天寿从内心服膺蔡先生的主张，对新校开办充满喜悦之情。

---

① 林文铮：《蔡元培先生与杭州艺专》，载萧峰等《艺术摇篮·浙江美术学院六十年》，浙江美术学院出版社1988年版，第42页。

潘天寿终于又回到了杭州，这里有他许多浙江一师的老同学。无论是自然环境还是人文环境，他都觉得对自己是适合的。

上海的繁华、艺术的昌盛、画会活动的频繁，虽然都有利于事业发展，但潘天寿总觉得上海人事关系复杂，学术环境不如杭州优良，这是在上海工作五年以后才慢慢体会到的。不能在无休止的应酬中耗费生命，应该埋头学术。蔡元培讲“学院是为研究学术而设的”，潘天寿也是为研究学术而奔赴国立艺术院的。

杭州国立艺术院完全仿照巴黎美术学院，连名称也相似，当时后者翻译为巴黎国立美术院，教学上就更不用说了。早期的教授，除中国画系的以外，大多是在巴黎美术学院或其他西方美术学院留过学的，甚至部分教授还是同学。林风眠、林文铮、吴大羽、李金发、刘既漂、李超士、蔡威廉、孙福熙、刘开渠、雷圭元等人还在法国结成过霍普斯（太阳神）会。连出版的学术刊物《亚波罗》《亚丹娜》《神车》等，也有浓厚的西方色彩。①

这所大学比较注重西洋画，中国画虽也是必修课，但没几位中国画教师。林风眠在国立北平艺专时曾请齐白石来任教，但杭州路途遥远，齐白石不愿南下，所以两年后请来齐白石弟子李苦禅。因为潘天寿是吴昌硕弟子，能画又善理论，所以被作为首选，开学之前已聘请到任。据国立艺术院教务长林文铮回忆，潘天寿是吴大羽赴沪聘请来任教的。笔者于1985年采访吴大羽教授时，吴教授告知是林风眠校长亲自去聘请的。

学校的教授绝大多数是留洋归国的，又有那么多特聘外籍教授，但在校内中西画教授同样受尊敬。就工资待遇而言，不论中国教授还是外籍教授，一律每月三百块大洋。尽管学校经费紧张，但教师工资在当时是相当高的。鲁迅在教育部工作时，最高也不过拿三百块大洋的工资。这几乎是普通小职员工资的三十倍，从经济上确保了教师们可以安心从事教学。学校的《教员延聘细则》还规定：“第五条（A）本院教员在院服务三年以上者按原有月薪每月增加百分

① 参见刘晓路：《从北京到西湖：北平艺专和杭州艺专的比较》，载林风眠百岁诞辰纪念画册文集编辑委员会编《林风眠与二十世纪中国美术国际学术研讨会论文集》，中国美术学院出版社1999年版，第37页。

图4-2　杭州俞楼

之十。（B）……在院服务五年以上者按原有月薪每月增加百分之二十或准其请假出洋考察，其月俸照送，但假期至多不得超过一学年。”这样的优越条件在当时的国内是绝无仅有的。

潘天寿在离学校咫尺之遥的俞楼租了一间二楼靠边的房间。俞楼是俞平伯祖父俞曲园（俞樾）的遗产，其后代都在外地，此时就分租给了国立艺术院的教师们当宿舍。这座小洋楼背靠孤山，面向西湖，环境十分幽静。

学生们则住在照胆台，条件差一些，但租金便宜些。中国画教室和素描教室也在这里面。

潘天寿对此地十分满意，每当案头埋首倦了，就在湖边徜徉，有时也走到照胆台去看看学生。

不久，国立艺术院举办了全院第一次课外习作展览，展览会既是学生成果的展示，也是学校第一次向社会亮相，展览地点选择在杭州闹市区湖滨。展览会的筹备工作由潘天寿负责，此时他孤身一人在杭。虽然姜吉花先后为他生了三个女儿——质兰（已夭折）、秀兰和贞，但她们在宁海乡下。早在上海时他就不常写信，因为吉花识字不多，很难作感情沟通。他有足够的时间钻研学术。这个展览他十分投入，在上海美专他就组织过几次展览，所以还是有经验的。

国立艺术院首次展览，可以说开得极其成功，七十三名学生共展出三百七十幅作品，其中中国画六十八幅。另外还有油画、水彩、素描、石膏像、泥塑、图案、造花以及篆刻等多种门类，学院油画系、国画系、图案系、雕塑系等各系学生都拿出了作品。作品有好有差，好的不少。

不到一年时间，学院便有这样的成绩，不但师生们受到极大鼓舞，杭州大街小巷里也议论纷纷。市民们蜂拥而至，展览会收到了预期的效果。

其中有一位学生叫蒋海澄，后来改名艾青，离校后去法国留学，又参加了革命，在文学上得到发展而成为著名文学家。当年他展出的国画作品有《林先生》和《梦残了》二幅，水彩画有《醉秋》《停船》《菊》《生的叹息》《炎阳》《晨风》，还有一件雕塑叫《苦闷的象征》。

另一位学生郑祖纬的作品更引人注目，国画作品《寿星》《仕女》《虎》《牛背》《人体》《黑衣》《振翮》都很有特色，另外又有多幅水彩画。当时的学生们并不拘泥于某一画种，而常常是全面出击，多样尝试。郑祖纬学潘天寿又有自己的面貌，而且题材广泛，备受称赞。据说，展览会上，在郑祖纬的作品面前，有两个日本人久久徘徊而不舍离去。无奈这次展览不开卖画先例，他们只得怏怏不乐而归。据传，这二人是日本驻华领事和他的女儿。

郑祖纬是潘天寿最喜欢的学生，原来准备毕业后去日本留学，日本驻华领事曾托人向他求画，并表示愿意资助他去日本。九一八事变后，日本侵占东三省，激起了中国人的强烈义愤，从此郑祖纬就不再提赴日本的事了。但是十分不幸，临近毕业时他患上了伤寒病。同学们纷纷去西湖疗养医院看望，潘天寿也去了，而且陪了他整整一夜，但他终因病重不治而亡。潘天寿向来十分刚强坚毅，但这次他扼腕长叹，恸哭达旦。

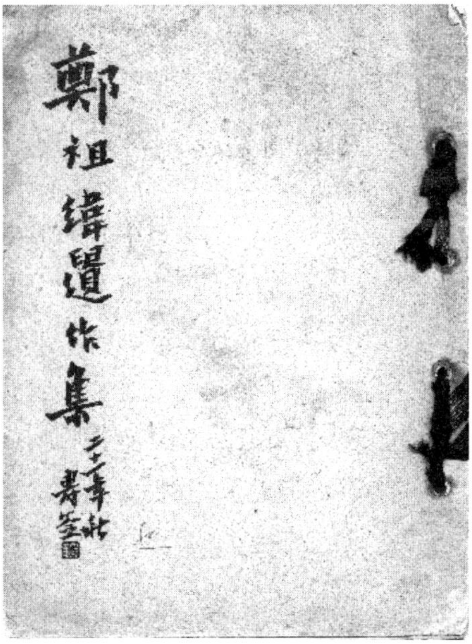

图 4–3　1932 年秋潘天寿题签的《郑祖纬遗作集》

同学们组织了“郑祖纬遗作展”，林风眠校长支持出版画集。潘天寿为画集题签“郑祖纬遗作集”，又写了挽联“天才何短命，大造亦忌能”及横批“贤才短命”。林风眠亲自作序，也写了挽联：“天妒奇才”。两位绘画大师惜才之真情，给人们留下了深刻的印象。

当时，国立艺术院成立艺术运动社，

举办展览会是艺术运动的创举之一。林风眠院长在北平曾组织过艺术大会，到杭州后他总结了在北平活动的经验教训，继续他“艺术社会化”“艺术大众化”的理想。林风眠认为“艺术是感情的产物”，艺术可以代替宗教给人以感情的安慰，而“一切社会问题，应该都是感情问题”，所以让艺术家以新的艺术作品直面人生，同时努力使大多数人懂得艺术的来历、艺术的理论，懂得欣赏艺术，便可有益于对混乱社会的改造。

林风眠在担任大学院艺术教育委员会主任的时候，就发表过《致全国艺术界书》，详细阐述了他对艺术和艺术运动的观点。这简直就是一篇檄文，悲天悯人，慷慨激昂。[①]林风眠是真正的艺术家，他的热情和真诚感动了周围的同仁，大家都感受到了从事艺术的神圣和从事艺术教育的光荣。艺术运动社便在这种氛围中成立起来。

作为当事人的李朴园曾这样记载这个20世纪30年代中国重要社团的诞生：

> 记得是国立艺术院开学半年以后，正是放着照例的暑假的时候，大约八月十六七日罢，我们接到林风眠先生请客的帖子，日子则是十八日正午。或者大家都是弄弄艺术的人，艺术家的味道总不免要随便一点，所以吃起酒来格外来得兴致好一点，有时是哄堂大笑之后，有时是举杯劝酒之际，林风眠先生总在提着“怎样使得大家更团结一些”之类的话，那时大家是在闹着灌酒，似乎并不如何留意，等大家已经是酒足饭饱之后，各自歪在沙发上剥着橘子的时候，这话便做了聚谈的主题，大家的面目都十分庄严起来。
>
> 只差没有正式地恭候总理遗嘱，这个聚谈已经转入会议的形势，推定了临时主席，由主席指派了记录，艺术运动社开宗明义第一次会议便在此种情形之下举行了：产生出组织大纲，议定了最近所做的事业计划，最后举出了负责社务的人员。
>
> 艺术家是不大喜欢死板板的条文的，艺术运动社的组织大纲当然不必

① 林风眠的《致全国艺术界书》作于1927年，曾有单行本出版，后收入1935年出版的《艺术论丛》。

如何纪律严明。所谓组织，重要的纪律却是思想同友谊的纪律；所谓大纲，重要的条文却又是粗枝大叶的五条，总共不到一百个字。

林风眠先生好像说过不只一次了，他以为中国的艺术运动应当从两方面着手，一方面努力创作把真的作品拿给大家看，一方面努力于艺术理论的解释与介绍，帮助大家了解艺术的真面目。①

图 4–4　艺术运动社集体照

在林风眠"集中全国艺术界新力量而一致努力于艺术运动"的号召下，潘天寿从一开始就加入了艺术运动社。他对"致力创作，使艺术常新"的奋斗目标和"为艺术而战"的口号都十分赞同。"介绍西方艺术，整理中国艺术，调和中西艺术，创造时代艺术"之中除了"调和中西艺术"不甚明了外，其他都合潘天寿的意思。自从踏上高等艺术教育的岗位以来，他就是一面努力创作作品以展示给大家看，一面研究画论、画史的。《中国绘画史》修订本、《中国绘画史略》、《中国书法史》、《宋代画院考略》、《域外绘画流入中土考略》等接连不断地完稿。潘天寿，一个中国画教授在西画教授的圈子里吸收着来自异国他乡的芬芳，同时始终维护着本土文化特有的馨香。

艺术运动社的成员为学院教师，国立艺术院学生便组织了第一个左翼文艺社团"一八艺社"。1931年，"一八艺社习作展览会"第二次展览在上海举行，共有作品180余件，其中展出了木刻，这是我国自有美术展以来第一次展出木

① 李朴园：《我所见之艺术运动社》，载《亚波罗》1929年第8期。

刻作品。鲁迅先生为这次展览会写了著名的《一八艺社习作展览会小引》。[①]

鲁迅盛赞道："现在新的、年轻的、没有名的作家的作品站在这里了，以清醒的意识和坚强的努力，在榛莽中露出了日见生长的健壮的新芽。自然，这是很幼小的。但是，惟其幼小，所以希望就正在这一面。"当时，"一八艺社"在沪展出场地，就是鲁迅捐资托内山完造租的上海虹口《每日新闻》社房间（楼上）。"一八艺社"后遭反动当局禁止而被迫解散，但由"一八艺社"发端的新兴木刻却渐渐成了全国性的革命木刻运动，并融入了抗日救亡运动，起了非常积极的作用。[②]

潘天寿当时也不过三十多岁的年纪，他更多的是与爱好中国画的学生在一起。他经常出入学生教室，分析笔墨，讨论构图，与同学们相处得十分和谐。"台北故宫博物院"原副院长李霖灿曾回忆道：

> 课堂之上，亦偶尔有隽永的趣味小品插曲。记得那一年，开第一届全国美展（应为1936年第二届全国美展之误，因李霖灿入学是1932年，第一届为1928年4月在上海举行，而且第一届全国美展筹备委员会1928年移师于杭州国立艺术院。）没有请潘老师去作评判委员却来函邀请他出作品。他面有不豫之色，施施然说道：拿我的作品去叫他们审查，也不必啦！——决定不送件参加。
>
> 好像是过了一个礼拜，全国美展的聘书到了，敦聘他为审查委员，郑重地邀请他赴南京与会。他高兴了，离开教室的时候，面露笑容，还在教室门口留下一句话，那些审查委员都是了不起的大名人呀！
>
> 他忘记了，他自己也是审查委员之一，我们大家都微微掀起了嘴角，你看看我，我看看你，相视一笑，别有会心。[③]

---

① 《鲁迅全集》第四卷，人民文学出版社1981年版，第308页。

② 参见王心棋：《鲁迅与国立杭州艺专》，载萧峰等《艺术摇篮·浙江美术学院六十年》，浙江美术学院出版社1988年版，第124页。

③ 参见《雄师美术》第199期。

当时在这所高等艺术学府聚集的教师几乎都在全国各艺术领域首屈一指。有许多教师是鲁迅十分推崇的。

林风眠擅长西画，又通晓中国传统绘画，鲁迅对他在留德、留法期间以及回国后的创作，以及反对封建主义的作品早有留意。1928年2月27日，林风眠在杭州“美丽川菜馆”宴请鲁迅，鲁迅与周建人欣然同往。早在1926年3月林风眠于国立北平艺专举办个人画展时，鲁迅就曾专程前往参观。

图案教授陶元庆（1893—1929）是鲁迅最为器重的书籍封面装帧艺术家。鲁迅著作《坟》《彷徨》《朝花夕拾》《唐宋传奇集》《苦闷的象征》《出了象牙之塔》《工人绥惠略夫》等封面图案画都出自陶元庆之手，现在悬挂在北京鲁迅故居的素描《鲁迅像》也是陶元庆的作品。1929年8月6日，陶元庆不幸病故于杭州，鲁迅在上海得讯后悲痛不已，即捐资三百元，为其买冢地，并再三叮嘱办妥后事。他在给友人的信中写道：“能教图案的，中国现在恐怕没有一个，自陶元庆死后，杭州美术院就只好请日本人了。但我于日本人中，不认识长于此道的人。”①

西画教授吴大羽，被人称为“吴大体”。他特别注意掌握大体，作品极具整体感，色彩强烈，富视觉冲击力。早年长于具象，晚年作品多为抽象、半抽象之作。吴大羽是卓有才华的教师，他善于“点亮”学生的眼睛。他的那句话“眼睛要观察一切，尤其要洞察人的心灵”，给学生启发很大。

西洋美术史专家林文铮当年收集掌握了大量资料，上课时已采用幻灯设备，无论教学还是著述均观点明确、资料翔实。他是蔡元培的女婿，夫人蔡威廉（1904—1939）则是写实能力非常强的留法画家。他们在上海举行婚礼，蔡元培特地从南京赶来，蔡威廉既不施朱粉，也不试穿婚服，却为父亲画了半天肖像。蔡威廉言语不多，讲话总是轻轻的，但教学上极为认真，对学生要求严格，一丝不苟；作画观察很细致，稳重而锐利。她往往几句话就切中要害，善于启发式教学，总是鼓励学生自己思考，在造型初期不主张变形。她轻柔和悦的口头禅是：“不要胡画！”她会向初露才华的学生要习作珍藏，让对方感到荣幸，也

---

① 参见《雄师美术》第199期。

会留下基础较差而勤奋者的作品，指导他们进步。在1929年上海全国第一届美术展中，她的作品肖像画首次面世即引起轰动。她为丁玲画过肖像，还作过《秋瑾绍兴就义图》，那是2米×3米的大幅油画。她崇拜达·芬奇，甚至发宏愿要做“中国的达·芬奇”，可惜在抗日战争的战乱中难产早逝，她的作品也很少留下来。①

国立艺术院的教师给学生留下了非常深刻的印象，著名留法画家朱德群这样写过回忆：

> 记得在杭州艺专时，我既跟吴大羽老师学西画，又跟潘天寿先生学国画。临摹大量的宋元明清的山水、花鸟、兰竹、人物，那是十分下功夫的。后来进入西画系，就渐渐对国画淡薄了，甚至根本不画了。但今天却对我十分有益，它帮助我走上这条抽象艺术之路。
>
> 我常爱画阴雨天的气氛，后来意识到这是受国画的影响，我追求景物的朦胧感，画它的情调，不爱光色。②

外籍教授中也不乏名家，如堪称把西洋舞台艺术传到中国的第一人、俄国莫斯科大剧院舞台艺术设计师杜劳，教学十分严格。日本籍工艺教授鹿岛则以循循善诱、推心置腹为主要特点，教学搞得很“活”。

法籍教授克罗多在法国时已颇有名望。1926年，林风眠请他到国立北平艺专任教，后来又把自己西画系主任的位子让给克罗多。待杭州国立艺术院创立，林风眠校长又请克罗多南下任西画研究班导师。“在他来后的三个月中，大家的图画完全变了一种作风：以前是纤巧的，如今生辣起来；以前是艳丽的，如今浓郁起来；以前是小心小意地画画，如今都是那样奔放不羁——虽然大家有着

---

① 参见郑朝《早逝的星——女油画教授蔡威廉》，载《新美术》1984年第1期。

② 闵希文、朱膺：《艺海求索录——海外著名画家朱德群来函摘录》，载萧峰等《艺术摇篮·浙江美术学院六十年》，浙江美术学院出版社1988年版，第99页。

如此显著的变动，各人的作用和面目，却还好好地保存着在。”①

教法语的教师黄纪兴也是一位很有趣的先生，他指名让学生上黑板做题，若做不出题目就要面壁几分钟以作处罚。法语若不及格，学生的身份会变更，由正科生转为选科生，待遇也会跟着变化，而黄先生是从不发慈悲的。②

音乐教师李树化也很特别，林风眠曾给他画过速写，并有题词：“李树化沉默寡言，对学生和蔼可亲，对花草不感兴趣，也不喜欢旅游，非常喜欢肖邦的作品，作曲时喜欢强拍子开头，十年来为音乐教学，为音乐欣赏服务贡献极大。”

西湖恋情

在赴杭州国立艺术院报到前的1928年春节，潘天寿曾回过宁海一趟。他觉得封建包办的婚姻应该结束了。刚过而立之年，他要自己选择终身伴侣。这符合当时的社会潮流，很多名人如鲁迅、郭沫若等也是在那种气候下重新选择伴侣，找到了有助于事业的夫人。但潘天寿又非常矛盾，姜吉花怎么办？她会愿意吗？膝下又有两个女儿。他想去说服，去做做工作。

这是一个非常糟糕的春节。

潘秉璋耐着性子听完了儿子的解释，他断然反对潘天寿的要求。

他认为姜吉花是个百里挑一的好媳妇，自从进潘家后，对长辈孝敬，对弟妹友爱，勤勤恳恳，任劳任怨，这个家离不了这样好的长媳。她一年忙到头，真是个无可挑剔的孩子。怎么可以休弃这样善良的内人呢？平时姜吉花经常念叨着丈夫何时回来，好不容易等到了年关，盼星星盼月亮地把人盼回来，这倒好，要离婚，异想天开。潘秉璋很生气。

潘天寿有口难辩，他越想解释清楚就越被父亲误解为负心人。五四时期的青年敢于冲击旧的婚姻传统。对于潘天寿来说，既成的婚姻文化程度差异悬殊。

---

①《亚波罗》1929年第1期，转引自万青力：《画家与画史·近代美术丛稿》，中国美术学院出版社1997年版，第110—111页。

② 参见萧峰等：《艺术摇篮·浙江美术学院六十年》，浙江美术学院出版社1988年版，第67页。

姜吉花，一个偏远农村的妇女，没有接受新文化的机会和条件，她自然无法跟上时代的潮流。她对丈夫所从事的艺术事业，帮不上忙，起不了作用，又加上长期分居两地，两人感情也疏远了。

潘天寿只得从屋里出来，天气很冷，那是滴水成冰的日子。他茫然地站立在西厢房叔叔家的屋檐边晒太阳。太阳渐渐升高，但有气而无力。

“不管你做得有多大，教师也好，教授也罢，只要我在世，就不会同意你们离婚。”父亲高声喊道。这声音使刺骨的寒风更凛冽，久久地在院子里回荡。

叔叔潘秉珪把潘天寿叫进自己屋里，问清了缘由。

“别的事还好商量，就是这件事我不能听从。”潘天寿斩钉截铁地说。

“钉头碰铁头，硬碰硬。我看你就远走高飞，该怎么办就怎么办去吧！”潘秉珪了解兄长，也了解侄儿，这个从小失去亲娘，在父亲严厉的目光下成长起来的侄儿，个性也十分倔强。哥哥要面子，侄儿也要面子，况且在外混得不错，姜吉花缠着小脚怎么带得出去呢！

当晚，潘天寿在秉珪叔叔家留宿。姜吉花几次让孩子来请他回去，后来见他不肯回家，就让帮工潘为时将满满的一碗桂圆鸡蛋汤送了过去。

次日，秉珪叔出主意，约几位亲族和有面子的地方士绅作证，在上海《申报》上登一则“离婚启事”。反正潘秉璋平日对兄弟好，以后得知也不会闹事。

当夜，潘天寿就离家到了县城，次日赶往申城。任人去说三道四吧，我行我素。

这边潘秉珪果真邀请了一些地方士绅，还有族长，办妥了事，“离婚启事”登上了《申报》。

尽管潘天寿义无反顾地走了，姜吉花却一直没有离开潘家。

摆脱了包办婚姻的羁绊，潘天寿成了自由人。

此时，一位女学生正悄悄地爱着潘天寿，她叫何文如（后改名何愔）。何文如的父亲是杭州城里的名医何公旦，当时大家都知道皮市巷有个何大医师。何公旦熟读医书，对中医颇有研究，其饮食起居都十分讲究，还当过浙江慈溪的知县。何文如出身大家，聪慧、貌美、贤惠，家教很严。她是杭州有名的宏道女中毕业生，宏道的女生和女子师范的女生一样，个个能说会道。也许是家庭教育的关系，她很能干，但才不外露，总是有条不紊地默默地干着自己的工作，与当医师的父亲一样，颇受人们的尊重。

何公旦善解人意，又乐于施舍。他医道高明、医德好，开诊所但家门口不挂医牌，只在大门外的一块牌子上写“何寓”二字。一般医院挂号费八角或一个银元，他挂号费一元二角，而且一天挂满二十二个号子就不再增加。

一次，省主席叫人带名片来请何大医师出诊，何公旦说：“我们省主席我是晓得的，不过，我出诊是要有人介绍的。”

后来，省主席乘一辆汽车专程来“何寓”看病，一辆红色的小汽车，车牌照是001号，一时惊动了整条巷子。病看好后，还送来大筐水果。

何公旦对穷人来看病，另有一种办法。三个女儿轮流负责挂号之事，他授权她们，凡交不出挂号费的，在一块红色挂号签的木牌上贴张红纸条作记号。他在询问病情以后，不但不收钱，往往还倒贴药费。消息传开，市民们对何大医师佩服得五体投地。

何文如是何公旦的二女儿，女中毕业后也负责过挂号之事，她处理的号签都十分得体，像父亲一样善解人意而乐于施舍。

何公旦不但医道高明，而且能书会画。何文如的弟弟何任曾这样回忆自己的父亲：

> 他有闲暇就画画。我多次亲见他的工笔画《天风楼》《秋粖读书楼》《五十以后骈庵图》等。他手边还放着一本连史纸订的《随便画》册，这是他想到什么题材先在本子上画出草图，并即兴题词。我最喜欢翻看他的《随便画》册，看画并背诵他的题词。至今我还记得一幅画有一只木瓜，旁边一块穿了绳子的玉佩。题词曰：“投我以木瓜，报之以琼琚，匪报也，永以为好也。”（《诗经·卫风·木瓜》）又有一张画了一个湖边的宝塔，下面湖水中有塔影，题词曰：“黄妃塔上鸳鸯草，又绿西湖一寸波。”父亲的字也是很出色的，来求“墨宝”的人很多。他早期诊病处方是用毛笔在宣纸上写。当时有人为了要得到他的手迹，曾在病家或药铺中收购他的毛笔处方，每一张处方收价是一块银元。他还为当时的省长沈金鉴代书岳庙大

殿的抱对。他自己又为玉泉鱼池上方题了“鋑月廊”的匾。①

何文如从小就喜欢书画，进国立艺术院以后，特别喜欢听潘天寿先生的课。不久，她就觉得自己有点儿不对劲，潘先生的课她既盼又怕。她掐着手指算日子，又提着心事进课堂。潘先生在她画桌前停留的时间总比在别的同学那里长，有一次还卷起袖子帮她磨墨。

“哦，先生，让我自己磨。”

“我看你墨色太淡，力气不够，我帮你磨。”潘先生若无其事地说道。

虽然潘先生也帮别的小同学磨过墨，但何文如细心观察过，似乎全是男同学。全班仅四名女生，她已二十三岁，年龄大些，自然也成熟些。

这天，何文如早早磨好了墨，铺上一张四尺对开的条幅宣纸。她怕先生再为自己磨墨，所以每次上课她总是早早地做好一切准备。

潘先生选中了她的位置，同学们都围了上来。

“我画一张给你们看看。”

潘天寿取笔，在毛笔头上咬了咬，就去蘸墨。何文如抿一抿嘴，没有笑出声来。

他拉一下纸，审视一会，在条幅最上端，从左向右再向下拉出一枝梅来，枝杆下垂，花俏枝头。用笔老辣，爽朗。他又在中段画几根兰草，迎风指向梅花，一呼一应，顿时有了生气。

最后，潘先生处理下端，信手勾出一块石头，几撇竹叶，十分生动自然。

真是“作画如作字，笔笔皆分明”，何文如暗暗叫好。梅枝多么坚实挺拔，兰草又十分柔嫩，颇可回味。

潘先生将笔在笔洗里洗净，用淡笔开始点垛兰花，姿态各异的花朵造型极美。同学们全看呆了。

突然，潘先生用淡墨在石头的上方凌空点了三个大点子。

糟了，好好一幅画，这三个点子算什么？何文如暗暗为先生捏一把汗。

---

① 何任：《诗意流年》，浙江科学技术出版社2001年版，第11页。

“这三个点子你们恐怕不敢点。”潘先生胸有成竹地说。

“你们看看我为什么在这里可以点上这些点子?”他问道。

教室里没有人能回答，同学们你望望我，我望望你，全成了哑巴。

先生是有他的道理的，何文如松了一口气，她发现手心里湿漉漉的。

“你们看。”潘先生把纸提了起来。

大家发现三个点都跑到石头后面去了。

果真这些点子使画面更为协调。潘天寿又用手挡住点子，让学生自己去比较和体会。

“先生，题一首诗上去。”有同学建议道。

潘天寿诗思敏捷，平时经常在学生那些较满意的作品上题些诗，所以大家知道先生能即兴题诗。

只见潘先生略加思索，在梅兰之间的空白上，靠左侧纸边题了一首诗：

影斜梅树三分瘦，
飘拂幽兰第几枝。
野水空山春浅浅，
云拖月色上龙池。

画绝诗佳，一幅《暗香疏影》十分精彩。何文如默默地诵着诗句，她还不理解，画面上并没有画月亮，为什么写“云拖月色上龙池”呀！但她没有发问。是否此句意在挑明夜景呢?

何文如发现有不少同学经常去潘先生住处请教，可她没这个胆量。一个学期过去了，暑假的一天，一个女同学约她去西湖划船，她也觉得在家闷得慌，就答应去游湖。

几十年以后，何愔（即何文如）回忆起那一次游湖，西湖那诱人的水光潋滟、碧绿的湖光山色都没有给她留下什么印象，只是记得游船划到西泠桥堍，她们一起上了岸。伴着浓郁的荷香，梦一般来到了俞楼。她们的来访完全是兴致突发。

那时的俞楼有高高的围墙，进大门穿过一个花园才到一幢三层楼的楼房跟前。进大厅拐弯上楼，潘先生住在二楼边上的一间房内。

女同学想喊“潘先生”，何文如急忙示意止住，她在房门上轻轻地敲了四下，“笃、笃、笃、笃”。

“哦，来了来了。”潘先生开门见是学生，马上引进了屋里。

房间不大，布置得十分简单，一张不大的画桌、一架单人木床，再就是一口书橱。

何文如没有想到先生是如此俭朴，她觉得这有点儿与教授身份不相称。

“夫人怎么没有带来?”女同学问。

“哦哦……你们不晓得，我只有一个人住。”

“为什么不带上夫人，也多一个帮手呀!”女同学接着问。

“我和她……那个了。”虽然没说出“离婚”，但能让人感知到。

三个人都没有马上找到话题，静默了好几分钟。尤其是何文如，半天也没有反应过来。

何文如心头跳得很厉害。她听到先生的回答，差一点晕过去。她曾经千次百次地在心里告诫自己，先生是已经有家室的人了，怎么可以对先生有非分之想呢?

现在犹如黑屋子里突然投进来一束耀眼的希望之光，先生离了婚就是一个自由人，他可以接受别人的爱恋。

她受的传统家教极严，但何公旦对子女的教育又决非陈旧的老一套。所以何文如的思想是开放的，对于自由恋爱的观点当然早就接受了。

在见到潘天寿以前，她没有过恋爱的经验，目前她正在经受初恋的狂喜和忧愁。她对先生并非是“一见钟情”，而是由敬佩渐渐演化为爱慕。

她常常一个人默默地思考。潘先生渊博的知识、出色的画艺，她佩服至极；潘先生和蔼可亲，礼貌待人，人品之高更使她感到这是最信得过、靠得住的人。她所期待的爱人不正是像先生这样德高望重的学者吗!

这次拜会即是两人恋情的一个重要契机。直到天色不早，潘天寿把她们一直送到大门外，走得老远后何文如忍不住又回过头来望望俞楼，潘先生还站在大门口目送她们呢，她的心头又一阵热。爱情的种子正在萌芽、生长。

潘天寿也早就对这位女生有所钟情，她那恬静的微笑、睿智含情的目光、不紧不慢的说话声，还有文雅的举止，完全是典型的大家闺秀。一朵纯真、洁白的兰花，正散发出淡淡的兰香啊。他相信这种馨香可以洗却人间的燥热，可以纯化人们的精神。多么有教养，这简直是内美与外修的完美结合。

潘天寿平时在课堂上喜欢在她的位置上作示范、画花卉，那是潜意识在起作用。他总是不自觉地在她的面前停留得很久，他总是喜欢看到她那张圆圆的脸，总是喜欢看到那对天真无邪的瞳仁。有时他的目光会使对方感到受不住而避开，但很快目光与目光又像电弧光一般接在了一起，由此而产生了热和温暖。

他是有“磁力”的，他的“强磁力”不是出自于举止的潇洒和外貌的清秀，而是内在刚毅的气质和满肚子学识。他不善于应酬，不善于说甜蜜的动听的话。

情感在悄悄地发展，活动是在地下进行的，直到有一天同学们才恍然大悟。

那是一个秋高气爽的日子，大家到处找何文如。同学们约好中秋节去龙井喝茶。此时，何文如与潘天寿却早已踏上了去龙井的小道，他们并不知道同学们的计划。这是他们俩单独的一次约会。

沿路桂花飘香，绿荫蔽空，吸一口清香的空气，整个胸腔都能消尽俗气，脚下的山路走起来比以往都轻松。何文如梳着两根辫子，着一身浅色旗袍，跟着先生，步子迈得颇为轻快。

他们一路上从杭州西湖一直谈到宋、金历史，又从西湖边岳飞墓、岳王庙谈到秦桧。

“秦桧的书法颇有姿色，但奸臣谋害岳飞，人品等而下之，所以历代书画史书都不记秦桧，对他的书法自然嗤之以鼻。只有人品好，才能画品高，秦桧书法不足以登大雅之堂。”潘先生的真知灼见强烈地感染着何文如，她觉得先生非常高大，非常值得崇敬和爱慕。“岳飞《满江红》浩然正气，词好，书法也独具阳刚之气，秦桧之流岂能与之相提并论。”

到龙井，他们选定了一个靠里的位置。还未来得及品茶，一阵青年人的说话声送入耳中。

何文如的听觉告诉她，糟了，来了一批同学！她不敢回头看，只恨无地可以藏身，她尴尬至极。

“咦，潘先生在这里。”

“何文如也来了，在陪潘先生喝茶。”

“哦，是这样一回事。”一个女同学用手指关节在何文如的脑袋上轻轻地敲了几个“栗子爆”，那口吻十分得意，仿佛抓到了把柄。“你倒好，也不叫我一声，害得我好找！”

何文如岂止是脸像块红布，连手脚都不知该放何处。

潘先生招呼大家喝茶，他们在茶室谈得很开心，甚至吸引了相邻茶桌的游人。何文如一直没有说话，仿佛自己做小偷被捉住了一般。

一年以后，他们正式结婚。从此，何文如改名何愔，潘天寿则亲切地喊她“愔”。

除了在何愔家摆酒贺喜以外，潘天寿又在俞楼摆了一桌酒，既是结婚喜酒，亦是与住在此地的同校教师道别。

平时并不多言的图案系教师雷圭元，也举着酒杯向潘天寿和何愔敬酒。

二十五岁的雷圭元当时还是助教，他与潘先生同住在俞楼二楼，朝夕相处，他比何愔只大一岁。

那天他随口吟出一副对联：“有水有田兼有米，添人添口又添丁。”

在场的还有人不大理解，潘天寿早已笑开了颜，何愔则甜滋滋地抿着嘴。

妙呀，上联合一个“潘”字，下联对一个“何”字，把新娘新郎的姓都赋予了吉祥如意的意思。

图4–5　青年潘天寿与夫人何愔在家中

结婚后，何愔停了学，她一心在菜市桥瓦子巷经营自己的小家庭。虽然她上的是美术学院，但从小喜欢文学，喜欢古典诗词。

潘天寿在国立艺术院的校刊《亚波罗》半月刊上，曾发表过一首新诗——《早起对山花》：

昨采山花盈一簇，
置我洞房伴幽独。
晓来几案自清新，
满室异香飞蔌蔌。
飞蔌蔌，
君谁熟？
欲与君言，
欲与君读。
残河星稀稀，
细风寒肃肃；
露浓烟熏碧栏低，
一钩斜月犹在屋。①

新婚以来，他们的情感就像这首诗一样，淡淡的又是隽永的。

平时，只要何愔听到人力包车的铃铛声，就知道是潘天寿从学校回来了。

潘天寿从人力包车上下来，笑嘻嘻点点头，她上前帮他接过皮包。然后，两人就进餐，话语并不多。

话虽不多，但很默契。饭后潘天寿摊开稿纸修改他的《中国绘画史》修订稿，她就帮着誊抄。

“天寿，这句还要不要保留？”她已经直呼其名，不再称先生了，只在与别人谈话时才用“我们先生”这个称谓。她在自己的同学中升了一个辈分，总是

① 此诗发表于国立艺术院校刊《亚波罗》第5期，后收入《听天阁诗存》，诗句有改动。

不很自然，但这又是老天安排的。

怀孕以后，她感到诸多不便，就与潘天寿商量搬到娘家去住。潘天寿到哪里都行，于是他们住进了皮市巷新开弄8号。

何公旦当然高兴。他租下的这处住所，只他一家居住。这时候长女何春祥、三女何宁、四女何璟、长子何天行、次子何任、三子何今宜都住在他身边。现在二女儿带回来一位大学名教授，给这个“何寓”大大增加了学术气氛。

潘天寿在这里依然话语不多，但有时也与岳父在天井里乘凉、拉些家常。

“爸爸，听何愔说，你老人家当过知县，怎么后来成了名医?”潘天寿问道。

何公旦用大蒲扇拍拍小腿，驱赶着夏季的小飞虫，又在藤椅上欠一欠身，然后慢条斯理地开口。

“对仕途的虚伪，我是早有觉察的，直到几年知县的乌纱帽一盖，我信服陶元亮了。何苦为五斗米折腰，我生性不喜欢应酬，感到太无意思。”何公旦呷了一口茶，又接着像说故事一般说开了。

“说来人家也不一定相信，我的学医完全出于偶然。有次便秘，我不愿求医，就自己看看医书，谁知便秘很容易给治好了。于是我就开始看医书，久而久之，上门求医的人不断，我虽然不挂牌行医，但外面名声越来越大，你说怪不怪?”

这时何愔也坐过来参加他们的对话。

“爸爸做事情认真细心，病情在脉案上总是写得清清楚楚。他开处方总很谨慎，用现在的话说是敬业精神。他成名以后仍然好学不已，经常看医书，那本砖头厚的石印书《类症治裁》都已经翻烂了，自己写心得体会，还讲给我们几个子女听呢!”

“我不看书怎么办，我这点本领就是从书上来的呀！后来病治多了，自然也有些一孔之见。难说有多大长进，比不得你们大学生。”何公旦眼角的鱼尾纹由于开心而加深了。

“我看爸爸的书法不错，是下过功夫的。”潘天寿关心的还是书画。

“说到书法，还有个故事呢!”何愔朝父亲笑笑，“你看爸爸现在开药方用的是什么笔?”

潘天寿想了想，说："我看到爸爸开处方是用的铅笔，而中医师一般都是用毛笔开处方的。"他有点纳闷，岳父写得一手好字，为什么不用毛笔？

"爸爸开药方总是用德国斯德雷牌6B铅笔复写，连签名也是铅笔字，你知道为什么？"何愔闭口等丈夫猜。

潘天寿丈二和尚摸不着头脑。

"老早的时候爸爸用铅笔便于复写，而签名为慎重起见是用墨笔写的。但后来杭州城私下里有人在做买卖，凡是有何公旦亲笔签名的药方可以卖一元钱，人家在收集爸爸的墨宝呀！这样一来，没有病的人也来看病，反正挂号费与药方卖的钱差不多。"

"无可奈何！"何公旦也笑了，"我的墨宝可没有天寿的来得值钱。"他站起身来。

何公旦起居很有规律，他坚持早睡早起，皮市巷新开弄8号的大门总是关得最早。不但关得早，而且关得严。何公旦是极其小心谨慎的人，每晚他亲自检查关门、上闩。直的闩上了，再加横的闩，然后再斜顶一个"天打煞"，又压上石头。第二道门关好，在门后搬来茶几，茶几上叠凳子，再把铜脸盆放在凳子上。潘天寿与何公旦的性格不同，他虽然也办事认真，但胆子大。他见岳父如此谨小慎微，觉得有些好笑，但从来不予反对，一切按岳父的要求处理。

有一次，大姐和大姐夫晚上出去看戏，回来时已经11点左右了。一想到此时家里大门一定关了，为了不打扰老人，他们只得找旅馆在外住了一夜。潘天寿和何愔亦不敢多打扰老人，不久他们在不远的新开弄新8号租了间房子。

皮市巷的住房显得有点拥挤，何公旦又选了直吉祥巷54号，邀潘天寿一起搬了过去。这是一所大房子，光租金每月就要五六十大洋，但住宿条件确实不错。六十多年以后，当年的"何寓"还居住着十几户人家呢！

进大门是天井，西边有厢房，三开间带楼的大厅后面是背厅，接着又是一个天井，然后是走马楼三开间。潘天寿夫妇住在二进走马楼楼下西侧。

与此相应的东侧，隔一条备弄，穿过风火墙又是独立的前后两个天井。前有一座花厅，后天井最里面是厨房、杂物间。花厅是何医师的诊所，分中厅和过厅，中厅看病，过厅候诊，最东边讲究的平房是何医师的卧室和佛堂。

花厅楼上是轿厅，这里安排了一个大画室。何公旦本人颇喜书画，但他将此画室全部让给了二女婿。对此，潘天寿感激不尽，他1932年至1937年的画作几乎全部是在这里完成的。

岳母喜欢搓麻将，但总是在西院的后院里。东院始终保持着书香门第独有的那种氛围。轿厅的前天井是干净的青石板铺就的，后天井种了各种树木花草，是一个修葺得十分精美的小庭院。另一间车库停着何公旦和潘天寿的两辆人力包车。

一次，一个法国人来到了何寓，他不是来求医，而是来求画的。他以高价买走了潘天寿的一幅丈二匹大画。这是一幅《水牛》，潘天寿平时不卖画，但法国人这么诚心，打听到直吉祥巷来，他实在不忍心使人家失望。画价是岳父开的，据说很少有人出得起这样的价钱。大概几百大洋吧，当时的古画也不过几十元一幅。要是这幅画还保存着的话，这位法国人现在可以拿它换到一座楼房，他是有眼光的。除此之外，潘天寿一直不肯卖画。

“潘先生你为什么不肯卖画？”学生总爱问老师。

“艺术品实在是没有价格可言的。一个画家，如果一想到卖画，他就画不好了。他就得迁就画商，或者买主。”潘天寿认真地回答。

他将自己的画都好好地保存了起来，每次展览他都能拿出足够多有水平的作品。大家都非常尊重他，学生更是悄悄地把他当作楷模甚至偶像来崇拜。

杭州的生活是平静的，然而宁海老家并不平静。

潘秉璋为这个莫名其妙的儿子弄得里外为难。虽然乡亲、家族中有人支持潘天寿离婚，还作了证人，但毕竟反对的更多，这里是传统包办婚姻一统天下。传到潘秉璋耳朵里的风言风语，钻心地刺伤了这位老人的自尊心，他感到不体面。

姜吉花默默地干着家务，她明知有人在戳背脊骨，但假装不知道。她有自己的信念，嫁鸡随鸡，嫁狗随狗，她到死也是潘家的鬼。

天黑后，她一个人跪在菩萨面前进香念佛。大女儿秀兰不敢进屋去打扰姆妈，但每次等姆妈念好佛到卧室来时，总是见她红肿着眼，还要装作没事儿一样。

离婚的消息不胫而走，在冠庄几乎家喻户晓。公公为了在精神上支持儿媳妇，仍然把家里大大小小的事情交给姜吉花掌管。但几个兄弟、弟媳又觉得父亲太偏向嫂嫂，他们也不时表示出对嫂嫂的不以为然。

姜吉花的娘家十分殷实，其父没生儿子，领养了一个。领养的毕竟不如亲生的，所以姜吉花当年的嫁妆相当可观。非但床上用品有许多套，而且床、柜、桌、椅等家具也一应俱全，因为她父亲是有名的雕花木匠。此外，又随嫁来一些田产。

潘天寿只知道姜吉花名下有一些薄田，当时他经济上并不宽裕，所以没有带什么钱回家。

潘秉璋很迟才得知儿子已经到了杭州，他决定亲自赶赴杭州教训教训儿子，再去要些钱来。

就这样，老人赶到杭州来了。潘天寿闻讯避而不见。

何愔赶快把公公请进何寓，煮了饺子招待，并差人通知了父亲。

何公旦出现了，潘秉璋暗暗叫苦。潘秉璋是知书达理之人，虽然训斥儿子时会忘乎所以，但面对昔日的知县、如今的名医，他也只得陪一脸笑容。

何公旦是矮个，潘秉璋是高个，一矮一高一阵寒暄以后，何公旦便大夸潘天寿艺术如何之出色，为人如何之诚恳。潘秉璋只得连连点头，这真是哑巴吃黄连，他不能在外人面前数落儿子。

何公旦设宴招待潘秉璋，一切礼仪如招待贵宾。潘天寿始终没有出现。

这天夜里，潘秉璋一肚子闷气无处发。天亮后，他进了画室，把四壁挂着的画，不管好坏统统收了下来，明目张胆地卷好、包好，对何愔道个别，上路回家了。

何愔想，一场风波总算过去了。她也同情姜氏，但爱情的力量使她无法离开潘天寿。她知道，潘天寿也真正爱着她。他们是明媒正娶，但对宁海一端，她又感到有说不清的为难。

潘天寿回到家，事情又平地生风波。当他发现自己心爱的画被父亲收去后，立即决定回宁海把画追回来。任凭何愔再三劝说，甚至落泪，也不能改变潘天寿的决定。

何公旦出面安抚潘天寿，劝他算了，不要回宁海。潘天寿却一意孤行，父亲前脚走，他后脚就跟去了。

凶多吉少，何愔整天不得安宁。潘天寿一路上就想着他的那几幅画。

潘秉璋犹如战败了的兵将，收几张画不过是表示这趟杭州之行并非一败涂地。否则，叫他怎么交账？

谁知道自己刚到家，还没有向家里人交代，儿子便接踵而至。

见了面都没有打招呼。姜吉花搞不清怎么回事，赶紧做夜饭。

饭后，潘天寿上了楼，进了早先的画室。姜吉花上去送过一次茶水，就在楼下纺纱。

夜深了，姜吉花在楼下的房间里安置好两个女儿就寝，又在大床里放好两个枕头。

楼上，油灯下，潘天寿还在作画。一路的颠簸劳顿早已无影无踪。

笃！笃！笃！笃！

是楼板的响声。姜吉花用竹竿向上敲着楼板。

"秀兰爸，好下来睡了，不要画得太迟。"她天真地亲切地呼唤着。

这一夜，楼上画室的油灯没有熄。

干柴烈火相碰，不可能不爆。第二天，当潘天寿向父亲索画时，老秀才火冒三丈。

"叫你回来你不肯回来，为几张画倒尾随不放，难道画是你的命根子不成？"

潘天寿苦笑道："这几张画我是要保存的。"

"你妻室都不要了，子女也不要了，画也可以不要了。"

"爹，你不晓得。这几张是花了心血的。"

不提还好，一提"心血"，老头子火气更大了，他发疯似地挥舞着手中的旱烟筒。

"你也晓得'心血'？这个家是我花心血在撑，可是全给你毁了，这么好的媳妇……"

潘天寿一愣，父亲旧调子重弹，不对劲。他闷声不响出了家门，他不想再触怒父亲。

此时，他的脑子烦乱极了。他需要找一个宁静的环境把思绪理清楚。

他沿着田间小道盲目地走着。

是呀！画就是我的命根子，画和孩子不是一类，但画也是孩子。我不能没有这些画。他们不懂画，拿去又有什么用呢？

妻子是家里给我找的，是爹包办的婚姻，我为啥不能自己挑选志同道合的伴侣呢？

孤独，艺术上的寂寞，家庭生活的空虚，别人是不知道的……

他不知不觉又来到了雷婆头峰山脚下。

阔别多年，故乡的山峰、树林、流水依然是这么亲切。

他想起了七岁的那一年，那时候是多么自由、轻松。

他没有登峰，只在山峰下徘徊。

雷婆头峰真像一个老婆婆的头像，她不是西方那种美女的头像，而是一位中国式劳动妇女的头像，绝对庄严，富有朴素的原始美感。她与杭州西湖的美女峰也不一样，外观并不漂亮；她不是少女而是老妇，但她比少女更深沉、更有力量。

大自然多么需要我们去发现美，用我们的画笔去表现美啊！

云霞不断地变幻着色彩，半山腰的云雾飘来，山峰被托起来了，在不断地升腾。

云散了，青山又显出那本来的雄姿。天终于渐渐暗了下来，潘天寿的心慢慢地安静下来，他又回到了现实。大自然荡涤了他脑海里所有的烦恼，他理清了思路，决心更强了。

离婚，不能回头，这是今后事业和生活的需要。吉花，劝她改嫁，改嫁后，子女带到杭州抚养。

画得要回去，放在冠庄没有用，家里要钱可以给钱。

父亲明白儿子的意思，睁一只眼，闭一只眼，让潘天寿把画带回杭州。村里人却说潘天寿此次回乡是来“偷画”的。

姜吉花仍旧留在潘家，带着两个女儿，每天念佛不止。过去她求菩萨保佑

图4-6　姜吉花普陀留影

自己和天寿，盼望天寿回心转意，现在则开始求菩萨保佑天寿和他在杭州的夫人，虽然她们不曾谋面。

她努力振作起来，教养秀兰和贞。但肺结核侵蚀了她的身体，以致咳嗽不止。她是中等身材，由于咳嗽，不得不弓起身子来。

由于病魔侵袭，三十七岁的姜吉花的头肿得老大，后来又吐起血来。一天，她把女儿叫到自己跟前。

“秀兰，你要好好读书，不要像我这样没有文化。你要吸取我的教训……爸爸不晓得我这里的情况，如果能够的话，你要告诉爸爸，让他知道……真是作孽……”

七岁的秀兰似懂非懂地点着头，陪着母亲流泪，这是她陪母亲度过的最后一个夜晚。

潘天寿得知姜吉花过世已是若干年以后的事了。他受到强烈的震动，他理不出头绪。对于绘画，他聪慧极顶；处理家事，他蠢笨如牛。

学术探索

1929年暑假，由校长林风眠带队，国立艺术院组织了一个美术教育团赴日本参观。成员有林文铮、潘天寿、李树化、王子云及袁翻译，共五人。教工艺美术的日本籍教员先期回东京接应。

这次赴日本参观，重点是考察东京美术学校。该校的学制以及教学方式完全模仿巴黎美术学院，而杭州国立艺术院的建制原本也仿照巴黎方面，所以出入不大。于是乎参观团又参观了帝国绘画馆、帝国宝物馆（博物馆），以及帝国旅馆等，还驱车到远郊去观看仿唐代建筑的古寺和日光的瀑布。

图4-7　访日集体照

日本文部省（即日本的文化部）请他们看了日本戏，并宴请他们享用日式晚餐。进餐是在戏剧中间休息的时间进行的，每人三只木盒，一盒饭、一盒菜、一盒汤，极为简单。另外还有两次应酬，一次是中国使馆请他们吃西点和茶，另有一次是日本教员请大家在一家日式菜馆吃日式晚餐，还有歌女弹古琴及歌唱。

返程时是从东京到先京都，众人参观了几个有名的古寺，转长崎，再乘邮船回上海。赴日参观二十余天，时间很紧凑。经济上因为有庚子款补助，花费也不大，但深入的美术教育交流似乎不多，基本上还是以观光为主。

同一年，在杭州举办的西湖博览会，对潘天寿来说也很重要。

1928年秋天，国民政府为了“纪念统一，奖励国货”，决定在杭州西湖筹办“国际贸易中心”（杭州西湖博览会）。政府在全国征集了十万多件展品，分设农业、工业、丝绸、艺术、教育、卫生、博物等八馆二所。

西湖博览会于1929年6月6日开幕，历时一百三十七天，筹资一百二十余万元，参观人数达两千余万人次，在中国历史上可谓盛况空前。

西湖博览会就办在国立艺术院所在的西湖边，学校的部分教室亦作为艺术馆的陈列室。图案系主任教授刘既漂先生担任博览会总工程师，他采用法国新兴的立体图案，在西湖大兴土木，把他的一套图案应用在会场装饰上，使人耳目一新。师生们为此忙碌了半年多。

西湖博览会规模确实庞大。到处是临时扎的门楼、搭的彩棚，还从孤山上架出一座桥，飞跨西湖，与北山街的新新饭店相连。

后来成为省图书馆的地方当时设立了一个“教育馆”，入口处有一副长长的对联：“定建设的规模，要仗先知，做建设的工作，要仗后知，以先知觉后知，便非发展大中小学不可；办教育的经费，没有来路，受教育的人才，没有出路，从来路到出路，都得振兴农工商业才行。”这副通俗的白话对联，是新文学干将刘大白先生所撰。刘大白曾经在浙江一师当过潘天寿的国语老师。那时，他与陈望道、李次九和夏丏尊一起编过《国语法》，与陈望道编过《注音字母教授法》，后来担任过教育部常务次长的职务。

博物馆内参观的人很多。此前杭州没有动物园，也没有植物园。博物馆的奇禽、异兽、鳞介、昆虫，以及水产、植物、矿物，应有尽有，都是从全国各地征集来的。

国立艺术院内有一个动物园，那是专供写生用的。博览会的博物馆可比学院的动物园大多了。

潘天寿在这里第一次见到强悍的空中霸主秃鹫。参观者都没有更多地去注意秃鹫，潘天寿却细细地观察。虽然他并没有当场对物写生，但以画表现秃鹫的欲望就在此时形成了——他要表现力量，表现丑美带来的力量。

他匆匆回到了俞楼，关起门来，试作《秃鹫》。

秃鹫的头虽没有什么毛，但翅膀上的羽毛却异常丰满有力。水墨画在表现羽毛方面正好可发挥长处，鹫的利喙、尖爪亦正好以书法形式表现。

潘天寿欣喜若狂，他很快完成了一幅老鹫图，又完成了一幅双鹫图。在此以前，画史上只见到画普通的老鹰，或许画师们也嫌秃鹫的头太丑陋，或许画师们从未见到栖息于高山、飞翔在深谷上空的秃鹫。博物馆为画师们提供了观摩的极好条件。

其时，林风眠院长已将国画系与西画系合并为绘画系，这样合并让学生兼学中西绘画也不失是一种有益的尝试。林院长制定的《艺术教育大纲》提出：“我们假如要把颓废的国画适应社会意识的需要而另辟新途径，则研究国画者不宜忽视西画的贡献；同时，我们假如又要把油画脱离西洋的陈式而足以代表民族精神的新艺术，那么研究西画者亦不宜忽视千百年来国画的成绩。”

大纲的指导思想并没有错，但在实施过程中，众多留学归来的教授要开课，于是乎西画和国画的课时分配明显地表现为忽视国画。最后，中国画每周课时量竟然被压缩到一个半天。五比一的课时比，使潘天寿大为不解。

更使潘天寿担忧的是，学生在仅有的一个半天时间里也不很认真。绘画系多数学生一窝蜂地学习西洋画，别的系反倒有些学生很想学国画。

好在学校很开放，课外艺术活动多种多样，于是以潘天寿为导师的“书画研究会”成立了。

学生有兴趣或没兴趣，对于潘天寿来说，都是一样地教。十名学生这样教，一名学生也照样教。“国画研究会”倒十分繁荣，每次学院举行美术展览，其国画作品总是在数量和质量上领先。到如今近百年以后，这所改名为中国美术学院的全国重点美院，依然是中国画的实力最强，在全院的画展中总是保持领先地位。

潘天寿画的《秃鹫》首次在学院的美展中出现，就引起了大家的关注。

新鲜、奇特、有内涵。

那雄踞于方岩之上的鹫鹰，气象自是不同，高古雄浑，不同凡响。那闪烁的目光，正睥睨一切。那雄健的翅膀，毛羽丰腴。泼墨潇洒至极，墨韵中饱含着骨法气势，点划间深藏着千钧之力。潘天寿的气质得到了极好的表现。

图4-8　潘天寿晚年的《老鹫图》

此时，潘天寿一头扎进了学术，教书、画画、研究美术史论。

1931年春，长子潘炘诞生，何寓内上至何公旦，下至洋车夫吴生，人人都庆贺潘天寿喜得贵子，个个春光拂面，仿佛过节一般。

潘天寿自然也十分高兴。何公旦给外孙取名炘，“炘”是光盛的样子，三十五岁的潘天寿也到了光盛的年代。

就在这一年的2月7日，潘天寿的同乡学弟柔石[①]在上海龙华遇难。

1926年，潘天寿还在上海美专的时候，一批宁海籍旅沪青年人相约回宁海办了一期暑期补习班，取名“消夏社”，招收了一百多名学生。有几位后来就留在那里筹办宁海中学。第二年秋天，柔石就留在宁中任国文和音乐教师。他是极为认真的人，为了一首宁中的歌，他还专门找潘天寿一起商量编写之事。宁中校歌的歌词是这样的：

一九二六，夏云拥瑞，东方升起了歌声；
这是人间的文明，也是乐园的笑影；
教育是我母亲。
我们琢磨着身心，我们陶冶着精神；
冲破黑暗的势力，做个人类的救星；
前途希望无垠！

1928年，柔石在宁海担任县教育局局长。不久，宁海发动了一次农民暴动，他因牵连其中而遭到通缉，避祸上海。

他在上海与鲁迅在一起，是“中国左翼作家联盟”的执行委员、常务委员。

潘天寿只知道柔石本人是典型的书生，字写得好，小说也写得好，一心想出国深造。潘天寿看过《旧时代之死》手稿，当时柔石说希望卖了这部作品能到法国去。

在潘天寿看来，搞政治不如搞文学艺术，他为自己的同学可惜。柔石与潘天寿一直保持着联系，柔石在上海的住处经常变动，以避免国民党的追捕，秘密住址对别人不讲，但对潘天寿从不保密。唯独加入中国共产党和出席全国苏

---

① 柔石（1902—1931），原名赵平复，浙江宁海人。1918年进浙江第一师范学校，与潘天寿十分亲近。柔石的儿子至今还保存着当年潘天寿送给柔石的两幅画。柔石毕业后从事文学创作和教育工作。1928年到上海，从事进步文学活动，曾编辑《语丝》，在鲁迅支持下，创办朝华社。1930年加入“左联”，同年参加中国共产党。1931年2月7日被国民党反动派杀害于上海龙华。鲁迅写过《柔石小传》和《中国无产阶级革命文学和前驱的血》，收入《二心集》。柔石是著名现代小说家，鲁迅为其作品《二月》作过序。

维埃区域代表大会的消息，他没有告诉过潘天寿，这是党的纪律。

柔石，这位同乡学弟的遇难使潘天寿感到窒息。他曾经给柔石题赠过好几次书画，而且极其希望两人共同为故乡的开发出力。然而，现在已无可奈何了。此时的潘天寿爱国之心不变，但开始尽量远离政治，政治夺去了平复学弟的生命。

此时，潘天寿因应上海绘画界老朋友之邀，仍兼着几所学校的课，常常与姜丹书先生一起在杭州、上海两地往来教学。为了纪念昌硕先生而成立的昌明艺专，由吴昌硕的小儿子吴东迈任校长，王一亭任名誉校长。学校教员实力不弱，多数是吴昌硕的弟子和老朋友，除潘天寿外，还有曹拙巢、贺天健、任堇叔、胡汀露、吴仲熊、薛飞白、诸闻韵、诸乐三和王个簃等。

潘天寿在上海的课程排得相当紧凑，常常上完昌明的课，再赶去上新华艺专的课，最后又到上海美专施教。但他从来不敷衍了事。

这天刚上完昌明的课，他在休息室与诸闻韵磋商关于成立白社的事宜。当时闯进来一个学生，后面一起进来的是王个簃。

“冯建吴[①]画了一幅八尺山水，恭请诸位先生指教。”王个簃对潘天寿几位说。

冯建吴是从中华艺术大学转过来的学生，是石鲁的胞兄，他有些家学底子，而且很好学。他与王个簃、诸闻韵较熟，但一直未受潘天寿亲炙。这天他见到几位先生都在一起，赶紧央求王个簃带他来请教。

这幅由两张四尺宣纸相接的直幅大山水在三位名画家面前展开，想不到潘天寿的意见与他人相左。

王个簃说：“下面画得好，上面要裁掉。”只见画面上平台山头占了一半幅面，中间是房屋，房屋上面又生一重山头，抵到上面的山头，这样就有了二重山；下半幅有小桥流水及一些枯枝。

诸闻韵似乎也与王个簃有同感，偏爱下半幅。

潘天寿却说：“我看上面画得好，下面虽然画得颇为细致，但还太轻，压不住，要加重才行。”

---

① 冯建吴（1910—1989），著名中国画家，四川美院教授。

图4-9　白社国画研究会合影（左起：张书旂、潘天寿、诸闻韵、张振铎、吴茀之）

大家经潘天寿一点，觉得是有道理。

如裁掉一截，这画就不够分量，要加又怎么加呢？三位先生在学生面前毫无顾虑地讨论开了。王个簃和诸闻韵都说不好加，潘天寿也搔搔头皮。

“我来试试。”潘天寿抓笔略蘸些墨就在此画上点了起来。点子很大，而且到处点。

说也奇怪，经潘天寿一点，这张山水画果然顿时生辉，冯建吴喜形于色，两位先生也点头称是。潘天寿的点子是厉害，吴昌硕、刘海粟老早就都称赞过。今天冯建吴亲眼见到潘天寿的点子是如何协调全幅的，疏密虚实竟然全在其中。点子加完后，潘天寿又为之题款，这幅画后来一直为冯建吴所珍藏。

潘天寿不但能画，又能分析画理，他的教学总是深受学生欢迎。冯建吴就是见到招生通知上注明有潘天寿任教才转学到此的，这一天他如愿以偿。

1932年4月，潘天寿约吴茀之、张振铎、张书旂和诸闻韵趁学校放春假时在上海集中，商议成立“白社”，目的是便于研究国画创作、书法、诗词题跋、金石篆刻以及画论画史。

其时，潘天寿是杭州艺专教授，张书旂是南京中山大学艺术系教授，吴茀之和诸闻韵均在上海美专，张振铎在新华艺专任教，诸闻韵和潘天寿同时也在新华艺专、昌明艺专任教。众人虽分住三地，却也常有聚会。诸闻韵、潘天寿在上海美专办国画系时，其他三人是美专的老学生，所以白社的五位成员不但是师友关系，又与上海美专有着某种联系。

“白”字五画，正好五人结社。取社名为“白”，又有单纯朴素之意。

上海滩确实各种各样的画会都有，海派颇有习登龙术之陋习，而这几位先生个个清清白白，倒是典型的学术中人。

一般画会都较松散，但白社有社约。譬如，每年要组织一次展览，每人每年至少交精品二十幅；不交作业的罚款一元；在书法、篆刻、画史、画论几项中，每人任选两项为研究项目，待开画展时一并举行研究讨论会。这些条款后来都得到遵守，也许是大家都是高校教授之故。

白社继承扬州八怪的创造精神，不走因循守旧的老路，在艺术上追求各自的独立面目，并长年保持出游、写生、采风等习惯。

白社虽然成员少，且又分散在杭州、上海、南京，但却坚持年年开画展。白社在上海、杭州、苏州都举办过画展，又出过两期《白社画集》。成员们不但勤于创作，还钻研学术，学术氛围相当浓厚，获得了诸多好评。成员后来几乎全成了绘画史上的名家。就成名率而论，也许是各画会中比例最高的。民国二十一年（1932）1月，《艺术》上刊登李宝泉的《展览会月评》，文中写道：“综观‘白社’五位作家，诸先生以工力胜，潘先生的苍莽，张振铎先生的松秀，张书旂先生的劲逸，吴茀之先生的气势，都各有自己的特长、心得。”其中评及潘天寿，认为“潘先生画风与诸先生完全相反。他的三四号《江洲夜泊》，措笔、意境，如赭黄的远山，屋盖，船篷，草原，青色的树林，竹丝，丘壑蹊径，皆沉雄缜密；指画《鹫鹰》的笔墨布局，缤纷中气象万千；《朱荷》一幅，纵横放肆；《朱桃花》一画，红花、赭簕、青苔、白石，色飞笔舞处，令人神往。上面四幅都能怪而无懈之可举，已入创造的三昧境地……”

白社对于他们个人水平的提升作用，只要看一下吴茀之的计划即一目了然。吴茀之的大女婿张岳健所著的《吴茀之传》如此记载：

“白社”画会成立，给吴茀之莫大鼓舞和促进。每年从事国画创作、学习研究和美术教学，简直到了废寝忘食的地步。为了有条不紊地工作，他进一步加强计划，作了较长远的打算，锲而不舍地进行以下几方面的工作。(1) 坚持作画宗旨：取经多方，融会贯通，自出新意。(2) 扩画题：人物十三个题，走兽九个题，山水七个题，花卉二十一个题，禽鸟十二个题，蔬果八个题，鱼介五个题，昆虫五个题，博古三个题。共计八十三个题，保证质量，按时完成。(3) 技法探讨，力求“笔墨当随时代”。(4) 书法日课，不容间断。临马鸣寺碑、钟繇、黄山谷、傅青主等历代碑帖。(5)“外师造化”，游黄山、温州、丽水、浦江等地。(6) 理论研究和诗文修养。编写《中国画概论》上编完成。撰《画微随感录》一册。诗如唐李白、杜甫、王维、陆游等。取法恬淡而富有韵致一路，勤于吟咏，将部分诗稿，录于《画中诗》册，共收二百八十余首诗。(7) 同仁笔会，课堂示范。(8) 成立“吴谿国画函授室”，订函授简约十二条，收江浙一带学生九名，培养业余美术人才。

图 4–10 《青绿山水》

潘天寿本人自然更有长足的进步。20世纪的中国美术舞台上，美术院校逐渐充当主要角色，并成为左右美术发展方向的主要力量和美术流派之争的主要阵地，这一趋势正奠基于二三十年代。潘天寿比吴昌硕、齐白石等有优势的是，他的成名不必依赖于卖画，而是因其美术教学的学术生涯发展。每月三百大洋的工资为他埋头研究提供了优厚的物质条件，甚至可以说使其画画不必考虑有没有人愿意购买，画商等均不会干扰他的学术研究。

于是乎，我们看到此时他的作品极少有功利目的。作于1932年的《石壁飞瀑》构图奇险，苍松几乎随翻石之瀑直下，痛快淋漓至极，虽略呈粗率，但个人风格强烈，与文人画往日的蕴藉含蓄已出之甚远。再如同年所作的《穷海秃鹰》，刊登于《白社画集》第一集，原作虽已不可寻觅，但从珂罗版印刷的画集图录判断，该是一幅大画，因为印章小得已无法辨认。两只巨大的秃鹫作为主体，代替了以往普通的鹰。秃鹫比普通的鹰丑陋，古人并不将其入画。但潘天寿一定觉得此物更能表现其内心，这从该画题诗可得到印证："秋风寒，秋水白，秋意泠泠落残石。穷海秃鹰头赫赫，倦眼苍茫舒健翮。何因不作图南策，但听潮声朝与夕，辽天飞雨点青液。"①从造型来说，秃鹫尤其是浓墨之秃鹫，微张羽翼如方形的山石一般，其头部勾勒凶猛至极。全幅为指墨画，而指画最易表现粗悍之气。墨色已非传统意义上的"墨分五色"，追求的是强烈的整体效果，显得单纯简率。又如册页《青绿山水》和《甬江口炮台》的山石布局和用简笔勾勒的巨石，只用少量刚劲的皴擦等处理都可体现他力图摆脱传统思维、探索自我的笔墨语言和结构图式。他在《青绿山水》上还题了一首诗："习俗派争吴浙间，相讥纤细与粗顽。苦瓜佛去画人少，谁写拖泥带水山。"②

图4-11　潘天寿20世纪30年代的留影

此诗虽只四句，却很重要，可以看作他的艺术主张的集中反映。他认为绘画界随声附和般对吴派、浙派进行的褒贬实不足取，石涛之

① 秃鹫比普通鹰更凶悍、更有力量，这也与潘天寿的审美追求更相合，他对此题材显然是有选择的。

② 此诗于1943年收入潘天寿自编的《听天阁诗存》，1961年重题于《晴峦积翠》图。

图4–12 潘天寿《江洲夜泊图》

后很少有人能创作出真正取法自然、气韵生动的山水画才是值得画人思考的事情。吴浙相争是指明朝中国画两大流派之争，南宗吴派以文徵明“吴门派”为首，被一些人称为“士气”，尊之为“正宗”；北宗浙派以戴进、蓝瑛为代表人物，被一些人看作“野狐禅”，诋毁为“硬、板、秃、拙”。潘天寿显然认为后者被讥为缺少文人涵养是不公正的，浙派具有刚劲、洗练的特点，为什么不能传承而有所发展呢？潘天寿不关注南宗北宗谁优谁劣之争，他的作品大胆地借用了北宗画风特点，以改变文人画日益衰微的势态，这在以后几个阶段发展得更明显，此时也已初露端倪。

杭州艺专可以说是当时中西绘画最集中的地方。西画的引入对中国画造型不无好处，但同时带来殖民主义思想。20世纪二三十年代的“全盘西化”是十足的民族虚无主义，潘天寿继陈师曾而举起了发扬民族文化、民族绘画的大旗。1935年，他在《中国绘画史》修订本再版时增补了《域外绘画流入中土考略》一文，该文梳理自秦代至近代间西方绘画流入中国的情况，引用了许多典籍资料。就以西画来改良中画的观点而言，潘天寿认为“谓为有所建树，则予尚抱奢望”。他将受西画影响的中土画家称为折中新派，评价他们的作品“于笔墨格趣诸端，似未能发挥中土绘画之特长耳”。他的结论是：“原来无论何种艺术，有其特殊价值者，均可并存于人间。只需依各民族之性格，各个人之情趣，仁者见仁，智者见智，选择而取之可耳。”他认为：“东方绘画之基础，在哲理；西方绘画之基础，在科学；根本处相反之方向，而各有其极则。”“若徒眩中西折中以为新奇，或西方之倾向东方，东方之倾向西方，以为荣幸，均足以损害两方之特点与艺术之本意。”[①]

1937年，“中国画会第六届展览会”的作品在《美术生活》第23期上刊发，潘天寿以“懒道人”署名的《野渡横舟》[②]引起了研究者的注意。此图被美术理论界认为是“潘天寿风格走向成熟的标志性作品”。潘天寿共作过不下五幅《江洲夜泊图》，他曾在构图上反复推敲、探索。1937年刊发的是作于1935年的第二幅《江洲夜泊图》。此图主体的树干相交成“井”字形构图，全图明显具备了“骨架组合”的构图特征，在平面分割上对空白加以处理，以大小不等的长方形统一调子；用笔苍劲，转折突兀、方棱，造型奇崛。观此幅，可知潘天寿独特的艺术风格已呼之欲出。

① 这就是日后他著名的“中西绘画要拉开距离”理论的前奏。

② 1963年上海人民美术出版社出版的《潘天寿画集》中，改名为《江洲夜泊图》。

第五章　流离岁月

惜别杭城

平静有序的校园生活终于被扰乱了。

1937年卢沟桥事变，日军大举侵华。

8月13日，日军进攻上海，战火逼近杭城。9月，敌机轰炸杭州笕桥机场，随之轰炸闸口，飞入湖滨及闹市区肆意扫射。

呜呜的空袭警报不断，杭州已无宁日可言。市民慌乱至极，东城的跑西城，西城的跑东城。国立杭州艺专筹划疏散，每个人都得在短时间里决定去向，容不得迟疑。

潘天寿与何愔商量，三个小孩和何公旦一家老小十来口人怎么办？想必郊外人少房子少些的地方也许可以避一避，于是他们拖儿带女沿着南山路、定香桥、苏堤来到一个破落的倪庄，就算是逃难了。大儿子潘炘已经读小学了，为不耽误他的学业，潘天寿夫妇打听到附近有个孤山露天小学，还把他送去读了几天书。比潘炘小一岁的女儿潘曦刚满五岁，不上学倒还不会有影响。潘曦下面本来有两个弟弟。一个叫松儿，此时已不幸夭折。另一个赦儿正是“喜三岁”的年龄，最乖也最讨人喜欢。孩子们都十分听话，一点不淘气。

日本人到底会不会进城呢？大人们整天担心着，打听着消息。

说是风，便是雨。不久日本人果真要进城了。一家子人想想不对，就决定离杭避难。

直吉祥巷54号的何寓，这个向来安静、平和、吉祥的墙门此时也与杭州千千万万的墙门一样显得慌忙和杂乱。他们捡了一些简单的用品，把门一锁，全家出走，想着兴许熬上几个月便能回来，带着这种侥幸心理惜别杭城。

谁也不曾料到，这一别便是腥风血雨的整整八个年头。

他们租到了政府机关“跑外快”的汽车，踏上了逃难之路。

钱塘江大桥是南行的必经之路。这是我国最早自行设计建造的双层大铁桥，上层通汽车，下层通火车，全长一千三百多米。1935年4月动工建造，1937年9月26日铁路桥开通。此时杭州已难保卫，于是政府计划炸桥。11月11日，预先在桥身埋好炸药。这些天每天都有三百多辆机车、两千多辆客货汽车、十多万人从桥上通过，南行逃难。

12月23日夜里，为了拦截日军南下，钱塘江大桥被引爆炸断。

12月24日，杭州沦陷。

敌寇窜入城区，大肆杀戮无辜平民。南星桥、六和塔、万安桥等地连续三昼夜遭日寇纵火烧掠。从此，潘天寿一家完全成了无家可归的难民。全中国数千万至数万万的同胞相继流离失所，颠沛转徙，沦为囚徒或难民。

潘天寿带着全家在严州（建德）姜坞歇脚，与同在杭州艺专教书的姜丹书先生一家相遇，姜家二十余人行动也极不方便。

潘天寿到处打听学校的情况。在潘天寿举家离杭时，国立杭州艺专已准备内迁，这时在校师生沿铁路线行至诸暨，还将继续迁徙。

不久，富阳也失守了。唇亡齿寒，严州成了前线。潘天寿时时不忘自己教师的职责。听说学校直迁江西贵溪，就打算去跟师生汇合。不巧得很，何愔小产了，躺在床上动弹不得。

潘天寿决定让几个孩子跟着外公外婆和姨舅先走，自己陪何愔再休息几天，约好在缙云碰头。

没过几日，何愔坚持要走。他们搭上篷船，离开严州，从严州到永康是溯兰江、梅溪逆水而上，俗话说“不要慌，不要忙，三天上永康”。就这样磨磨蹭蹭，抗战期间第一个春节，他们是在小船上度过的。

从永康上岸，去缙云没有水路。何愔身体依然异常虚弱，走不了远路，只得坐轿子。他们举办新式婚礼，结婚时她并没有坐过轿子，想不到有了三个孩子后，却第一次上轿让人抬着走。

轿子被抬着前行，一摇一晃的。装行李的羊角车在后面发出吱嘎吱嘎的响声。潘天寿跟在最后头。他们汇入了南行的人流，里头有牵牲口驮行李的，有肩挑背扛的，也有坐轿子的，各色人等都因战事而背井离乡。国难当头，大家都相互礼让，并无杂乱的叫骂声。这一支没有领队的人流，疏疏落落，走走停停，慢慢地移动着。

丘陵地带，道路左拐右绕，忽而下坡，忽而上坡。土地是红色的，血的颜色。山丘是黛绿色的，很重很老。古老的中华民族进入了一个血和火的年代。

到缙云与家人会合后，潘天寿闻悉学校在江西贵溪不多久就又内迁了。

此时，杭州艺专与北平艺专合并，改名为国立艺专，校址设在湘西沅陵县。

潘天寿决意马上动身赶去。何愔知道拦不住丈夫，但她自己刚刚在缙云安顿下来，父母又在一起，实在不想东奔西逃。

于是，潘天寿只身西行了，神圣的教育使命使他只有一个选择，找学校去。

潘天寿很快在沅陵找到了艺专，并在沅陵县城租赁好一处住房，又风尘仆仆返回缙云来接夫人。他们带着孩子告别父母西行，途经金华时，遭到了空袭。这天凌晨，警报声把人们催醒了。

“愔，金华是交通要道，自古是兵家必争之地。我看飞机轰炸肯定会比永康、缙云厉害。”潘天寿前一夜的“预报”想不到第二天这么早就验证了。

何愔此刻也有一种不安的感觉，她坚持要立即离开这个旅馆出去躲警报。

当他们手提“警报袋”，牵扯着孩子跑出去时，同旅馆的旅客都露出了惊异的目光。因为此家旅馆看样子还坚固，他们的房间又在一个水泥晒台底下。

出旅馆，越过车站，他们朝野地里跑。

飞机真的来了，黑压压的一片。一时间地动山摇，耳膜几乎要被巨大的爆炸声震破了。

当他们抖去身上的尘土，从地上重新站起来时，眼前的一切全变了样子。

满眼皆是断墙和残壁，到处是硝烟和鲜血。不远处，一只被炸飞的断臂高高地挂在树枝上，另一条血肉模糊的腿悬空钩挂着，正滴着殷红的血。

运载兵员的车厢在燃烧，冒着浓黑的烟。

他们住的旅馆也损毁得厉害，炸弹正好落在水泥晒台上，所以屋子整个儿塌了。车站附近的其他建筑物，统统成了这次轰炸的主要目标。一家人死里逃生，欲哭无泪。

除了两只“警报袋”，他们一无所有了。用布做的极其简单的拎包，就是“警报袋”，是为了躲警报时方便随身携带。袋子里面装着最要紧的东西，钱呀，证件呀，有的还装着吃饭的碗筷。

沅陵—昆明—重庆

长沙，紧靠湘江。湘江带着忧伤呈现在眼前。有名的岳麓山隔江耸立。山不算高，水却颇宽。江中有一块不小的陆洲，洲上芳草落木相杂，早春的湘水还留着秋的情调。这景象，在离乱人眼中尽是感伤。

潘天寿望着茫茫的江水无声地往北流去，感慨万千，顿时吟出了绝句《渡湘水》二首：

岸天烟水绿粼粼，一桨飘然离乱身。
芳草满江歌采采，忧时有忆屈灵均。

风裳水佩想依稀，云影烟光落画旗。
谁问九疑青似昨，泪痕仍和万花飞。

诗里虽无刀光剑影，亦没有什么壮语豪言，却有着一种荡气回肠的韵味，充溢着一泓内在的爱国热情。屈原大夫如若有知，两千年之后，故国子孙依然颠沛流离，有家不可归，该会有多少感慨啊！

去沅陵的路变得又狭窄又曲折，汽车像江涛中的一片树叶，颠簸得出人意料。

图5-1　沅陵县甲第巷23号

何愔晕车、呕吐，吐出了黄水，呕出了血。孩子们也不同程度地受了传染，都吐开了。

潘天寿一会儿给何愔递茶水，一会儿给孩子们擦拭，沉着地处理一路上该处理的琐事。

何愔终于完全瘫下来了，她肌肤松弛，眼皮已沉得抬不动，由于严重脱水，昏了过去，以至于到沅陵以后好几个月还恢复不过来。

甲第巷23号，一座有五级石阶的石库门，八字门朝南开正对着巷口。甲第巷的巷名让人肃然起敬，这是一条石板铺就的小巷，两边砖墙壁立，巷口在数十丈以外，连着城镇的主要街道。闹中取静，不失是一个好住处。

这座房子外面好看，里面却十分简陋。左侧一排木板房，右侧有一个狭长的小天井。

潘天寿在此租了两间房安顿了下来。一万人口的小城，抗战时急增至二十万人口，湖南省政府也迁到沅陵避难。沅陵县城是一个沿江的山城，沅水自西南流入，然后沿城南向东又转回向北流。国立艺专校址设在沅水南岸的老鸦溪，因为南岸房屋不多，教师暂时都住在江北岸的城镇里。

艺专临时租下了李某带果园的一所大房子，围墙里一幢二层楼的临时建筑是学生教室。往里还有一堵内墙，学生宿舍安排在石库门内的大房子里，再后面是一个颇大的果园，还有马房等设施。

潘天寿通常只在教室里转转。当时虽然仍分设绘画、图案、雕塑、建筑、音乐等科，学生也还有二百来人，但国难当头，师生们很难安下心来教学。

民族的灾难已够令人担忧，杭州艺专和北平艺专的合并又生出了一场风波。

两校合并，就有个谁当国立艺专校长的问题。教育部有意让北平艺专校长赵太侔执掌，赵太侔则还未上台就想革林风眠的职，他联络了北平的一些教授，其中还有杭州艺专的李朴园，以八教授的名义公开致信林风眠。

然而他们没有想到学生的反应，公开信在学生中引起了轩然大波。

“什么？要林校长下台？不行！”

学生们愤怒了。两校合并，本来就是杭州艺专的师生多，老学生几乎都是从杭州来的，他们笃信林风眠是真正的艺术家。要林风眠当下去，不要赵太侔！

青年学生有策略地把矛头主要指向李朴园。一场驱逐李朴园出校的风潮掀起来了。学生们要他立即辞职。这场风潮自然是以李朴园辞职而告终。

林风眠其实此时也是惊弓之鸟，从杭州把师生带出来是多么不容易。由于他手下有人贪污国家拨给学生的经费，不久前刚刚有学生闹过风潮。林校长大事并不糊涂，学生还是看得清楚的。

教育部只得下令废去校长制，设校务委员会，林风眠为主任委员，赵太侔、常书鸿为委员。林是杭州艺专代表，赵是北平艺专代表，常则来自教育部。

6月，又恢复校长制，撤销主任委员，聘滕固当校长。

潘天寿没有介入校内人事纠纷。当时学生积极参加救亡爱国活动，上街刷标语、画漫画，很少有人安心学习。不论有几个学生听课，他总准时到教室教课。他赞成抗日宣传，但不主张停课上街。

何愔的身体一直好不起来，沅陵物质生活又差，当地人可以红辣椒、柚子皮当菜，吃得津津有味。可他们实在难以适应，尤其是像何愔这样的女子。

好容易挨到中秋这一天，他们的饭桌上出现了鸡鸭鱼肉，孩子们更是喜出望外。

清晨，细雨迷蒙，看来夜里不会有圆月出现了。

午后，潘天寿伏案写了一首五律：

每忆秋中节，清光无等伦。
料知今夜月，怕照乱离人。
血泪飞鼙鼓，江山咽鬼神。
捷闻终有日，莫负储甘醇。

他在诗前又加题解云：

戊寅中秋避乱辰州，清晨细雨恐夜间无月作此解之。

他盼望着圆月，更盼望着听闻捷报的痛饮。

月亮不负众望，终于露出那清静、莹洁的脸。房东在院子里置酒设宴，供桌上还摆着月饼和西瓜，邀请他们入席，可潘天寿婉言谢绝了。

此时此刻，游子心情毕竟不同于主人，潘天寿只在院子里转了一圈就进了屋。他又取纸复书一律：

蛮云瘴雨地，尚有月团栾。
渐上东山顶，分明客里看。
烽连刁斗急，潮厉海天宽。
何日归铜马，赏秋极古欢。

何日何时归故乡，这才是潘天寿的心境。

湘西一带比较落后，教育不能与江浙相比。

尽管这里缺乏教育，但百姓都是努力耕作的老实人；尽管这里贫困者很多，却可以夜不闭户。传说大禹治水到过此地，至今有一种味甚甘美的“圣人菜”，据称是大禹吃过的菜。他们是吃着“圣人菜”长大的淳朴强悍的山民。

艺专师生对于山民来说简直就是外国人。他们惊奇地望着那些男女学生下到江里去游泳，看着王临乙教授挽着法国夫人每天雇小船，带上帐篷、菲菲伞到沅水与酉水相汇的江汉去洗澡。

江边的礁石时常有学生坐着写生，不论是船呀，亭子呀，狗呀，只消一阵子学生就能将其画得栩栩如生。也有画摇橹的、画抓鱼的，甚至请人赤身裸体地摆出各种姿势来画。议论是难免的，但很少有人出来干涉，他们看不懂，不明白。

王临乙教授的雕塑他们是看得懂的，一个军人举起一杆枪使劲地向下刺，这不是刺那些日本鬼子吗？街头的漫画也能激起山民的爱国热情。

此时，沅陵集结了多少军政要员、文化名人，这在沅陵的县史上是非常特殊的一个时期。草明、欧阳山、廖沫沙在沅陵办起了《抗战日报》，翦伯赞随中苏文化协会到了沅陵。沅水南岸的凤凰寺里还有一位爱国将领被囚禁在此，这就是因“西安事变”落难的少帅张学良。张学良就于该年在凤凰寺庙堂一侧昏暗的小房间里，写下了一首七绝：“万里碧空孤影远，故人行程路漫漫。少年渐渐鬓发老，惟有春风今又还。”

不久，日军西攻武汉，威胁长沙，飞机也不断到沅陵来光顾了。大片国土沦陷，数千年文明古国遭受到亡国的危险和耻辱。

由北大、清华、南开三所大学组成的长沙临时大学，奉令迁往昆明，改名国立西南联合大学。

国立艺专也奉令继续内迁，向贵阳、昆明进发。

这一天，悄悄去武汉与郭沫若任职的政治部第三厅联系抗日的艺专教师卢鸿基返回了沅陵，经他介绍去武汉听徐特立报告的艺专学生不少。

“到延安去！”同学们激动地传递着这样的消息，“张晓菲、黄薇已经去延安了。”在艺专继续内迁以前，彦涵、罗工柳、杨筠、王文秋、陈角榆等也奔赴延安，接着还有王枚、古达、王曼硕、夏风、李黑、孙冶等。大多数学生还是随校内迁。

教师也面临着抉择，不少教师此时离开了艺专。潘天寿决定随学校走，但何愔怎么办？

10月25日，武汉失守，没几天长沙沦陷，国军在撤退前又放了一把火，酿成了长沙大火灾，已经别无选择了。

南岸老鸦溪，一长溜卡车整装待发。艺专从杭州带出来的石膏像此时又装上了车，来自西欧的这些维纳

图5-2　潘天寿与学生李霖灿、王飞德等，摄于抗战时期的沅陵（国立艺专学生宿舍门口）

斯、大卫、伏尔泰没料到在中国安家落户是这么的不容易。

艺专八辆车融入黔湘公路上逃难的行列西行。潘天寿则必须安排好家小才行，他只得暂时与师生分手，先送夫人和孩子回浙江缙云。

长沙遭火灾，缙云却碰上了百年不遇的大水灾。幸亏转移得快，何公旦一家才安然无恙。潘天寿找到了亲人，安顿好家小，又上路了。

他挂念艺专的学生，学生是不能没有教师的。他写信给白社的一些老朋友，邀请他们一起去内地任教。此时诸闻韵身体很差，回孝丰养病后不久就病逝了。吴茀之答应从上海出发直接去昆明，张振铎在金华等他一起出发。

虽说是两个中年男子出门，但战乱期间还是有想象不到的困难。火车老是要遭到飞机的轰炸，于是警报一响，乘客们就纷纷逃到田埂上去躲避，飞机过后再争先恐后地上列车。这样开开停停，最后到桂林，铁路线干脆断了，他们只好搭一辆运盐的汽车经柳州、南宁，出睦南关到越南河内。但办护照，换外币，人生地不熟，有诸多不便。

从河内搭上滇越铁路的火车，他们才重新踏上了中国的领土。

潘天寿匆匆赶到昆明邮电局给缙云拍电报。一路上他无法写信，为解家人的挂念，他总是到一个地方就拍一个电报回去报个平安。他在株洲、衡阳、桂林、南宁都一一发过电报，现在他已经到达了春城。新历已翻到了1939年。

文林街上的昆华中学，成了国立艺专的落脚点。此时，师生住得相当分散，大兴街、金牛街和兴隆街都有学生住着。潘天寿、吴茀之、张振铎三位在翠湖公园北路的宜孝巷租到了房子，王临乙夫妇则在大观楼寄宿。

过了没几天，师生中传递着一个不幸的消息：浴室里电死了一个女生。她从沅陵出来时，坐汽车行至半路曾遭到过土匪的抢劫，不但被抢，连穿的衣服也被剥去。土匪什么东西都要，连锡管的油画颜料也当作牙膏带走了。

流亡生涯给师生们带来了说不尽的痛苦。

常书鸿先生在贵阳时，曾遭到飞机轰炸，一家人连换洗的衣服都没有了。敌机轰炸后，常先生见到太太，抱在一起哭泣。

艺专教授住的“小巴黎”全给炸了。尸体埋了两个多月还没埋完。

原以为仗最多打一两年，现在已一年多了，沦陷区还在不断扩大。

端午节，艺专的一些教师在万胜楼聚饮。潘天寿素来不善饮酒，不知何故这天他连饮数杯，自然就醉了。也许是李清照词句的感染：故乡何处是，忘了除非醉。潘天寿第一次酒醉，他大发故国之思。醉后他书五律一首：

苦雨无佳节，相酬意倍亲。
天酣宜死醉，海渴任扬尘。
眉鬓师陈老，江山血战春。
卿云应有旦，迟我古虞民。

他盼望着舜禹禅让的那种太平盛世早日降临，然而“旦复旦兮”何处能觅？他徜徉于滇池西山，大好河山没有消解诗人心中的块垒，却凭空增添了“登临无限感，四海劫尘冥”的喟叹。

昆明巫家坝机场遭炸，艺专再次奉令疏散。于是乎学校看中了呈贡县安江村村中有古庙九座，正好权作校舍，艺专借用了五座。

安江村位居滇海之东南岸，依山带水，风景殊佳。潘天寿笔下的诗句却是“烽火连年涕泪多，十分残缺汉山河”。

就在这离西南边陲西双版纳相去不远的地方，当时中国唯一的最高艺术学府照常开课授业。古庙不闻和尚的诵经声，却传出激昂高亢的钢琴节奏，二十多架钢琴依然伴随着音乐系的师生。明月桥上，滇池海边总是可以见到背着画具即景写生的学生。有趣的是堂堂佛殿上，西画教授指挥着赤裸的模特儿摆出各种姿势让学生写生，国画教授则亮出自己的作品让大家临摹。

大佛寺里，佛像已被几块大木板挡住了尊容，学生们铺开当地产的土纸，在上面临摹潘天寿的作品。

潘天寿一直主张先临摹后写生，但他不希望学生临摹自己的画。

“你们最好直接临石涛、石、八大三位高僧的作品。你们临我的画就很难超过我。我学谁你们也学谁，这样将来可以超过我。”

由于物质条件有限，没有更多的临本可供选择，有时潘天寿也画一些花鸟、山水图让学生参考。但他强调：“要有创造性，完全与老师一样就没出息了。”

有时他会在学生的画上题款。一次他在高冠华的画上题道：“用墨难于枯、焦、润、湿之变，须枯焦而能华滋，润湿而不漫漶，即得用墨之要诀。用枯笔，每易滞涩而无气韵。然运腕沉着，行笔中和，灵爽不浮滑，纡缓不滞腻，而气韵自生。用湿笔，每易漫漶而无骨趣。然取墨清醒，下笔松灵，乱而有理，骨气自至。”

潘天寿满满地写了一纸，放下笔后也不多解释。待潘先生下课离去以后，有的同学欣羡高冠华得了先生精湛的墨宝，而且写的是用笔用墨之奥秘。潘先生有些偏爱高冠华，因为算上这一张，先生已经好几次在他的画上题字了。高冠华的绘画基础比较扎实，理解力也强，潘先生与他的交谈也确实多一些。这也许是老师的通病。

李际科也是潘天寿偏爱的学生。虽然李际科当时不太领会海派笔墨，但也是一个非常聪明的学生，就是不太上心。潘天寿非常豁达，从不区别对待风格迥异的学生，而是主张每个人要创自己的风格，他的教学方式总能最大限度地发挥学生的创造性。李际科后来在陈之佛当校长时留校，成了著名的工笔花鸟画家。昆明读书时李际科爱上了骑马，而且喜欢临徐悲鸿的马。潘天寿也觉得徐悲鸿的马画得不错，他让李际科注意其焦墨枯笔，这自然是行家之言，李际科颇为感谢。

李际科上国画课的时候也会出去骑马，潘天寿却视而不见，采取通融态度。

三位国画教授住在一起，一个小门庭里矮小的二楼便是他们的“教授楼”。

安江村也有短短的一条街道，每天都有蔬菜集市。尤其是艺专来了以后，街上开了一爿茶馆，几家小店。艺专几个从沦陷区来的学生，为了筹集学习资金，也办起了一个亚波罗商店，供应包子、面条、花生米等等。

潘天寿他们三位教授轮流买菜。一次有个中年人，叫李春芳，据说在蔡锷手下当过连长，打到一只野鸟，自己舍不得吃，特地送来给潘先生改善生活。李春芳的盛情的确让教授们有些过意不去。一只鸟三个人吃，仍然吃得十分香甜。

那时，何愔有信给潘天寿。在“家书抵万金”的日子里，家信也常常是大家传着看的。

张振铎在杭州时，一度寄住潘家，直到找到工作才搬离。他与何愔是相当熟的，总是把何愔当作大姐。一次何愔来信附了一首诗：

辗转流离记苦辛，分明又近一年春。
昨宵彻夜纷纷雪，冷到小楼梦里人。

那细腻、真切、自然、感人的诗句，使张振铎和吴茀之都惊呆了，如此好诗竟出自看似平常的潘师母笔下。潘天寿知道夫人平时也吟一些诗，而且能背诵不少唐诗宋词。这首诗确实写得不错，真情实感，细吟起来诗情浓郁，画意盎然，透露出女性所特有的深情蜜意。

正当潘天寿他们细品何愔写的诗时，何愔在缙云却面临着一件伤心事，整天惶恐不安，怅然若失。他们的二儿子赦儿因敌机轰炸受惊，不治而亡。何愔经受着痛苦的折磨，但没有立即写信告诉潘天寿。她多么希望丈夫能够回到自己的身边，但艺专需要他，他是离不开学校的。

在安江村，三名教授分别教几个班的中国画，又老是同出同进，相处得非常和睦。潘天寿虽说是老师，但从不拿老师的架子，大家称兄道弟，真比一家人还要亲。

只在吃年糕时，各人才表现出不同的要求来。潘天寿爱吃炒年糕，张振铎要吃汤年糕，吴茀之则喜欢吃糖年糕。口味不同，性格也有些差别，但在浓厚的学术氛围下，又都是学富五车的饱学之士，这些传统的中国文人都非常谦让。他们只有在少许学术探讨中会争得面红耳赤，平时几乎没有什么矛盾。

每天晚饭后，几个人一起出去散步。西画教授不禁感叹地说：“都说文人相轻，我看潘先生他们三位倒是文人相亲，相亲相爱，互相尊敬。”

艺专教授之间的确并不都是如此相亲。西画系先是只要留法的老师，所以留俄的王曼硕去了延安。后来两位著名的西画教授方干民与常书鸿闹了矛盾，双方都有学生支持，互不示弱。

滕固校长决定改聘教务长来缓和一下矛盾。然而在学生中颇有影响的教务长方干民却不甘示弱，扬言要上告，不肯退位。

“何必呢！教授照聘，不当教务长还可清闲一点。”潘天寿劝方干民还是息事宁人为好。

方干民不听劝告，通过关系让陈立夫出面找张道藩，张道藩再去找滕固。滕校长偏偏是有股子“藤”（犟）脾气，你越走上层路线他越不买账。这位在欧洲获双博士学位归国的美术史家不改初衷，硬是要方干民难看。

方干民一不做二不休，联络学生丁天阙等人大打出手，并把校长包围起来，要挟校长收回成命。

滕校长以绝食斗争相抗，双方相持三天。最后警备司令部派来宪兵才平息了事态。丁天阙被开除，方干民亦卸任。然而天有不测风云，滕家内部出了问题。夫人把花瓶打在丈夫头上，滕竟因破伤风而亡故。

图5–3　国立艺专抗战时内迁校址——昆明呈贡县安江村

安江村出现了不安氛围，教育部遂将艺专的建筑系划归中山大学，后又划归同济大学，把艺专的音乐系并入国立音乐院，剩下的四个系也不打算留在安江村了。

此时，艺专相当混乱，校中无人主持工作，教育部命潘天寿代理校长。大约有一个月光景，他就感到校长不容易做，便向上提出辞呈。

不久，吕凤子受聘担任艺专校长，闹风潮的教授全部被解聘，学校迁往重庆璧山。

在迁离安江村前，潘天寿得悉幼子在缙云夭折。他默默地独自忍受着丧子的煎熬，唯有写诗以寄托哀思，诗题便是《哭幼子赦儿》：“此儿非霸子，明丽玉为神。何事乱离里，竟违慈母身。问天天亦老，疑梦梦难真。万里投荒外，泪涔舐犊人。”

他非常想念家人，然而又别无办法。

国立艺专安置在璧山县天上宫。吕凤子校长聘潘天寿担任教务长。当时教学条件很差，从杭州带出来的大石膏像全封存在安江村的庙里了，连许多图书也留在了那里。至于那三四十架钢琴，只剩下一架，而且还是跛脚的。吕凤子在璧山还有自己办的私立正则艺专，一人要兼顾两所学校，自然难免顾此失彼。①

图5-4　抗战时期潘天寿旧影

尽管吕凤子也相当信任潘天寿，他设立的凤子奖学金，担任评选主任的就是潘天寿，但良好的私交，并不能改变两人在教学观点上的分歧。笼统地说，在中国画课程的安排上，潘天寿主张先临摹后写生，吕凤子则主张先写生后临摹，两人各不相让。潘天寿平时待人接物非常随和，但在教学观点上固执得像一头倔犟的公牛。

“合则留，不合则走。”潘天寿从事艺术教育近二十年来，第一次表现得这般不容商量。许多朋友劝他留下来，学生们也都不愿意先生离去，但这些都无法改变潘天寿的决定。

由于他只是与吕凤子的教学观点相左，对国立艺专仍旧情深意笃，所以他的“辞呈”是请求休假进修，返浙皖采集画材。按照国立艺专的规定，教学满十年的教授可以休假一年，他的请假很快得到了教育部的批准。

1941年春，潘天寿离开了大后方。

他分别向老朋友一一告别。在李超士、关良的宴席上又赋七律留别，尾联云：看梅且订明湖约，奏凯歌旋预有期。寄托胜利有日当在西湖相会，自己该不会再有辗转蜀道之难了之意。

国立艺专又从璧山迁到青木关松林岗，在山顶的一个堡垒里继续教学。艺

① 吕凤子在1938年重建正则职业学校于四川璧山县，有美术科、建筑科、蚕桑科、刺绣科及中学部。1940年任国立艺专校长。1942年大病后，于暑期辞校长职，任国立社会教育学院艺术系主任。

专到了最困苦的阶段。

在昆明时学生积极宣传抗日，即使学校从昆明迁重庆，许多学生也是徒步前往，为的是沿途作抗日宣传。当时到处有艺专学生的木刻张贴和剧社演出，影响很大。

一到重庆，抗日的气氛变了。社会上演《茶花女》，京剧唱《玉堂春》《法门寺》，真是“商女不知亡国恨，隔江犹唱后庭花”。

潘天寿回到缙云，又开始重复过躲避空袭的生活，合家团聚带来的欢乐亦很快被老岳丈身体衰竭而产生的忧愁所代替。

4月以后，几乎每天都有空袭警报。何公旦过去的生活一直比较平静，如今警报一响就要逃，吃饭睡觉都不安稳，简直成了惊弓之鸟，终于坚持没多久就离世了。

在缙云，潘天寿失去了一老一小两个亲人。他感到生活是多么苦闷，战争把一切都搞乱了。他常常一个人把蚊帐放下来，白天躲在里面看书。

国立艺专给的假期结束了，潘天寿便只身赴川。然而中途却病倒在江西上饶的旅馆里，于是不得不折回来向教育部申请，要求续假，并得到批准。

缙云已不可再待，一家人遂分两路，潘天寿夫妇带着小妹和孩子奔云和，岳母带着其他弟妹去了龙泉。

离云和不远处就是福建省，在福建建阳，几所逃难的大学合并成立了一所东南联大。联大含文学院、理学院、商学院、化学院，以及一个艺术专修科，那是上海美专的班子。

上海美专的队伍是谢海燕教授带的队，谢海燕得知潘天寿返浙，就想把他请来担任中国画和书法教授。谢海燕自己教美术史和理论，他是留日回来的。此外，又有倪贻德、俞剑华二位教授，俞剑华不但教技法理论，还能兼教点山水。四位教授撑起了一个美术专科。

潘天寿回浙以后一直惦念着在重庆的老朋友，尤其思念吴茀之，他非常希望吴茀之能离开重庆到浙闽来工作，便去了信，还赋了诗。

诗中有“东南尽有佳山水，布袜青鞋待子旋”的句子。吴茀之读毕全诗，便打定主意立即返浙。

潘天寿没有想到吴茀之如此快就来到了建阳，老朋友久别相逢，通宵畅谈，此时他们的家眷都不在建阳。

吴茀之在到达建阳前，已受聘为南平福建师专的教授。好在南平到建阳不过咫尺之遥，老朋友可以常在一起了。东南联大诸同仁多数不带家眷，他们结伴同游过离建阳不远的武夷山，也留下了隽永的诗篇。

大约一年过后，陈立夫任教育部长。他对一些高校作了调整，省立英士大学改为国立英士大学，东南联大撤销，其中化学院和艺术专修科并入英士大学，学校设在云和小顺。

英士大学办的艺术专修科倒像模像样，教师的阵容相当整齐。潘天寿把家安在云和，他和谢海燕从建阳回到云和，待了没几天就赶到了小顺。小顺离云和约二三十里路，在不知道环境如何时，潘天寿不打算让家属也跟去。

教授们住的地方在叶村的聚英阁，离学校不很远，可谓各地精英聚一阁。小顺没有什么商店，要吃肉得听敲锣声，农民杀猪就敲锣让大家来买肉。一个月大概可以吃到一次肉，要是有块牛肝也宝贝得不得了，物质匮乏可想而知。

尽管物质生活艰苦，教授们也会自得其乐。教诗词的学画，教画的学唱戏，在深山密林之中有着这么一批文化精英。夏子颐、朱恒那时还是英士大学的学生。

艺术专科的教学还是相当有实力。潘天寿是绘画组主任，倪贻德为工艺组主任，教师中有叶元珪、陈士文、王隐秋、周天初等，谢海燕这个主任把大家协调得很好。

国立艺专在重庆，日子的确不好过。由于人事更迭，学校几乎失去了凝聚力，陈之佛接替吕凤子当校长没有多久，就辞职不干了。教务长傅抱石比陈之佛更早辞职，去了国立中央大学美术系。教育部决定聘请德高望重的潘天寿当艺专校长，并拍来一封电报。

潘天寿对教育部长的电报无动于衷，他对行政工作毫无兴趣。于是向陈立夫致电请辞："惭愧无已，但事艰力薄，深虞勿胜用。"后来又写了封回信，声明平生缺乏干事之才，未敢尝试，就此辞谢，而且把汇来的两千元路费也如数退回。

教育部又通过云和的浙江省政府多次动员，潘天寿依然不动心，再三说明自己只能画点画，教点书。这样拖了半年光景，重庆那边只好请李超士先代理校长。

陈立夫与潘天寿素未谋面，但其夫人孙禄卿是潘天寿在上海美专时的学生，与吴茀之是同学。于是陈立夫又让孙禄卿来函劝谏。至此，潘天寿方知孙禄卿在暗中推荐，觉得过于推辞有些不好意思，对是否接手艺专之事颇为犹豫。当时英士大学艺术专科的学生卢琹画在1995年3月给笔者去信时谈及，1944年6月陈立夫第三次飞赴浙江云和，亲自邀请潘天寿赴任，并提出十天内有一架班机，从云和机场直飞重庆。潘天寿犹豫再三，没有乘飞机赴渝。

他知道陈立夫是看重自己的。一年前有过这样一件事，陈立夫要买他的画，他画好寄到重庆，还收到过陈汇来的两千元润笔费。

出任校长和国立艺专中兴

一份特别的电文的到来，使潘天寿为之一震。学生联名恳求先生赴渝："为全国惟一的艺术最高学府的前途着想，先生，我们日夜盼望着您的到来，救救孩子。"

潘天寿坐立不安，觉得不赴任对不起学生和学校。他找谢海燕和吴茀之商量，邀请他们一起赴蜀，共同去办国立艺专。

谢海燕正好要为恢复上海美专，去重庆找几位老朋友，如钱永铭、陈树人等上海美专的老校董，所以一口答应了下来。

潘天寿又特地赶到南平。吴茀之此时刚刚办过个人画展，潘天寿单刀直入："现在教育部任命我为国立艺专校长，我已聘谢海燕先生为教务长。今朝特来聘请老兄为国画科主任。"

不料，吴茀之沉思片刻，支吾着说："潘先生，我在此间任教，风调雨顺，不想再去重庆了。"

潘天寿觉得有点突然，只得婉转地表示：如果老兄不去，自己也不去应聘校长算了。

看到潘天寿如此恳切，吴茀之为之感动。念及昔日情同手足，如今理当全力相助。再则，吴也顾及国立艺专的发展前程，这位在艺专向来被誉为诗书画皆绝的“吴三绝”，也终于应聘了，并约好潘、谢从云和出发，吴从南平出发，到衡阳会合。

图5-5　1944年潘天寿出任国立艺专校长时与教务长谢海燕合影，摄于重庆

潘天寿在英士大学艺术专修科任教时间虽然不长，但与学生的感情不浅。学生们开始是群情激愤：四川、浙南同样是国统区，大家都是学生，为什么要抛弃我们到内地去?！他们到处奔走期望挽留住先生。后来发现这样做并不明智，才转过来欢送先生。这些学生大多数来自沦陷区，经济上较拮据。临别的早晨，他们只得用油条、大饼、豆浆来饯行。全班同学把潘先生从小顺一直送到云和县城，并合影留念。潘先生又留他们在自己家里吃中餐，依依惜别，情真意切。他们中间有好几位日后到了国立艺专，成了潘先生的助手，一辈子从事着中国画教学。

图5-6　师生在云和送别潘先生的留影

何愔此时倒显得特别镇静。全面抗战以来已度过了七个年头，他们有过四五次分离，她亦慢慢开始习惯，两个孩子也长大了许多。

然而她估计错了，这一分离她才真正面临着独自支撑家庭的困难。以前潘天寿在中西部，不断有书信和汇款寄来，她不用为经济发愁。但是，这次潘天寿走后不久衡阳失守，邮路中断。她就像断了线的风筝，失去了依靠。

她们成了无源之水，于是开始变卖东西。这可是最后一步，但对于逃难者来说，又有多少东西可卖呢？潘炘写字的砚瓦卖了，洋铁碗也卖了，衣服更是卖得不能再卖了。棉被是用剪刀剪一块棉絮下来卖，一块一块地剪下去，没有多少时间就卖光了。最后连番薯丝也吃不上，眼看着两个孩子挨饿，怎么办？

何愔想到必须去找点工作做做，暂时糊糊口。好不容易找到了一个学校图书馆的工作。后来，破烂的图书馆房屋突然倒塌了，还算命大，她没有被压进去。

这天夜里，何愔哭了。潘天寿离她太远了。

潘天寿走马上任。国立艺专的班子作了调整，好些离去的老教授被延请回来。他的标准很明确，学校用人要挑得力、称职、有声望的教师，因为这是一所全国最高艺术学府，与其他私立艺专应该有所区别。

图5-7　1944年潘天寿出任国立艺专校长的留影

于是，在嘉陵江畔的龙脊山麓，在那黑院墙内的磐溪果家园出现了中兴的国立艺专。老教授加上一批青年力量，人才济济，生气勃勃。潘天寿、林风眠、谢海燕、吴茀之、关良、邓白、黎雄才、黄君璧、李仲生、丁衍镛、胡善馀、李超士、方干民、秦宣夫、倪贻德、吕霞光、李剑晨、刘开渠、王临乙、周轻鼎、萧传玖、赵人、张宗禹、王道平、陆丹林、张振铎、常任侠、李可染、吴冠中、高冠华、赵无极、朱德群、朱培钧、李际科、程曼硕、李长白、袭祥礼等艺术界的儒将和新秀都聚集在这山乡僻壤研艺求学，培养中华民族的艺术人才。

图5-8　1944年潘天寿、吴茀之与国立艺专师生的合影，摄于重庆

当地自然环境可谓山清水秀，峦壑幽美，林木萧森，至为幽静。全面抗战以来，艺专四易校长，六迁校址，现在总算在大后方有了一块较为稳定的教学基地。

潘天寿的“教授治校”一时间把整座校园的学术空气搞得浓浓的，各种派别并存，油画、雕塑教授工作室也办起来了，自由活跃的学习风气又使这所学校恢复了青春。

图5-9　潘天寿与张振铎的合影

果家园在这一带是比较好的庄园，背靠一座小山。整个大院有四道门，有二进对称的东西厢房，中间是方方正正的石板天井，正屋是二层楼。厢房和正屋都成了教室和画室，宿舍安排在后面的一长排平房里。院子很大，再后面还有西画教室，院里院外绿树成荫，还有鱼塘、菜畦。艺专师生员工四百多人就在这里生活。住房是竹子加灰泥涂黑的墙，因为保护得好，还不甚破烂。每逢下

雨，教室里也免不了有漏雨的地方。宿舍是捆绑式平房，条件自然更差。国难当头，大家都能将就。潘天寿的校长办公室兼作卧室，他的随身之物很少，一部《辞源》伴随着他动荡迁徙，累了他将《辞源》作枕头，倒下便睡。

潘天寿办学很认真，教师阵容是他一一选定的。像林风眠等老教授他亲自登门延请，青年教师留校，都让他们跟着老教师，不随便上讲台，或者安排他们先干些行政事务性工作以便考察。招生也由他亲自把关。从全国赶来的三千多名考生，仅仅录取其中的三十名。张道藩亲笔写信给潘天寿，恳求让他妹妹张道琨免考进校读书。其时张道藩担任着国民党文化运动委员会主任的要职，但他的请求未得通融。

当时，中国画系治印一科无人讲授，潘天寿自己充任教员，但手头资料缺乏，只得凭记忆和自己的实践进行备课。他讲课颇受学生欢迎，经常有校外的学生从江对岸赶来听课。人多时，甚至有学生隔着窗户在走廊上站着听课。《治印谈丛》便是那时候的备课笔记。

有的学生课堂笔记记不全，请他订正，他也会乐意地接下来。如今九十高龄的郝石林先生还保留着此类笔记。

在政治风云突变的日子里，常常有警方来抓进步学生。此时潘天寿总会站出来说话："这里是学校，他们是我的学生，我是教育部任命的校长，把学生留

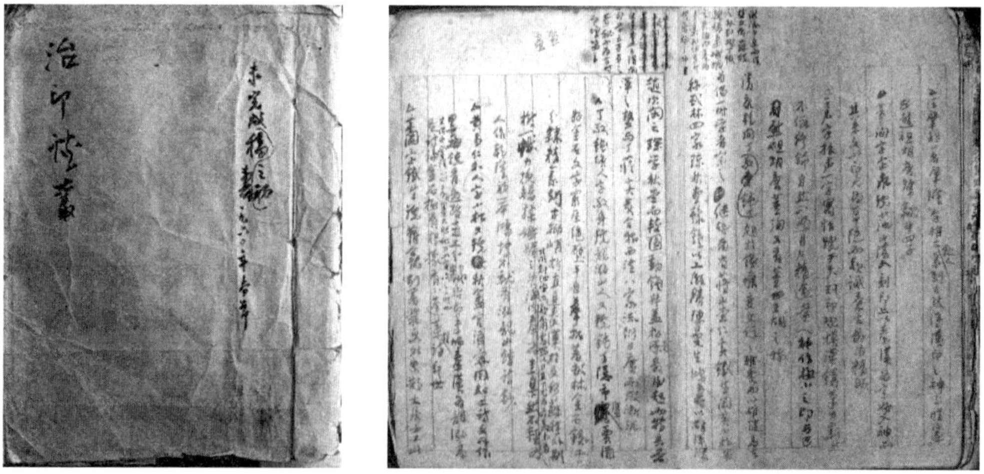

图5–10　《治印谈丛》手稿

下来由我来教育。”

虽然保护了学生，但潘天寿内心非常矛盾，他理解学生的爱国热情，又担心学生涉足政治，遭受迫害。此时，他早已不是五四时期的潘天寿。他注重教学实效，但政治上已失去了锐气。学校里发起抗日募捐，他可以带头签名捐助。对于游行集会，他不太赞成。他有时也会去参加活动，但是出于保护学生的目的，他总劝学生在政局混乱之时，不要多管政事，学生只要把学习搞好。艺专校园的围墙上刷了一条粉白大标语：清除一切党派。这就是他这个校长的观点。他与上面派来的训导主任常常有矛盾，训导主任是三青团的人。

在果家园内，国立艺专的学术气氛浓厚，抗日气氛也很浓厚，经常有名人被请来讲演。郭沫若、马寅初、冯玉祥、白杨等都来讲过抗日等话题。学校虽然不开政治课，师生却都关心着国家大事。

但是，学生并不是同一派别的。左派学生和三青团右派学生在校内的矛盾开始日益显现。这种矛盾在日本宣布无条件投降后，逐渐上升为主要冲突。

国立艺专学生自治会掌握在三青团手里，训导主任为其后盾。左派学生却没有与中国共产党取得直接联系，因此在斗争中较为被动，包含着较多的自发性。

1945年8月15日，日本宣布无条件投降。抗战胜利后，国共谈判实现全国和平统一，成了举国上下关心的大事。毛泽东在周恩来、王若飞陪同下飞到重庆与蒋介石谈判，双方签订了和平建国的《双十协定》。

一纸空文根本无法限制蒋介石的独裁之梦，国民党不断挑起冲突。昆明西南联大学生首先发起反内战爱国运动，但惨遭镇压。“一二·一”惨案激起了全国人民的义愤，迫使国民党又回到谈判桌旁。1946年1月10日，国共两党签订了停战协定。政治协商会议召开期间，国共双方围绕着“军队”和“政权”展开了唇枪舌战。

“你先交出军队，我再给你民主。”蒋介石一心想吃掉共产党的一百二十七万军队。

眼看会议谈判面临破裂，重庆学生发起游行，希望促成联合。重庆沙市区学生联合会于1月24日决议，次日游行集会向政府请愿。

尽管国立艺专学生自治会封锁消息，但进步学生还是得到了信息。尽管时钟的指针已指向子夜过后两小时，但不用动员，操场上瞬间就聚集了七十多名学生。

出发前，学生们请老师来讲话。胆小的人都紧闭房门，装作熟睡。潘天寿先生则不请而到。

他的声音并不高，但夜深人静，每一个学生都听得清清楚楚。

“同学们，你们要求停止内战是好的，政协会议只许开好，不许开坏，各党派要联合起来。要求政协会议开成功，这是爱国主义。不过，”说到这里他停顿了一下，又接着说，“你们这些孩子都是外地人，有情况发生时要退后一点，不要被打伤了。”

学生队伍分五路纵队，一行五人把臂膀挎在一起，阔步在操场上走了两圈，然后出了校门。黑暗笼罩着嘉陵江畔，学生队伍高一脚、低一脚开向市区。这支临时上阵的队伍在沙坪坝与兄弟院校的队伍汇合时才发现，连校名的横幅都忘了打。他们找来纸，赶快写上了“国立艺专”几个字。

学生队伍在英、美大使馆附近转了一圈，就到国府路把国民政府团团围了起来。

当学生要求政协会议代表出来讲话时，政府大楼的三楼阳台上孙科出来了。

他清清嗓门，朝下面开始训话：“学生们的要求是好的，我们政协会议当然要开好。”下面的集会顿时安静下来，学生们都等着这位行政院长说些具体的承诺。

“你们是学生，你们要好好读书，不要过问这些事，耽误学习时间。”

他的讲话被学生的喊声打断了。“不要打官腔，不要打官腔！”

三楼阳台上第二个出来的是周恩来。

“同学们，后面的同学听得见吗？”周恩来第一句话就与孙科不一样。

后面的学生喊：“听不见。”

周恩来就从楼上走下来讲。他走到了学生中间，找了一个高处，发出了洪亮的声音。

“你们希望停止内战，和平建国，你们的口号不光是青年学生的口号，也是全国人民心中的口号。我代表中国共产党表示，为你们的口号奋斗到底！”周恩来的讲话赢得了学生们的热烈鼓掌，但他没讲几句，上面就打铃了，因为一个代表只允许讲五分钟，国民党惧怕“赤色宣传”的力量。

“我们以后再谈吧！”周恩来带着微笑，爽朗地结束了简短的演讲。

民盟代表罗隆基也讲了话，受到了欢迎。

最后一位东北的代表十分有趣。他的嗓门很大：“兄弟是东北人，同学们辛苦了，你们不喝水、不吃饭赶到这里，我代表东北三千万同胞表示感谢。政协会议一定要开成功，如果蒋先生不愿开好，我这条老命就在这里拼了。”他说到这里，当场大哭了起来。停了一会，他解释道，学生的爱国行动使自己深受感动。

这一天，从下午四时多开始集会，到游行结束竟然已近晚上九时。政府派卡车送女学生分别回校。每人发两个面包。男生们啃着面包，举起火把返回各校。国立艺专的学生凌晨时分才回到黑院墙内。

“一・二五”游行以后，国立艺专进步学生成立了“和平民主促成会”，开辟了民主墙。月底政协会议闭幕，通过了五项有利于和平民主的协议。人们庆祝政协会议成功，艺专学生到处书写“民主”大字，院子里也出现了反对内战的大幅漫画。饭桌上，有人用胡萝卜搭成了“民主”的字样。一时间“民主”成了师生们每日谈论的中心。

2月10日，重庆人民在校场口召开庆祝大会，艺专学生负责大会的所有标语、漫画布置。这一天艺专师生大部分都亲眼目睹了国民党特务制造的“校场口事件”和践踏民主的破坏行径。

八时，庆祝大会正待宣布开会，突然一个自称重庆农会主席的人跳上台去，一把抓过话筒，满口胡言。

“兄弟是农会主席，中国以农立国，重庆是中国的首都，首都代表全国人民，农民协会代表重庆人民，我便是当然的代表，当然的大会主席……”

李公朴一看不对，分明是特务来破坏大会，他去抢回话筒。事先布置好的特务一齐出场，大打出手。李公朴、郭沫若都被打伤了，后被送进了医院。马寅初的马褂背上撕开了一个大口。民主人士在庆祝民主的大会上遭到了不民主的袭击。

《新民晚报》《大公报》《商务日报》《文汇报》等报作了如实报道。只有国民党的喉舌——《中央日报》，说邮差学校与劳动协会互相斗殴致伤。十几家报纸联合声明《中央日报》造谣。从此，《中央日报》没人看了，因为它公开撒谎。但是，“校场口事件”带来了阴影，后来的“二·二二”反苏游行，国民党煽起国民的爱国热情，目标却是反共。《新华日报》报馆和新华书店都被打烂了。

国立艺专大门柱子上的“民主”，用黄灰色涂成了“民王”和“民亡”。艺专训导主任又抖了起来。

“反苏就是爱国，不爱国就是汉奸，我就地把他枪毙。”艺专的训导主任是有手枪的。

潘天寿无可奈何地摇摇头。这哪里还是艺术学府，这与政治干校又有何区别呢！他决定辞去校长职位，埋头搞他的艺术。但是，没等他行动，一场“倒潘”运动正在悄悄地酝酿着。

“校场口事件”以后，教育部派来了专人到国立艺专责问潘天寿，为什么让学生去参加这类与政府敌对的活动，而且要查明是哪些学生。潘天寿生怕国民党迫害进步学生，主动承担责任，并特地交代训导主任不许上报名单。但是学生明显分成两派，并且闹起了学潮。

一个意外的消息一天之内传遍了校园，新任的教育部长朱家骅要艺专校长“换马”。校长谁当呢？据说推荐林风眠来当。

林风眠原来就是杭州艺专的首届校长，论资格也完全够了。只不过林先生是个纯粹艺术家，在和平时期他能办好学校，而在动乱时期，只怕也左支右绌，力有不逮。

有人给林风眠出点子，让训导主任去向潘天寿说，林风眠淡然一笑。

潘天寿此时正在昆明开画展。几个年轻教员建议校长在离职前画几张画，到昆明去开个人画展，积攒几个钱可以回杭州安一个家。这是潘天寿第一次举行个人画展，也是新中国成立前唯一的一次卖画。四十幅小幅画件全部售罄，半个月后他回到磐溪。

训导主任见潘校长情绪不错，就上门讲林先生接任校长的事，让潘天寿主动辞职。潘天寿早已倦于校长之职，因此一口允诺，叫他转达林风眠，并草成辞职函交林风眠转朱家骅部长。然而校长改聘之命又迟迟没有下来。

潘、林谁当校长，其实是有关当局的艺专办学方向之争。陈立夫维护传统艺术，朱家骅则希望以西方艺术为中心，争论没有结果。

然而，校园里一批三青团学生并未就此罢休。他们向进步学生的反击得到了训导主任的支持。参加“一·二五”游行的进步学生领头人程珊（华夏）被迫离开艺专。

三青团学生出的小报《雷达》，专门攻击进步学生。斗争在艺专校园里也展开了，而且正不压邪。

潘天寿是个一无党二无派的人，他不愿抬捧得势派，不愿有学生受到压迫，只想一视同仁。他把训导主任叫来，没等对方开口，就说：“我不希望任何一个学生得到便宜，也不希望任何一个学生遭到吃亏。”

然而事实非常困难，他深感无法左右局势。

作为校长，潘天寿知道不能在国立艺专复员以前向教育部再递交辞呈。教育部明令杭州艺专和北平艺专分返原地，学生自愿选择就读。最后又指示国立艺专：“该校永久地址，业经迁设杭州，全校师生员工复员杭州。”又派徐悲鸿去北京另建国立北平艺专。潘天寿重任在身，必须把国立艺专迁回杭州。

潘天寿委托在杭的姜丹书接收杭州校舍。在重庆的师生从4月开始放暑假，从总务处领取旅费，自己想办法结伙返回。当时无论是船票还是车票都非常紧张，所有的大学几乎都采取了这种化整为零的办法。说好10月在杭州老校舍报到开学。

潘天寿得到报告，杭州的校舍已被日寇破坏得不成样子，急需修复。2月底，他设法买到了两张军用飞机的机票，带着高冠华，匆匆飞往南京，计划经上海返回杭州，他要在开学以前准备好必要的建筑设施和教学设备。

C-46运输机改装的临时客机飞上蓝天，途中引擎故障，后来转为正常，为此受了一场虚惊。同行的高冠华在四五十年后谈起此事仍心有余悸，他回忆说，潘先生当时非常镇静。

在潘天寿赶到杭州以前，何愔已先到杭州。他们的住宅已变成荒地，据说日本人把房子拆了，当了养马场。潘天寿所有的书籍、文稿书画和印章从此下落不明。何愔本人带着两个孩子在浙南避难谋生的艰辛也是不言而喻的。见到丈夫，她再也控制不住眼泪，把自己的经历一五一十地倒了出来，问起丈夫这几年在重庆的情况，潘天寿却说十分平常。

“我倒没有啥，还是教教书，画画画，画也不多，可能是情绪关系没有画兴，倒写了一些诗。”

“有没有心烦的事情?”何愔关切地问。

潘天寿笑笑说：“一个人受受算了，何必再增加你的烦恼呢!”

何愔怕他回忆起不愉快的事，也就不再追问了。

春末夏初，何愔什么都明白了，因为校园内部分学生发起了“倒潘”风潮。各种舆论像决堤的洪水，大有淹没一切之势。

一个“倒潘”的签名活动在校园内展开。

潘天寿心里明白，学生背后有人在操纵。

他知道训导主任吴考之在煽风点火。吴考之是三青团学生的头头，所以三青团学生闹得最厉害。

除了三青团学生以外，还有一些学生对学校行政上的做法本来就有看法，所以也介入了进去。

一批学生背着潘天寿开会，给他列了十几条所谓的“罪行”。“包庇贪污”自然是十分上纲上线的，甚至把“无能”也作为其中的一条。他们宣布，潘天寿必须在二十四小时内辞职，如果不辞职就封闭校长办公室，而且向新闻记者宣布所谓的罪状。最后，学生真的封闭了校长办公室，通电全国并将油印资料分发全国高校。连省报《东南日报》和《杭州日报》也登了消息，市民们愕然。

潘天寿毕竟是一位有声望的正派的学者。两个月急风暴雨式的风潮来势虽凶，但并没有把这棵深深扎根于传统道德规范的大树吹倒。

风向渐渐转变了。潘天寿平静地避世了两个月，他既没有试图去解释，也没有要求师生来保自己，他像一位活佛，只管自己闭门修行。

国画系的学生首先站出来保潘天寿。他们了解自己的先生，他们从心底里敬佩潘先生的人品。

杭州参议院也不允许学生如此这般地胡闹。艺专校长室被封，他们就另设临时办公室，劝潘先生出来办公，而且也发了全国通电，澄清事实真相。

中共地下党亦发现潘天寿仅仅是个学者，就瞅准训导主任这条大鲨鱼，捅了过去。

学生们又一次集体签名向全国发通电，声明国立艺专闹风潮是少数不法分子发动的，原来学生自治会的通电也是少数人盗用名义。

潘校长回来了，临时校长办公室亦迁入国立艺专。此时，潘天寿下定决心辞去校长职务，趁势光荣下台。

艺专择“双十节”开学。此前由于风潮的原因，潘天寿专程赴南京辞职，他觉得还是单纯地教教书省心。但风潮实质上是维护传统艺术还是以西方艺术为中心之争，当局未准辞职，要潘天寿继续留任。所以他亦无可奈何。

这年深秋，潘天寿因父亲潘秉璋不幸病逝，前往宁海奔丧。十几年前，原配姜吉花因病故世，他一直未得到信息。

宁海亲友见名画家名教授奔丧回故里，纷纷前来拜会。

几乎所有要他写书法留念的人，都满载而归，因为潘天寿来者不拒。这些年来，他觉得自己对家乡关心太少了，不是他不想家乡，而是老人家脾气暴躁，他回不得家。整整三天，他足不出户，不停地给别人写对联、横匾、中堂。这些书法作品现在看来并不是一般应酬敷衍之作，结体和章法都有独到之处。潘天寿作书作画，不论场合，总是非常投入。

料理了父亲的后事，潘天寿又回到杭州。他觉得完成了一件大事。随后，他又托人把岳父何公旦的棺木灵柩归葬杭州。

1946年12月24日，美国军人竟公然在北京东单操场强奸北京大学女学生沈崇。国民党政府居然对此不予过问，任美国宪警去处理。一场声势浩大的抗议驻华美军暴行的游行示威顿时在全国掀起。

12月31日晚上，国立艺专十几个进步学生连夜上街画了上百幅漫画。元旦那天清晨，杭州市民上街，发现柏油马路上到处画满了美军的丑态。“汤姆叔叔”想把中国作为殖民地的企图遭到了中国人民强烈的反抗。这一天，浙江大学、国立艺专等校学生上街游行集会，学生的爱国斗争得到了市民的声援。但国立艺专学生之间的矛盾也更激化了。

此时，潘天寿对校内一系列事务已失去信心，他一次又一次赴南京教育部要求辞职。

最后一次，他住在傅厚岗老学生王桢祥的家里两个多月。他去教育部找朱家骅。“朱部长，不同意辞职的话，我就不回去了。”潘天寿态度非常坚决，其实他急着想回杭州。

“潘先生，我们已经物色好人了，你回去吧，再等几天，马上有人来接替你。”朱家骅却是一张笑脸。

担任过浙江省政府主席的教育部长朱家骅，对浙江有着偏爱。他找到奉化人汪日章来当艺专校长。汪日章留过洋，在政界混过多年，做过蒋介石侍从秘书。早年他在上海美专读过书，应该说是潘天寿的学生辈，学的是西画。

汪日章治校有汪日章的办法。至此，潘天寿终于结束了“焦头烂额，头盔倒挂”的日子——这是他对校长生涯的总结。

河山沦陷改作诗

八年的颠沛流离，历经浙、赣、湘、黔、滇、川六省，潘天寿在纷繁的战乱中先后在沅水边、滇池畔、璧山磐溪教学不辍，为培育艺术人才，也劝学生于国难之中要珍惜时机学习，然而身为忧国忧民的教育家，他本人实在很难安心作画，偶尔作画，也是花鸟居多。

一次，学生在课堂里围着，要他画幅山水。潘天寿举起笔，望着洁白的宣纸，叹口气，又轻轻地把笔放下了。有人问，先生为什么不画山水？潘天寿道：“半壁江山都沦陷了，等抗战胜利后再画山水吧！”

长长的八年，山水画画得不多，而诗却写得不少，其数量超过了潘天寿整个青年时代的诗作数。1943年结集出版的线装本诗集《听天阁诗存》卷一的八十六首诗，都作于抗战时期。这些诗虽然不是冲锋陷阵的战歌，却是对祖国一唱三叹的恋歌，是对祖国山水沦陷的低首吟回。他也作有强烈情感的诗，如那一首《梦渡黄河》："时艰有忆田横士，诗绝弥怀敕勒歌。为访幽燕屠狗辈，夜深风雪渡黄河。"诗人期望有舍生忘死的勇士出来救国，到了日思夜想的地步。此诗小序写道："夜卧中诵无名氏'为恐刘郎英气尽，卷帘梳洗望黄河'[①]诗句，熟睡后梦

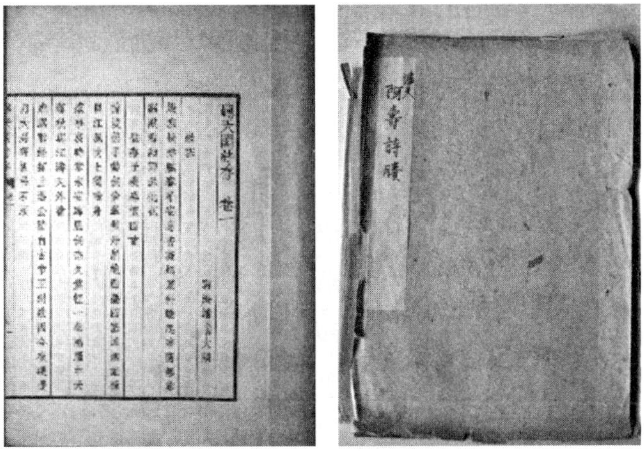

图5-11　潘天寿《听天阁诗存》书影

渡黄河，醒来时并以时局艰难，遂成一绝。"可知当时醒亦罢，梦亦罢，国家大事始终萦绕潘天寿的心头。另有一首《顾有》诗："顾有头颅在，敢忘国步危。八公皆草木，何处不旌旗。人事原知愧，天心自可期。瞢腾倚长剑，起视夜何其。"在愤激之中甚至表示愿为国奋战疆场。

当然更多的是想念家乡、思念亲人。潘天寿的诗境界都很高。除了感时哀事的篇章以外，他的诗凡行旅、纪游、咏物、怀人以及酬唱皆与绘事有关，又有专门论画绝句二十首。其诗风峭横肆（张宗祥的评语），与他的画风一味霸悍，可以说一脉相承，然诗作"更内蕴奇崛逋峭的气骨，又有一种灵秀的韵味回荡其间，耐人讽咏"（林锴评语）。张宗祥称"其古诗全似昌黎（韩愈）玉川（卢仝），其近体又参以倪鸿宝之笔"。

潘天寿的诗完全是画家之诗，诗风近神韵派。每每兴到神会，意趣高华，追求冲淡闲远的韵味，虽然峻峭奇崛又不减清新蕴藉，画家中鲜有达此境界者。抗战时期，学生以能背诵潘诗为荣，他的学生能诗善画的不乏其人，无疑是受了先生的影响。

抗战期间他无心作画，写诗反而进入高潮。战乱的种种感受丰富了诗歌的内容，即使是那时的题画诗、记游诗亦十分隽永，而以感怀诗最为深沉。如果

---

① 此乃龚自珍的爱国诗。

说20世纪二三十年代他的诗尚有模仿李贺、卢仝诗的痕迹，四十年代开始则已完全是机杼自出，并转益多师，兼有众长，几乎全是言近意远的有感而发。他的诗歌意象鲜明，且信手拈来，不加雕琢，格律句式多变，不受声律束缚，可谓“凌云健笔意纵横”。

早年他的诗作颇有韩愈“横空盘硬语，妥帖力排奡”的追求。韩愈是中唐大家，以奇诡硬健为其本色。“唐诗为八代以来一大变，韩愈为唐诗之一大变，其力大，其思雄，崛起特为鼻祖。宋之苏（舜钦）、梅（尧臣）、欧（阳修）、王（安石）、黄（庭坚），皆愈为之发其端，可谓极盛。”（叶燮《原诗·内篇》）潘天寿青年时内心激越之才情，非韩愈那种力度、那种豪情便不足以表现。他在《读史偶书》诗中的气派是：“炎黄帝胄原神种，牧马如何问马鞍。”还有他登黄山夜宿文殊院写的诗，充满了激昂之情：“神鬼空山万劫遗，高楼难禁动遐思。无边暮色从兹下，尽有星辰向我垂。金鼎丹砂烟久烬，璇宫灯火夜何其。松声绝似涛声猛，不耐清寒强自支”（其一）；“一椎清磬漏深中，枕上情怀自不同。败榻灯摇伥鬼吼，荒天龙卷大王风。极巅何碍群峰小，妙悟方知我佛空。却幸文殊龛里宿，莫教游屐证匆匆”（其二）。①

1943年，潘天寿在办于福建省建阳县的东南联大任教时，与学校同仁结伴游武夷山写下一首长诗，这是一首五言古风，全诗达六百九十字。此诗把武夷山丰富的传说典故全数巧妙地编织到诗里，诗风颇似杜甫的《同诸公登慈恩塔》。杜甫那篇仅十二韵，潘天寿却用了六十九韵。当然游山与登塔毕竟场景不同，游山可记可述的内容自然更多，但由此亦可见潘天寿之才气。

中国自古有诗画相通、书画同源之说。画家能书一笔好字，吟几首佳诗，皆被视为寻常之事。但画家中像潘天寿这样文才富艳，思若有神，又气盛情茂，独具豪情，而且“信手拈来总可惊”（这原是他论画诗句）的诗人毕竟还不多。他的诗中明珠闲掷闲抛，佳句美不胜收，俯仰皆是。如他写于抗战时期的诗：“十万峰峦齐点首，轻车无恙过潘郎”（《过阳朔》）；“拟从嶰谷折长竿，来向波心钓龙子”（《黑龙潭》）；“无端海底龙风发，吹我南飞一舸轻”（《雨中渡

① 参见潘天寿纪念馆编：《潘天寿诗存》，浙江美术学院出版社1991年版。

滇海》)；等等。雄豪的诗句，刚中含柔，柔中见刚。他曾论诗云：“既贵有所承，亦贵能跋扈。”是诗论亦是画论，读他的诗更能体会出他的画为什么能如此雄强而蕴藉。

对于旧体诗，潘天寿通晓声律对仗，并能轻轻松松对出极工整的诗联来。像抗战时期抨击投降主义，对抗日力量充满信心的诗句“苍天真死黄天立，泥马已瘵铜马驰”(《惊心》)，上下两句均用了典故，又极妥帖自然。又如怀乡的诗句“海色秋驮千里雁，乡情云滞万金书”(《日久未得家书作此寄之》)，不但用了典故，而且非常美。战乱时在他乡登亭，写花写石能通人性，“迎人花解语，幻虎石通灵”(《月石亭晚眺》)，花能迎人解语，石则幻虎通灵，写得既工整又巧妙。

作为天才诗人，潘天寿又另有一种不受羁勒的性格，也就是所谓“跋扈”的一面，那种独来独往、自在无碍、“一味霸悍”的胸襟气度和鲜明个性。如句式多变，诗中甚至夹进一些散文句式。如“八八儿，何媚妩，黄金爪嘴大玄羽”(《八哥》)是三字长短句。长句则可以十几个字一气而下：“前日渝州与君离别经千里，今夜如何能来此。”(《都匀夜醒见月》)“天都天都胡秀爽？五云宫阙琼楼玉宇高高敞。前有雨花之层台，上有承露之古掌，复道回廊瑶阶玉砌错驰绕锦幕布而珠幌。”(《忆黄山简同游邵裴子姜敬庐先生及吴子之》)“何当相约重作黄山游，遍搜山中秘藏无尽之诡异，启我胸中恢闳突兀不平思。”读来铿锵，仿佛诗人胸中有股不吐不快的豪气在跳跃、在跌宕，读者也极易受到感染，精神为之大振。

潘诗重视炼句炼字和布设诗眼，如“酒败诗无律，春酣梦有钩”，用“梦有钩”比喻春酣难醒。“平原[①]笔力华原[②]墨，如画千山铁铸成”，用“铁铸成”比喻山的厚重。“空蒙杳霭间，涛声卷双耳”，用“卷双耳”形容涛声之响。这些表达均出人意料，非常人所能达。

---

① 即颜真卿。

② 即董其昌。

无官一身轻

辞去校长之职，潘天寿又恢复了20世纪30年代在艺专当教授时的生活。多年战乱，亲人分离，他几乎没有尽多少丈夫的义务；“焦头烂额，头盔倒挂”的校长生涯也使他失去了画画的雅兴。现在一切都好了，他感到从未有过的轻松。

他还是拄着拐杖，一副笑脸，边走边思考着问题，生活在独自的精神世界里。

抗战前，他取号懒道人，后来又取号心阿兰若住持，此时年过半百的潘天寿又生厌倦世俗之心思。

图5-12 《旧友晤谈》

中国知识分子往往有着根深蒂固的儒家伦理观念，达则兼济天下，穷则独善其身。潘天寿刚从繁杂的行政事务中摆脱出来，不觉向往起道家的崇尚自然来了，保持了一种不与心违的心态。刚从璧山离校回浙时，他在云和写过一首诗《寂寥》，其中“不入时缘从我好，聊安懒未与心违”一句，所描述的也正与此时心境相吻合。当不当校长都没有关系，保持心灵的一块净土比什么都重要。

如今，潘天寿的研究者惊奇地发现，在中国大陆国民党发动全面内战时，潘天寿竟然画了不少代表性作品。抗战时节，他忧国忧民，以为民族到了生死存亡的地步，了无画兴。他十分厌恶内部斗争，但又无能为力。他明白自己不具备政治才能，报效祖国唯一能做的是教教书，研究研究民族的艺术，因此一头钻进了水墨画里。

图5-13 《焦墨山水》

仅仅一年多时间，他创作了《墨色山水》《看山终日行》《八哥》《松鹰》《烟雨蛙声》《旧友晤谈图》《盆兰墨鸡》《灵芝》《鸡石》《垂杨系马》《萱花狸奴》《秋夜》《兰竹》《庄子观鱼》《行乞图》《读经僧》《寒窗》等佳作，尚不包括平时应酬的兰竹小品在内。

人们注意到，他的画面开始出现单纯的大石块，几乎大到占据画面的二分之一到三分之二。他完完全全走出了自己的路子，作品趋向凝练、和谐。他在艺术界的地位并未因不当校长而降低，相反他是中华全国美术会五位常务理事中受人尊敬的一位。此时潘天寿常需挥毫作大画，住房有些不适合他创作。

潘天寿老早就想有一幢自己的小楼阁。他在20世纪30年代时就把楼阁的名称取定为听天阁。这是他从梦中所得的诗句“听天楼阁春无限，大陆蛇龙蠹走看”之中择取的。40年代在云和他收集失散的诗稿，编辑一本诗集，冠之以《听天阁诗存》。尽管楼阁常挂口边，但从来不曾住上。听天阁，不过是幻想中的空中楼阁罢了。

何愔是个非常重情感的女子，她也希望有朝一日听天阁落成，她可以布置一个“情园”。“伴花随柳过前川”，她要为夫君创造一个舒适的环境，要在“情园”里设置几个圆洞门，种植一些兰竹菊梅，让天寿工作之余可以迅速消除疲劳。从重庆带回来的钱，此时只够买一块宅基地，“豆腐肉价钿”，宅基地买完自然也要砌屋的钱了。他们身在乱世，却盼望着太平幸福。

直到有一天，汪日章解聘了教授倪贻德和蔡仪，又开除了金尚义等四名进步学生，潘天寿还懵懵懂懂。没几天，又有李伏雨等五名学生被捕。华北战场、华东战场国民党兵败如山倒，国统区混乱不堪，物价飞涨，白色恐怖严重。

没有人来找潘天寿，人们似乎已经把这个老校长遗忘了。

1949年1月，蒋介石被迫退位，李宗仁就任代总统。被逮捕的五名艺专进步学生也获得了释放。

这一天，艺专学生在白堤断桥迎接五名同学，把他们一个个抬了起来，高呼“打倒反动派！”一时断桥被挤得水泄不通，永华公司的公共汽车也为之停开。人群欢呼胜利，一直簇拥到了学校操场，拍照留念，气氛热烈异常。汪日章蛰居宝石山寓所不敢露面，学校里的共产党组织由地下转为公开，学生会、教授会、工友会联合成立了“应变会”。

国民党要员开始逃离大陆，有人想到了潘天寿。

“潘先生，共产党要进城了，你当过艺专校长恐怕多有不便，还是跟我们一起去台湾吧！”

潘天寿毫无思想准备，他还在想着文人画的流派，还在宣纸上指挥线条与墨块的大兵团作战。

“为什么要去台湾?”他十分惊讶，“抗战回来还只有二三年呐。”

“避一避不会有害处。”来人替他出主意，“不一定举家迁徙，可以把儿子带上一起走。”

潘天寿被弄得有点糊涂了，他弄不清整个局势到底是怎么回事！对国民党他也实在没有好感，但自己仿佛又与国民党有某种说不明道不清的关系。在与自己较为接近的学生中，孙禄卿是陈立夫的夫人，蔡淑慎是蒋志澄的夫人。此外，还有不少别的学生和朋友。

“用不着到台湾去。”潘天寿突然斩钉截铁地对夫人说，“我又没有做过亏心事，为什么一定要逃呢！”

就这样，潘天寿留在了杭州。

第六章　跟上时代

“六十六，学大木”

中华大地翻开了新的一页。

1949年5月3日，杭州解放了。

5月6日，以谭震林为书记、谭启龙为副书记的中共浙江省委成立。次日，中国人民解放军华东军区杭州市军管会成立，谭震林为主任，谭启龙和汪道涵为副主任。

6月，被汪日章校长解聘的倪贻德以军管会代表的身份回到国立艺专进行接管。同来的一位女军代表刘苇，是他夫人。倪贻德是油画教授，懂行，在东南联大与潘天寿共过事。

7月2日，倪贻德作为华东代表团副团长，出席在北京举行的中华全国文学艺术工作者第一次代表大会。会议期间，周恩来关注了艺专领导班子的人选。

此后，延安老区来的鲁迅艺术文学院美术系主任江丰拿着周扬写的信，到上海找著名雕塑家刘开渠，聘请他来当艺专校长。倪贻德为第一副校长，江丰为第二副校长兼党组书记。刘开渠是老艺专教授，也懂行。

各部门都有了新的领导，原来的教师基本都留用。于是潘天寿、林风眠、吴茀之、黄宾虹、吴大羽、关良等二十五人都成了留用教授。又增加了刘开渠、倪贻德、江丰、莫朴等九位教授，加上副教授和讲师，西子湖畔这所高等艺术学府的师资力量颇为雄厚。

一百三十多名新生入校，加上老生，学校又恢复了原有的规模。中华人民共和国诞生的同一天——1949年10月1日，新学年正式开学。

然而，潘天寿、吴茀之等国画老教授呆住了，新学年他们没有被安排上课。

“哦，是这样的。江丰让我来告诉您，以后不要画山水、花卉了，改画人物画。”刘开渠小心地说。他发现潘天寿的脸色在变，便没有再说下去。

作为一个著名的山水花鸟画家，突然有人通知他，今后不要再画他擅长的画种，无异于要他搁笔。

潘天寿感到全身乏力，幸亏他的家离学校不远。他勉强回到了家，但是二十分钟的路程，足足走了个把钟头。

艺专不需要我了吗？简直不可思议。从来不失眠的潘天寿，这一夜通宵未眠。

第二天，孤山脚下，学校大礼堂，年仅三十九岁的党组书记江丰作报告。师生们，包括老教授都席地而坐，倾听台上这位老革命言辞激昂的讲演。

毛泽东《在延安文艺座谈会上的讲话》以及党的文艺方针政策，第一次通过这位党的文艺干部，传达到了国立艺专。

文艺应该为工农兵服务！只有代表群众才能教育群众，只有做群众的学生才能做群众的先生。文艺工作者必须和工农兵群众相结合，改造思想，长期地无条件地全心全意地到工农兵群众中去，到火热的斗争中去！

听讲的师生都感到非常新鲜。对于潘天寿来说，这更是闻所未闻的理论。他觉得为大众的文艺没有错，文艺应该为群众所喜闻乐见。

江丰同志讲话很激动，他站起来，举起一只手，用力挥了一下。

“人物画是工农兵所喜闻乐见的，我们的教授们为什么不能画画人物画呢？”江丰大声问道。

潘天寿一惊。自己从来没有画过现代人，只画过僧人、乞丐，以及山水画中的点景人物。他开始明白刘开渠要他改画人物，意义重大。江丰同志说这是为谁服务的问题，人物画是工农兵所喜闻乐见的。

校务委员会决定中国画系与油画系合并为绘画系，由于中国画在表现人物方面逊于油画，因此只排了几个钟点的白描人物画课。中国画的教授们顿时失去了舞台，尽管没有丢掉饭碗，但工资已经开始削减。潘天寿的工资保持不变，也许因为他是有影响的人物。

诸乐三副教授的工资减了。风声传来，吴茀之的工资也要减了。“吴茀之先生的工资如果要减，把我的工资跟他一起减吧！”潘天寿对校方作了表示。

结果，他们两人仍然保留了教授级的最高工资，每月五百六十元。后来减到三百多元。

潘天寿决计要尝试画画现代人物，他不愿落伍。机会来了。1950年1月，学校安排毕业班去杭州市郊三墩区义桥乡体验生活，包括潘天寿、林风眠在内的老教授也一起下了乡。

潘天寿毕竟是农村长大的，与贫苦农民同吃同住同劳动一点也不困难。他不像一般大城市的教师那样娇生惯养，所以他有比别人更多的时间和精力去观察生活。

这是翻身农民第一次给人民政府送缴公粮。阳光下，载着粮食的小船轻快地向一个方向涌去，船一只一只轻轻地在人民政府缴粮站埠头靠拢。从那一张张乐滋滋的脸上可看出，人们又快活又自豪，他们以实际行动支持着政府。

图6-1　《踊跃争缴农业税图》

潘天寿戴上近视眼镜在缴粮站仔细察看贴在墙上的标语，默默地记住了：一条是“农业税是人民的命脉”，另一条是“我们要争取农业税模范村”。他清楚地记得江丰的话，文艺要为政治服务，争缴农业税足以反映新社会农民的思想觉悟，这该是个好题材吧！

回校以后，潘天寿画了改，改了画。他先用铅笔起草，再改用毛笔工笔勾勒，显得相当吃力。以前

图6-2 《丰收图》

他作画从不打稿，而且爱作大写意画，用他自己的话说是“画些大粗笔的花鸟”。现在他勉强叫自己画些工笔人物画。

一张《踊跃争缴农业税图》的小幅作品上，他画了一共十四个不同姿态的人物。粮库也画得十分工细，黑色的瓦片一片一片以无数笔连续描画，更是前所未有的，他也没有忘记在墙上补上他采风来的那两条标语。

此外，潘天寿又画了一幅《文艺工作者下乡深入生活图》，画里吴茀之的形象很接近他本人。戴法兰西帽的林风眠也上了另一幅画，画里还有几位艺专教师在一起看农民种菜。在这以前，连戴鸭舌帽、穿中山装的人物，潘天寿都未画过。还有一张画取名《解放后地主参加劳动》。

待到交下乡创作作品时，他把自己的新作战战兢兢地送去，心里总很不踏实。

“愔，我这是‘六十六，学大木’，年老手也笨啦！”[①]潘天寿自嘲地对夫人何愔说。

何愔看看他这个样子，连续好多天弄得茶饭不思，就安慰道：“我看大家都差不多，你也不用着急。”

“孔老夫子倘使还在，看见我作画如此没办法，一定会感到孺子中有不可教的人物，老头儿当中，也同样有不可教的人物，要咒骂起来，举起他的杖来敲

① 浙江有些地方把造房子的木匠称为“大木作”，把做家具的木匠称为“细木作”。木匠是技术性很强的工种，六十六岁开始学自然是学不成的。

我手心了。”潘天寿怨自己没有本领，贯彻不好党的文艺方针。

谁也不曾料到，画展一开，许多老教授都展出了人物作品。吴茀之画了一张《金猴奋起千钧棒》；诸乐三画的则是戴面具的娃娃，一个扮解放军，一个扮蒋介石。比较起来，大家还是称赞潘天寿的“人物造型朴拙，用线细谨老辣”。以至于很久以后，他的《踊跃争缴农业税图》还被视作新中国成立初期的代表作，收进各种画册。后来中国美术馆收藏了这幅作品。

然而，最能贯彻文艺方针的，还是一些年画、连环画和宣传画。潘天寿仍然未被允许上讲台。

1951年12月，国立艺专师生遵照华东军政委员会文化部的命令，前往皖北参加土改。

潘天寿是这支土改工作队里年纪最大的一位。他已经五十五岁了，全队有六个人超过五十岁。动员时已经讲明，皖北的生活条件是很艰苦的，要有思想准备。

潘天寿轻装上阵，他只带了一套简单的被褥。八年全面抗战都过来了，几个月土改还怕过不去？再说，参加土改是下去接受思想教育与思想改造，吃点苦有好处。

实际的困难比想象的多，眼前是一片荒野。大雪纷纷扬扬，七八十里路，一步一滑，土改工作队经受着第一个考验。

许多老先生雇了轿子，否则他们根本无法到达目的地。潘天寿始终与大家一起坚持步行。

在皖北霍丘石店埠，潘天寿也感到意外，农民的生活怎么如此困苦。

土改队员也蹲草棚，这里没有什么瓦房。

除了高粱饼，就是红薯稀饭，过年也不例外。“民有饥色，野有饿莩”在这里不是谎言。夜里，鸡飞狗叫小孩哭，惹得人吃不好还睡不安宁。

工作队白天劳动，晚上开会。潘天寿分到了一项任务，讲解新中国的第一部法律——《婚姻法》。老头子讲《婚姻法》，他蹙紧了眉头。其他更重要的政策法令轮不到他解释。

讲就讲吧，他像在学校里备课一样认真，戴上眼镜，琢磨《婚姻法》的字字句句。有时候歪着头，想上半天，他总是那样认真，要把其中的道理彻彻底底弄个明白。

尽管他也是农村长大的，但土改毕竟是头一遭，许多事情得从头学起，边学边干。

当何愔盼回自己丈夫时，她见到的潘天寿完全像个老农民，裤腿卷起，而且满是泥巴。

“怎么这副样子？”她问。

“农民太苦了，不可想象。全家人冬天只有一条棉裤。”他回答道，“中国一定要发奋图强才好！”

土改回来，潘天寿思想变化很大。他买来一些政治书籍，认真地研究起来，接着又与师生们一起参加了“三反”“五反”学习。

一本毛泽东《在延安文艺座谈会上的讲话》，划圈圈，打点子，红的蓝的，横的直的，都被他画满了。

尽管老教授们努力想跟上时代，但总得有一个过程；尽管中国画有了较大的改变，但总是不能满足政治对它的要求。

“中国画不能画大画，怎么可以与宣传画相比呢？中国画又画不了毛主席像，主席台上大幅的毛主席像都是油画。”江丰的性格坦率，也不免急躁，有点简单化。在新中国成立初期那个特定的时期，江丰说中国画没有用处，随之而来的动作便是取消中国画。接着发生了一连串的变化。

国立艺专改名为“中央美术学院华东分院”。由徐悲鸿新办的北平艺专已改成“中央美术学院”，虽然两所学校依然没有隶属关系，但此后在业务上的联系多了。

华东分院仅设置绘画系和雕塑系。实用美术系并入中央美术学院，一大批师生赴京，后来又在此基础上成立了中央工艺美术学院。

原来中国画专业的老教授黄宾虹、潘天寿、吴茀之、史岩成立一个民族美术研究室，以后又增加了黎冰鸿、林达川等人。潘天寿被指定为研究室主任。

潘天寿心里非常清楚自己是留用人员，离开了绘画系，失去了开课授业的权利。他的心情是沉重的，但相比之下，有的教授处境更艰难，成了誊抄员，更是脱离了专业。

好在他对民族艺术相当热爱，被派去整理民族美术遗产资料，他也蛮有兴趣。他每天按时上班，并且与吴茀之一道为学校搜集到一批可贵的古画资料。

某日，有一个矮小老头儿，穿着蓝布袍，背着一个蓝布包，像往常一样大摇大摆地走进华东分院的大门。门房知道他是古董古画的掮客，不加阻拦。他每次来“华东”（这是他对这所学校的简称），总是到民族美术研究室去找那几位老教授。他叫陈继生。

有一次，陈继生在潘天寿、吴茀之面前展开一幅古画，“潘先生，今朝有样好东西，一幅王蒙的山水，看看怎么样？”

画相当不错，但是否是黄鹤山樵真迹很难确定。许多古画，潘天寿只要一看就能辨别真伪。他能从纸质、印章、款式、题款和绘画风格、笔墨来作判断，有时甚至看印泥也能作出重要的判断。

“你要多少铜钿？”潘天寿开口了，“画很难定真伪。”

“九十元。”陈继生两撇小胡子一抖，报出了一个大数目。当时，吴昌硕的小中堂不过七八元钱，一幅册页只要一二元。

眼前这幅山水，不比上海博物馆收藏的《青卞隐居图》差。曾经有一个日本人要买《青卞隐居图》，美丽牌香烟的老板为了不使国宝流失，最后是用一条弄堂的房子那样的高价买下来的。这幅山水也是王蒙的精品，少说也值好几千元。

九十元太便宜了，是不是有假？他们又仔细地看起画来。

《青卞隐居图》曾被董其昌誉为“天下第一”，王蒙的笔墨极为精到。这幅画的笔墨毫不逊于《青卞隐居图》，且用笔简而不繁。幽深林木，郁郁苍苍；山崖绝壑，玲珑空灵。他们越看越喜欢，但生怕有个人偏见。于是就想法子挑挑毛病，想捅出个破绽来。

“潘先生，我看没有人吃得落造这张假画。”吴茀之指指印章，“再说，这种印泥多少醇古，毫无火气。”

“元四家的东西，极为后人推崇，连绵五百年而不辍。元末明初就有人专门仿制赝品，我生怕此作出于明人之手。”

潘、吴磋商以后，拿不定主意，便到栖霞岭去请教黄宾虹。

黄宾虹是1948年由潘天寿、汪勖予推荐来艺专的。当时他在北平艺专任教，徐悲鸿竭力挽留他，但老先生风趣地说："徐校长只有帅府园（北平艺专校址），没有西子湖，如果你能在帅府园挖出个西子湖来，我就留下了。"他来杭州后，学校在望得到西湖的栖霞岭给他安排了住所。他比潘天寿要大三十多岁，没有教学任务，也不用每天来上班。

黄宾虹居然也不大吃得准，不过他甩出一句话："画虽不能肯定，但画得很好。如学校不收，我收了。"

潘天寿等几位教授又作商议，最后研究室郑重讨论通过，一方面向学校申请款子，一方面让陈继生留着不要卖。当时，他们认为此画技巧好，对教学很有价值，流出去很可惜，最后压价到七十元买了下来。

次日，陈继生掮着蓝布包又来了，他来迟了一步，已经过了下班时间，他便又匆匆赶到潘天寿家里。他带来一套春宫册页。潘先生注重画品人品，"春宫"一类有伤大雅，对学生品行有妨碍，他一拒了之。

潘天寿认真地收集、鉴别、整理古画资料。当时国家经费紧张，学校用于购古画的经费极少，每一幅画、每一幅字他们都再三研究，决不肯乱花一分钱。由于他们的苦心经营，民族美术研究室用很少的钱征集到许多珍贵的古画、碑帖资料，使这所美术学院的学生有较多的直观教材，学校的古画收藏也成了全国美术院校之最。

跟上时代借古开今

潘天寿佩服中国共产党有办法，社会主义有优越性。一个破烂不堪的旧中国，满目疮痍，民不聊生，短短几年后，变得秩序井然，工农业生产也全面恢复并有了发展。在世界的东方，中国共产党创造了奇迹。但潘天寿对文艺方针、文艺思想还是捉摸不透。中国画的优秀传统为什么要丢弃呢？他拥护中国共产党，但对文艺思想保留了自己的看法。花卉、山水画也是人民喜闻乐见的形式嘛。

他很少开口，俗话说“祸从口出”，只要缄言闭口，总不会有问题吧。

“在现在社会上，做人要如履薄冰，走一步踏一脚都要小心谨慎。”有一天不留心，他把这句话对一个受过批判的学生讲了。他是想安慰安慰对方的，说过也就忘了。但在此后的“文化大革命”中，他为此又多了一条罪状。

学校还是没有允许他上课。学校领导确定了以人物画为主的方针，根据新规定，没有开课的教师一律减薪。这下动真格了，潘天寿也不例外，他家里经济亦捉襟见肘了。以前工资高，除了自家几个人，他还负担着丈母娘和一个舅子的生活费。几个孩子都在上学，只有潘公凯还没到上学年龄。然而，这个讨人喜欢的小儿子，身体一直不好。原来为他请过一个漂亮的年轻奶妈，新中国成立后不久就辞退了。没料到，孩子患上了肺结核。这种疾病那时被称作“富贵病”，因为治结核病的链霉素、雷米封是进口药，费用昂贵。

何愔精打细算，调理着这个花架子般的家庭。潘天寿的大衣当掉了，收音机卖了，连《资治通鉴》也卖掉了，衣服缝缝补补，棉衣自己翻拆。

“一网破棉絮。”何愔边翻棉衣边自言自语。她想不出还有什么法子生钱，她要求出去工作，但孩子怎么办？工作又不好找。

宁海老家兄弟分家，潘天寿分到一亩多田，但早在土改时就委托亲眷捐献了。杭州大学路的房子也捐给了国家，那块宅基地倒是卖掉的，但只得了三百多元钱。

吴茀之一家更困难，他一个人要养活六口人。孩子读书，缴不起学费，不得已画张画去顶账，自己又到中学去兼课，勉力度日。潘天寿不吸烟，不喝酒，个人花费比吴茀之少得多。

“茀之，把烟戒掉算了。”

每到潘先生这样劝说时，吴茀之总笑而不答。局外人不知道“吞云吐雾”的乐趣。

他们诚心诚意为学校搜集古画，自己一张也没有收，即使喜爱也没有多余的钱。若干年后，人们发现潘天寿等搜集的书画资料不仅对教学有利，而且为学校收进了一笔可观的财富，但这在当时闲话不少。

“七十元收了一张假画，哼！”有人这样嘲笑，而且上告到学校。校领导也犹豫了。

教学靠边，连搜集资料也遭冷眼。

学生也把他们当成是资料员，觉得这个穿蓝布长衫的资料员还蛮有学问，空下来就围着他讲讲笑话。他讲话本来就很随便，谁也没有把他当成个重要人物。

一次，学校请来诗人艾青作报告，人家都挑靠前的座位，以便看清作报告的名作家。潘天寿却在后面角落里找了个位置。礼堂不算小，人到得也不算少。

艾青作完报告，来不及与主持人打招呼就走下主席台，迫不及待地走到礼堂最后面的角落，激动地与潘天寿握手。他没有忘记20世纪30年代教过自己的潘先生。许多同学惊诧莫名，纷纷打听这个个子高高的平头老头儿是谁，为什么艾青这么尊敬他。

其实，党中央没有否定民族文化，也没有忘记文化名人。

1953年2月，潘天寿与吴茀之都参加了“黄宾虹九十寿辰庆祝会”，这次盛会是中华全国美术工作者协会和中央美院华东分院主办的，谭启龙赴会致辞，华东文化部特授予黄先生“中国人民优秀画家”的光荣称号。黄宾虹的山水画浑厚华滋，在会上展出后，得到了众口一词的赞赏。黄宾虹不作人物画，没有什么为政治服务的作品。

9月，潘天寿被推选出席中国文学艺术工作者第二次代表大会，大会于9月23日在北京中南海怀仁堂开幕。他与代表们一起聆听了周恩来总理关于过渡时期知识分子思想改造的报告，又受到了毛泽东主席的接见。毛主席和他握手时，还问他是什么画家，潘天寿回答画花卉的中国画画家，主席赞许地点点头。

会议上发的文件，他认认真真地看了。

外表木讷而内心勤于思索的潘天寿发觉，党的文艺思想并不像院领导讲的那么绝对。

文代会发给每位代表一支金笔，笔杆上刻了“纪念”字样，潘天寿留给自己用。从北京带回来一个大苹果，切开后全家每人一块。当时的文代会开得很朴素。

潘天寿又铺纸作画，画起他惯常的大写意花鸟来了。他觉得工笔人物并非自己特长，花鸟画亦并非不能为人民服务。

文代会期间，中国美术家协会正式成立。讨论会上也谈到花鸟画这一画种，大家认为还是需要的，问题在于向什么方向发展。花鸟画是完全能为工农兵服务的。

那次，北京举办了“第一届全国国画展览”，展览上的画作后来又在华东分院展出，潘天寿一幅《青蛙竹石图》受到了欢迎。

图6-3 《青蛙竹石图》

这幅指墨画的寓意非常明确，上面题诗云：“江南水满田，蛙阁阁，声连天，歌颂禾黍丰收岁岁复年年。”画面中一只青蛙正从石缝中跳出，十分生动，雨后蛙声又寄情颇深。

《青蛙竹石图》幅面较小，不是有人说中国画不能作大画吗？潘天寿决计要画张大一点的作品。

图6-4 《和平鸽图》

不久，巨幅《和平鸽图》也诞生了。写意花鸟以其特长显示了她生存的权利。和平鸽象征着对世界和平的向往，这是对抗美援朝道义上的支持，思想意义自然不容争辩。潘天寿没有在画面上题写诗句，只落了单款。

家里没有那么大的地方可铺，潘天寿便用几张宣纸拼接起来完成画作。一棵古松和一棵老梅从坚石底下长出，然后向右沿着纸边逆时针方向生长，一直铺画到画幅左上方，中间虚出足够空灵的空间。两棵老树盘根错节，相交相盖，花茂叶盛，颇为繁荣。颜色不同（七种色）、姿态各异的鸽子安详地散落在林间石上，疏疏落落，气氛宁静祥和。

主体和平鸽共有十九只之多，为了布局有变化，潘天寿特地用铅笔勾好每只鸽子的位置，他作写意花鸟画也从来没有这样小心过。鸽子的造型取“不似之似”，简洁、稚拙，可爱而不甜俗。除了名章，他钤上了“不入时”“宠为下”“听天阁”三枚印章。

不久，首都北京饭店搞装饰，托人来向潘天寿订画，一幅《小憩图轴》（七只鹭鸶）和一幅《红荷图》被选中了。对方生怕潘天寿不收钱，所以又托人来询问，如果不收钱就送别的礼品感谢。

潘天寿想了想回答，收钱，但不要多。后来，一幅一百元，另一幅八十元。画价是别人定的。

此后，不少宾馆请潘天寿，有时也请吴茀之等老画家一起去画，多数仅仅是招待吃住，并不付报酬。潘天寿从不计较，反而觉得自己有了为人民服务的机会。尽管家里缺钱用，但他依然很淡然，总觉得钱是身外之物，非常随和。

当然，他也有不随和的时候。江丰说中国画不科学，不讲透视，不能为现实服务，中国画必然淘汰。潘天寿是无论如何不接受的。

“中国画有极高的成就，应该认真地研究和发展。”他逢人就说自己对中国画的观点，“一个民族的艺术，就是一个民族精神的结晶，它是代表民族的气质和精神面貌的。”

1954年，华东美术家协会在上海成立。潘天寿在会上作了热情洋溢的发言，谈了自己艺术思想的转变。

“过去画中国画崇尚超逸、清雅，没有人间烟火气，才称得上画品高。许多古代画家，如石涛、八大、石、渐江等都是和尚，还有一些大画家是道士。我以前曾经想出家当和尚，以求画格高超，能够达到上乘。李叔同是我在浙江第一师范的老师，那时他在杭州烟霞寺当和尚，我去找他，谈谈做和尚的情况。弘一法师对我说：‘尘世多烦恼，有斗争，出家人之间的斗争、烦恼，并不比尘世少，有的地方，可能更厉害。’”

这是潘天寿第一次对人讲起自己的这段经历。

接着，他说自己打消了出家之想，深有体会地说：

“解放后，读毛主席的‘讲话’，才体会到艺术不能脱离人民，要为人民大众服务的道理。所以艺术必须来自人民，来自生活，作品必须考虑对人民所起的作用，与时代的脉搏息息相通。”

潘天寿的话说得很亲切，同时也真正代表了那个时期老的国画家的心情。他们是爱国者，不愿意有人来否定中国文化、中国绘画，但也知道须创新，以适应新时代新社会。潘天寿努力摆脱文人画孤傲超脱、萧疏淡逸的情趣，而去追求雄健劲拔、奇崛奔放的风格，他认为这样更能表现峥嵘壮阔的时代精神。

这两年，华东分院贯彻文艺方针的情况已与前两年有所不同。

这一年，绘画系开始一分为三：彩墨画科、油画科、版画科。以后又撤销绘画系改为三系。

中国画总算以彩墨画的名称复活了，但彩墨画如何继承传统中国画仍然是个问题。潘天寿对当时院领导提出的三个为主（人物为主、工笔为主、写生为主）感到莫名其妙，他照旧画花鸟、山水，也不画工笔，只是增加了不少写生作品。好在没有人来多加指责，学校领导也鼓励老画家与青年教师和学生一起下乡。

新中国正处于蒸蒸日上、人心所向的时期。每个单位、每个部门都努力把工作做好，人人都希望为社会主义祖国添上一砖一瓦。星期天，彩墨画系一般组织系内老先生去爬山，既是休息，又可发扬传统“师造化”之精神。

潘天寿、吴茀之、诸乐三等老先生几乎每次必到，兴致非常高。潘天寿年

图6-5 《之江遥望图》

事最高，但登山健步如飞。

杭州西湖周围的宝石山、吴山、玉皇山、南高峰、北高峰，还有云居山、五云山、琅珰岭这些一般游人未涉足的山岭，统统成了他们的目标。

潘天寿站在玉皇山顶，向西南遥望，见钱塘江蜿蜒如飞帛腾空，回来后作了《之江遥望图》。

《美女峰图轴》是潘天寿从北高峰望美女峰所得，图中题跋“其后天外千山层层如旌旗飞列”，也正是在北高峰才能遥望到的景象。

然而，潘天寿理解的“师造化”与一般所提的写生还是有不少的差别。他不主张实录，认为自然景象需与胸中所积聚的意象和情感融合，才能孕育艺术作品。《睡猫图》《棕榈图轴》《晚风荷香图轴》《竹谷图》等都是这一类作品。由于他有意识地寻求气势和力量的表现，风格越来越明确。作品内容脱去了清高冷逸的调子，变得较为现实，通常也比较容易为人所理解接受。同时，他对题材有严格的选择，不是简单地用“举红旗”“呼口号”来表现蒸蒸日上的社会。

1955年，他随师生到了浙南雁荡山。沈括曾在《梦溪笔谈》中对这座名山称颂备至。潘天寿徜徉其间，感到大自然的无限生命力伸指可触，但将其取入画中颇为不易。

师生们都各寻一处画起写生来了，而潘天寿还在这里溜溜，那里荡荡。他没有像多数人那样去摹写大龙湫飞瀑、三折瀑、灵岩灵峰，而是去注意角角落落的一花一草。

第一次从雁荡山回来，他创作的《灵岩涧一角图轴》，画的就是不被人注意的小角落，展现其情趣。有师生好奇地问他为什么画一角一落。潘天寿回答道：“山上几枝野草，数朵闲花，其实都是很好的粉本。画画儿不必求大求全。”他又道：“穷乡绝壑也好，篱落水边亦罢，看来是些幽花杂卉，是一些乱石丛篁，但随风摇曳，处处充满诗意，也处处皆有画意。等待我们慧眼慧心的人去拾取呢。”

图 6–6　《睡猫图》

图 6–7　《灵岩涧一角图轴》

潘天寿极善从细小的地方去发现美，而创作出来的画十分大气、十分挺拔、十分有力量。

此后，潘天寿几次去雁荡山体验生活，写了十首雁荡诗歌，也画了《小龙湫一截》《记写雁荡山花》《雨霁》《雁荡山花》《小龙湫下一角》等精品杰作。

潘天寿把雁荡山画绝了。这山，这石，这水，这一草一木皆非雁荡之物莫属。许多画家见潘天寿之作如此精彩，也纷纷赶到雁荡山去采集画材。回来对

图6-8 《雁荡山花》

图6-9 《小龙湫下一角》

照潘老画作，竟然怯之不敢下笔，大有“眼前有景道不得，崔颢题诗在上头”的李白之叹。①于是乎，“雁荡山花”无形中成了潘天寿的专利。他并不追求画得像，而求有内蕴、有思想。

潘公作画特喜画大岩石，而这类大石往往占据画面三分之二的幅面，方方正正，构图非常大胆。

“潘先生，您为什么画这样大的石头?”有学生好奇地问。

“石头是没有思想的，但作者是有思想的。石头给人的感觉是耿直，不与一般人同流合污，其实石头不过是结实一些而已。由于作者思想耿直朴厚，就容易去选择适合自己脾气、观念的石头。”潘天寿不假思索地回答。

于是乎，“潘公石”的名称在美术界流行。别人一般不敢在画面正当中置一块方形的磐石，因为容易造成闭塞之感。然而，“潘公石”却有气势而不气闷。学生们又去

① 传说李白至黄鹤楼，见到前人崔颢有诗而搁笔。崔颢原诗：昔人已乘黄鹤去，此地空余黄鹤楼。黄鹤一去不复返，白云千载空悠悠。晴川历历汉阳树，芳草萋萋鹦鹉洲。日暮乡关何处是？烟波江上使人愁。

问吴茀之先生。

“这种构图在旁人看来很危险，容易扼塞气势和灵感，等于陷入险境之中，即所谓‘造险’。但潘先生胸有成竹，常常提笔四顾，在石的上下左右，视位置所宜，临见妙裁，点缀一些山花野草或禽鸟虫鱼，气韵就生动起来，不但履险若夷，反而助长了全局雄伟的气派，这就是‘破险’。”吴茀之笑笑又说，“古人说：‘取境之时，须至难至险，始见奇句；成篇之后，观其风貌，有似等闲，不思而得。此高手也。’”

吴茀之与潘天寿朝夕相处，又都是国画界高手，说的话自然入木三分。于是“造险”“破险”的理论也流行开了，后来吴茀之还把这些内容写进了《潘天寿画册》的序言。

潘天寿沉浸在“借古开今”的冥思苦索之中，他认为中国几千年悠久文化培育的中国画，源远流长，成就高深，小修小改无济于事，改革过大又易面目全非，伤及传统。他一天天地思考，又不断地实践，相信“今后的新中国画，一定在不远的时间中，蓬勃而且美丽地长成”。

这是一个认真而可爱的老学者。这一年的“文艺思想讨论会”上，他竟然拿出了自己经过再三再四考虑的八点提纲。老党员们也为之惊讶！

我对于民族遗产、民族形式的看法：

（一）任何民族都有民族的文化，任何民族的新文艺，不能割断历史来培养和长成。

（二）民族遗产，是发展我们社会主义现实主义文化的因素。因为我们的现实主义，是中国民族的现实主义。

（三）尊重民族传统，发展民族形式，是爱民族爱国家，争取民族国家和平、独立、自由、富强、康乐而斗争，而且关系到社会主义国际主义的发展。

（四）今后的新文化，应从民族遗产民族形式的基础上去发展。

（五）培植民族形式的艺术是与在艺术中发展各民族友好的高尚思想密切联系着的。

（六）号召世界主义文化，是无祖宗的出卖民族利益者。

（七）正是共产主义者，能够彻底地奋勇地保护民族的伟大传统。

（八）继承优秀的民族传统与发展光辉的民族形式，须真诚、坚毅、虚心、细致地研究古典艺术，才能完成。

潘天寿确实是从更高更远更大之处来看待中国画的前途，而且无可挑剔，但毕竟有点儿冒险。

这一次，他对了。

不久，老国画家不许开课的问题解决了。在社会主义的美术学院里，应该让各种派别和风格都自由发展，准许开课。彩墨画系除了画人物，还要画山水、花鸟。除了社会主义现实主义，印象派、未来派、形式主义都可以开课讲授，学校要全面贯彻“百花齐放、百家争鸣”的“双百”方针和“古为今用，洋为中用”的“二为”方针。①

再度出任校长

1957年，潘天寿被任命为中央美院华东分院副院长。华东分院在1958年又改名为浙江美术学院，潘天寿出任院长。

潘天寿的可敬之处，不但在于自己不断的艺术创新，更在于他没有一个时期停止过对中国画发展的整体思考。不当院长时是如此，当了院长更是如此，这就是他与普通画家和教师的不同之处。

美术界曾一度受到“左”的干扰，只有写实的人物画才被认为可以为社会服务。学习苏联绘画，提高写实能力，本没有错，但对以西方素描技法来改造中国画，潘天寿持反对态度。他坚持中国画必须要有自己表现性的传统，要有笔情墨趣。他反对以擦明暗的素描来代替中国人物画，而主张白描。他公开对“素描是一切造型艺术的基础”提出质疑。在他和吴茀之、诸乐三等老先生的影

① 关于“印象派、未来派、形式主义都可以开课讲授”，见浙江美术学院档案记录。

响下，浙江中青年画家李震坚、周昌谷、方增先在人物画创作中，融入了更多的文人画笔墨情趣，又从西画中借取造型长处，立足点不离中国画基础，从而创造出一批人物画新作，面貌很新，毫无因袭摹古的习气。这就是后来被美术界以至美术史所称颂的“浙派人物画”。浙派人物画“融传统写意花鸟画技法于人物画中，笔墨酣畅，水分饱满，浓淡枯湿，一气呵成”。潘天寿最得意的学生周昌谷的一幅《两个羊羔》，在1955年得了新中国成立后的第一个国际金奖。

潘天寿担任副院长后，第一件事自然是抓国画教学。此时邓白担任系主任，几个月后邓白为创办工艺系而离开彩墨画系，吴茀之接任。

1957年11月7日，潘天寿召集彩墨画系全体教师开会。经过会议上全体举手通过，系名重新改称“中国画系”，简称国画系。

国画系一改彩墨画系民族文化虚无主义的倾向，重新恢复被取消的山水画、花鸟画教学，添设临摹课以提高对传统绘画的认识和技法上的锻炼，重新开设画论、诗词题跋、篆刻、书法等课程。针对山水教师、诗词教师、书法教师缺少的情形，系里决定尽快到外地物色调来，先由现有教师兼任。

以后，潘天寿又提议在中国画系招生时，改考素描为考国画写生，而且让学生从一年级起就摸毛笔。

“我来教一年级的书法。”潘天寿主动表态，“山水、花鸟，二、三、四年级的古诗作法和题跋课，我也可以兼一些。”

吴茀之、诸乐三都分别兼授了这些课程。吴茀之还讲授国画概论课，诸乐三则兼授书法篆刻、画论选读课。

这时，学校从外西湖迁到南山路，校园和校舍都扩大了。潘天寿也搬家到南山路景云村，住在美院的宿舍里，条件比以前好了许多，三个院长住一座小洋楼，也就是景云村一号。迅速安顿好后，潘天寿开始伏案写作。

他觉得被搞乱了的中国画教学要好好整顿，首先要让学生们真正了解传统。他要专门写论文谈谈传统绘画的风格。这是一篇数万字的专题论文，论证了他提出的一个重要观点：中西绘画要拉开距离。

他首先远远地讲来，这就构成了第一大部分：传统风格的形成。这个部分论述了与风格形成有关的五种关系，即地理气候的关系、风俗习惯的关系、历史传统的关系、民族性格的关系、工具材料的关系。

然后，他又从宏观的角度来把握艺术风格，这构成了第二大部分：艺术必须有独特的风格。他指出：

（一）世界的绘画可分东西两大统系，中国传统绘画是东方绘画统系的代表。

（二）统系与统系之间，可互相吸取所长，然不可漫无原则。

（三）小统系风格、个人风格与大统系民族风格的关系。

（四）独特风格的创成，是一件不简单的事。

这些都是他几十年以来研究绘画的真知灼见，条分缕析，观点非常鲜明。

最后一大部分则总结了中国传统绘画的风格特点，既有精辟的归纳，又有美学观点和具体技法。他讲到中国绘画以墨线表现画面形体，尽量利用空白，突出主体主点，颜色作强烈对比，且以墨色为主色，合于观众欣赏要求的明暗处理、透视处理，追求动的精神气势，以及题款、钤印以丰富而变化画面，等等。

讲完了这个专题以后，潘天寿又深入研究了中国画特有的题款，写了一篇数万字的论文。详实的史料，加上他多年的绘画实践体会，又造就了一部不可多得的经典。

潘天寿对中国传统绘画非常执着。他深深地体会到离开传统，中国画就难以在世界绘画界立足。但他不是抱残守缺的无用之辈，他的目标极其明确。他要发扬光大传统的优秀部分，从传统内部去寻找创新的道路。他不赞成借助西画来改造中国画，他觉得“改造”呀，“脱胎换骨”呀，实际上是否定中国画。

他一再告诫人们，传统有中有西，对于外来的传统，一定要“细心吸取，丰富营养，使学术之进步，更为快速，更为茁壮”。他是一位艺术家，最关心的是文艺，并对“细心”二字作了阐释。他说：“然以文艺言，由于技术方式、工具材料、地理气候、民族性格、生活习惯之各不相同，往往在某部分某方面，有所不融和者，应不予以吸收，以存各不相同之组织形式、风格习惯，合群众喜见乐闻之要求，不可囫囵吞枣，失于选择也。否则，求丰富营养，恐竟得反营养矣，至须注意。”

潘天寿对传统绘画的执拗，来自于他对传统的深刻理解。他正在把自己的理解传授给后人，尽管工作非常辛苦，但精神极为愉快。

一个冬天，他就这样完成了两个工程，中国画发展的“希望工程”。

接着，潘天寿冒着酷暑创作一幅大画。他和一些画家从新安江水电站工地体验生活回到杭州，便将自己关在家中的画室里，准备用两张八尺宣纸，画一幅山水画。

新安江水电站是中国第一座自己设计和自制设备的大型水电站，报纸、广播对它宣传不断，人们都为新安江水电站的建设自豪。一般画家表现新安江，往往描绘那种车水马龙修大坝的热闹场面，或者突出崇山峻岭的高压电杆，这是那个时代主题性创作的习惯做法。

潘天寿有他自己观察生活的角度，他按着“中西绘画要拉开距离”的观念来创作他体会最深的题材。

他对新安江一带的壮丽河山激动不已，决心要用自己的笔墨画出新安江铜官铁矿附近的河山景色。这在当时不能不说是大胆而冒险的选择，在普通人看来，这样的题材难以为现实政治服务。然而，潘天寿不乏超人的胆识，他根本没有考虑成败得失。他起了一个大早，从清晨起磨了两个多小时的墨，边磨墨边酝酿。

他不需要人帮助，虽然这一年他已经六十二岁。开始作画前，他在“止止室”里静静地坐着休息了片刻，“止止室”是他的画室。取名“止止室”，意在劝勉自己在名利面前止步。壁上挂着他的老师弘一法师的对联“戒是无上菩提本，佛为一切智慧灯”和经亨颐先生的对联“幽居少人事，太宇有天光”。他在红漆地板上铺一层旧报纸，然后小心地在上面把八尺宣纸的纸筒展开来。他脱了布鞋，仅仅穿着一双袜子踩上去挥毫泼墨。

他先在左下角，作一近坡，又趁势勾出一块拳头形状的巨大山岩，一张八尺宣纸已被这山岩占去了一大半。确实有点“一味霸悍”。“一味霸悍”是他一枚印章的文字，借此来提醒自己骨法用笔。

潘天寿穿上布鞋，拔上后跟鞋帮，退后几步看看画面。他从不习惯穿拖鞋，即使是在家里卧室内也一样。拖拖沓沓，会让他觉得人的精神不振作，所以他家里无论是大人小孩都不穿拖鞋。外面人不知道，曾有人送过他一双皮拖鞋，但他一次也没有穿过。

他又踩到宣纸上，在巨岩背后向右上侧画上横伸的一棵擎天巨松，此巨松之大若垂天之云，浓荫蔽日。右边一张八尺宣纸便这样落上了淋漓的泼墨。游龙般的粗干，虬枝卷曲不穷，焦墨松针层层叠加。巨松体积竟然比巨岩更为广阔，两者又相依相存，造成一种倾势。背景是对岸呈斜势的悬崖直接苍天，天空被挤压到右上小小的一角。

最下边，潘天寿画上去七八只白帆船，但只见白帆不见船身，以此反衬新安江崖高水深，同时也更显松石之巨。

这幅巨作一连画了个把月。

题款却由白帆引出一个与水电站无关，而与另一个当时的生产运动——“大炼钢铁”有关的飞运煤铁，并显示出深山藏富的主题。陪同参观新安江水电站工地的学生不理解潘先生为什么转移了主题。潘天寿谦虚地说：“我不会画人物，新建筑也画不好，只好用侧面来反映新安江伟大工程了。”当有人问，为什么不画大坝、电线杆？他想了想说：“这些东西中国画不好画，就让油画去表现吧！”

潘天寿依然坚持传统中国画的画材标准，并不轻易改变传统的观照方式。过了若干年，美术界才认识到那些适应政治题材、按放弃传统的“入画”标准而作的新中国画，往往是以牺牲传统中国画优美的意境、成熟的笔墨表现能力为代价的，它们的艺术性反远不如传统绘画。潘天寿早就有所预料，所以他仅仅在标题或题跋中加入略带政治含义的字句，不肯在画面上作出迁就迎合。

这幅成功的巨作，取名为《铁石帆运图》。如果不看标题和题跋，肯定会被认为是一幅不合时宜的作品。但它是一件永恒的艺术品，至今仍强烈地震撼着观赏者的心灵。

1958年，潘天寿被补选为全国人大代表。5月30日，苏联“第十一次全苏艺术家代表大会”作出决定，在世界范围内推选出七位艺术家为苏联艺术科学院名誉院士。中国潘天寿名列榜首，入选者还有罗马尼亚博巴、保加利亚巴甫洛夫、匈牙利施罗勃尔、德国纳盖尔、捷克巴科尔纳伊、芬兰阿尔托宁。

图 6-10　《铁石帆运图》

7月1日，苏联艺术科学院院长约干松签发了证书，并委派画家斯托列托夫前往杭州。授证仪式安排在孤山原国立艺专陈列馆举行。陈列馆布置了潘天寿三四十幅作品。

这一天，潘天寿没有让学院派车来接，他看天色可能要下雨，换上一双旧式元宝套鞋，穿一身蓝布制服，挟着一把棕色油纸伞出门。他在家门口的

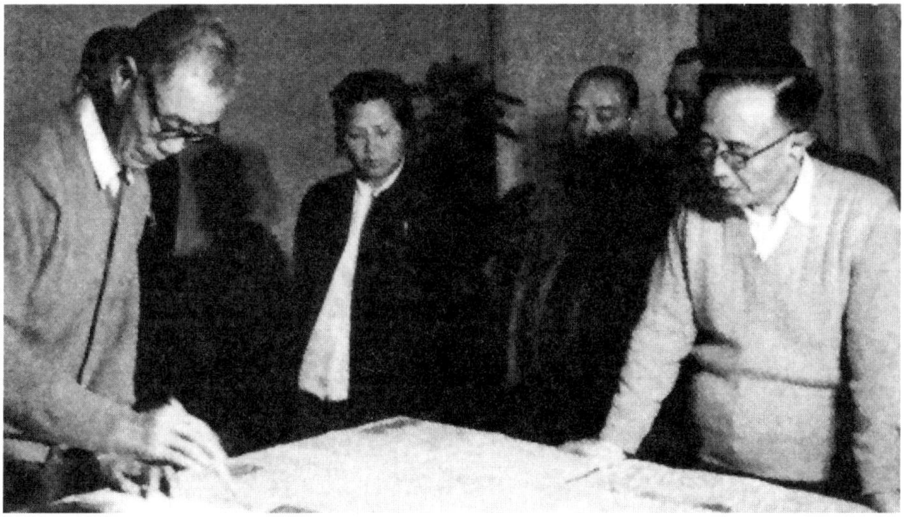

图 6-11　潘天寿与郭沫若书画交往

图6-12　授证仪式上潘天寿作答辞

8路公交车站挤不上车，便走了二十多分钟，在昭庆寺搭上7路车，赶到了陈列馆。

斯托列托夫见到潘天寿时，连连惊叹，他万万想不到中国的大艺术家竟是如此朴素。他在会前已经仔仔细细看过潘先生的画了，授证之时由衷地说：“杰出的画家，一定是有良心的人。见到潘院士，他确是一个善良的人。我们要善良的艺术，由善良的人来创作。潘院士的作品，是和平的象征，善和美的象征。”

潘天寿作答辞，无非是客气几句。他说：“这次苏联艺术院来为我举办展览，聘我为院士，非常荣幸，也非常感谢。在此向苏联领导致敬。”

1958年12月16日，“社会主义国家造型艺术展览会”在莫斯科中央大厅开幕，潘天寿的作品《露气》《小篷船》等展出，被称赞“有处女般纯洁的良心”“使人的精神向上”。1959年迎接苏共二十一大召开的美展，是由苏联艺术研究院主办的“我们同时代人”展览。潘天寿出现在展览上的作品共五幅：《鹫鹰》《朱荷》《露气》《小篷船》《江天新霁》。

在向苏联老大哥学习的日子里，潘天寿得到的殊荣是旁人艳羡的。人们纷纷向潘天寿祝贺，他却平静地说：“这件事对我来说自然是很大的鼓励，但这主要是我们中国美术界的荣誉。”潘天寿本来就是一个宠辱不惊的人，他照旧画他的画，教他的书。甚至连苏联邀请他前去访问，他也婉言谢绝。

这一年，他创作了二百多幅作品。在那个年头，尽管社会上因“大跃进”

图 6–13　《露气》

而出现了浮夸风，但潘天寿作画从不含糊，对中国画教学也抓得相当紧。

由于潘天寿的带动，老先生们的积极性都高涨了起来。

1959 年 1 月，潘天寿出席第二届全国人民代表大会。

人代会期间有一天休息，可以自由支配，潘天寿便约上高冠华、徐天许等几个在京工作的老学生一起去故宫参观古画。

故宫的绘画馆几乎是潘先生每次赴京的必到之处，这里的古代绘画收藏极丰，而且经常调换，所以每次去都能看到一些没有见过的作品。他们沉醉于这些绘画精品之中，尽情地饱吮传统文化的精华。潘先生看画很认真，话讲得不多。但只要有学生提问，他总是详详细细地讲解。谁好，好在哪里；谁差，又差在何处。高冠华、徐天许这些人都是国立艺专时的老学生，而且都已是执教多年的中国画教师，他们知道潘先生观赏这些作品时，在积极地进行思考，因此也不多提问。

绘画馆的作品是按年代先后陈列的。在明清绘画展厅，潘先生在一幅水墨画面前停住了。

八大山人的《松石》，笔墨不多，但与周围的作品迥然不同。“以虚求实，古无二得，落落疏疏，妙极难极！”潘先生自言自语，激动地搓着双手。他左看右看，近看远看，总是不肯离去。

学生们也围到了他的身边，一起欣赏八大山人朱耷的作品。

“八大的画，不光鸟是活的，花是活的，山与石头也是活的，一笔一墨无不生动之极。这不仅是一个技巧问题，也是艺术旨趣呀。”潘天寿赞叹道，“唉，吾辈真是难以为继。”

他这般恨声叹气、愧疚不如的样子，使站在旁边的高冠华为他不平了，因为他知道潘先生每次看八大的画几乎都是如此，所以他禁不住道：“潘先生您干吗要这样！有些地方，我看您已经超过他了。”

潘天寿立即摇头应声：“画不过他！画不过他！八大山人表现事物，深刻之极。”

他还是停留在八大山人的作品前面不走。过了一阵，又意味深长地说：“同样是画松树，格调境界就不一样。像任伯年、朱梦庐、吴昌硕、齐白石、八大都画松树，但八大的松树高，朱梦庐的低，这就是境界。原因是人的品质格调和修养不同。修养低就无法体会松树之高华挺拔。”他指着画说：“你们看，八大画松针很疏，老干枯枝，非常简练，其意趣高华挺拔。他的画不点搭不噜苏，谁人可比。好比诗歌，李太白是才华大气，李商隐就雕凿了。写诗画画都是一个道理。”

要不是开放时间有规定，他们还会逗留得更久。

在北京，有学生悄悄问潘先生：“有人说，潘先生和毛主席教育方针有抵触，有没有这回事？”

潘天寿陷入了沉思。

当时贯彻向工农开门的教育方针，出于某种片面理解，有些地方索性出台工农分子免考入学的政策。这种做法，许多老先生都认为不妥，但很少有人敢公开站出来说话。

潘天寿十分耿直，在座谈会上发言：“浙美学生质量差，是由于工农分子免考进来，片面强调政治。招了进来，出废品有什么用？”他又说：“学生取不好，就培养不好。即使工人阶级的子弟，如果没有培养前途，取进来有什么用？”

虽然他担任了副院长，但美院并没有按他的话去办，反而把他的话记录后作了上报。

他还对“教育与生产劳动相结合”有过言论，因为学院在“教育”与“生产劳动”二者关系上曾一度主次颠倒。学校里办起了许多小工厂，在陈列馆门前造了小高炉，搞起大炼钢铁，上课受到严重影响，他怎么能不说。“工厂就是工厂，学校就是学校，这是很可以理解的。工厂是生产，学校是读书，这是天经地义的……学校嘛，一忽儿劳动，一忽儿这样，一忽儿那样，那学校可以不办。大学学制，明明是五年，为了体现‘多、快、好、省’都说两年，最多三年可以了，连四年也没有人提。这样短的时间，怎么能维持大学的水平？”

学生的问话使潘天寿感到问题有些严重，但又不知道自己错在哪里，只不过讲了一些大实话罢了。

反正又不是为了当官，他吸取此前当校长的教训，不想重蹈覆辙。趁人在北京，干脆向文化部教育司提出辞呈，然而未获许可。教育司领导反而劝他说：“院中各项事情都有分工，没有多大的事情的，就这样干着吧。”潘天寿也弄不明白是怎么一回事。

回杭后，主持美院工作的党委书记兼副院长陈陇找潘天寿谈话，要潘天寿影响不好的话不要讲。潘天寿这才相信学生讲的并非传闻，他心中明白，陈书记所指的事情是什么。他没有多加解释。

“解放后，省里（省委）照顾我，我觉得应当尽我的责任讲话。不是总说‘知无不言，言无不尽’吗？但真正讲些心里话，又总怪我不顾到党的利益，到底该讲还是不该讲呢？”潘天寿感到无法把握，他不是共产党员，不懂党的规矩，但他觉得自己是非常安分的，尽力在把工作搞好。他想了又想，觉得自己动机虽好，但因旧根源太多，还是辞职为好。

他在学院走廊的布告栏里贴出了一张希望退休的小字报，顿时引起了多方面的关注。

3月22日，他又写了一张小字报想解释一下。他说自己身体不好，行政及教学工作责任极重，力不从心，虚占名额，至感不安，而且表示要求退休，并非消极情绪，今后仍将努力创作国画，撰写有关国画研究的论文，等等。

他的小字报贴出后不久，文化部指示党委书记陈陇来向他作解释，表示并没有要批判他的意思，希望他继续发挥作用。于是，潘天寿非但退休不成，1959年12月5日，还被文化部任命为浙江美术学院院长，他再三推辞也没有用。

新中国成立前，他当了三年校长，自己的许多教学想法来不及完全实施。

图 6-14　《初晴》

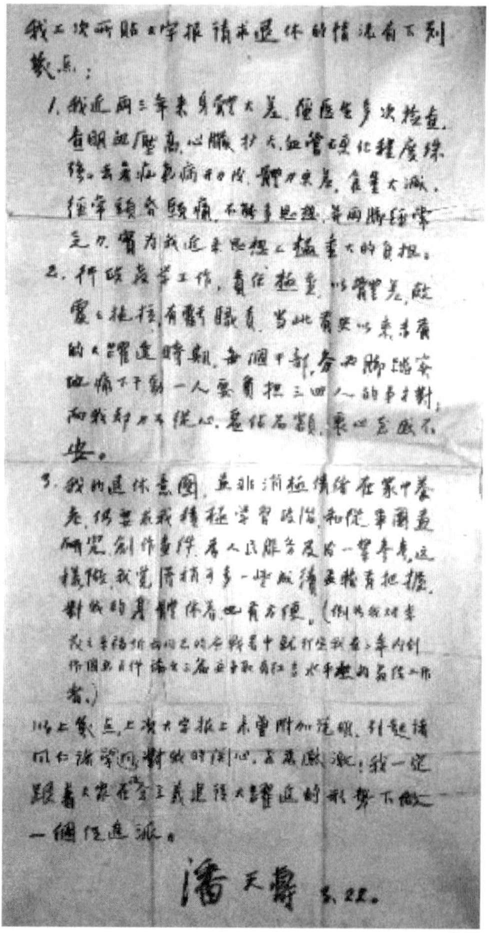

我上次所贴小字报请求退休的情况有下列几点：

1. 我近两三年来身体大差，经医生多次检查，查明血压高，心脏扩大，血管硬化程度殊深。去年在病院开刀后，体力更差，食量大减，经常头昏头痛，不能多思想，并两脚经常乏力，实为我近来思想上极重大的负担。

2. 行政教学工作，责任极重，以体差，故实在担任有亏职责。当此需要以更高的大跃进时期，每个干部，[illegible]一人要负担三四人的事才对，而我却力不从心，忝任名额，衷心至感不安。

3. 我的退休意图，并非消极情绪在家中养老，仍要求我积极学习政治和从事国画研究创作工作，为人民服务[illegible]这样做，我觉得精力可多一些，成绩更能有把握，对我的身体保养也有方便。（[illegible]）

以上数点，上次大字报上未曾附加说明，引起诸同仁诸学同对我的关心，至为感激！我一定跟着大家在社会主义建设大跃进的形势下做一个促进派。

潘天寿 [illegible]

图 6-15　潘天寿要求辞职的小字报

一个“倒潘”运动把整个学校闹得沸沸扬扬，所以他对行政职务已完全厌倦。在左右为难的状况下，他只好与上面谈妥，学校行政工作他一概不管，仅仅挂个名。他最怕老是坐着开会，把时间给占了。他希望将时间用在教学和创作研究上，认为这才是办好学校的关键。

前些年当副院长时，在中国画系的改革，他准备再深入巩固起来。

他的画室比较大，兼作书房。好几个书柜，放满了各种文史书籍。《南画大成》、二十本一套的《美术丛书》、二十四本一套的《金石索》、二十七卷本的《书道全集》都是他经常翻阅的书籍。他与普通的画家不同，兼具美术教育家的身份，而且喜欢研究美术史论，所以十分注重积累美术史方面的资料。

他对自己二十世纪二三十年代写的《中国绘画史》十分不满意，总想抽时间重写一本，但排不出更多的时间，只得暂时拖着。

他现在有更重要的事情要思考。自己画出一些创新之作固然很重要，重写一本绘画史的贡献也不小，但相比之下，搞好中国画教学无疑更为重要。

中国画教学就是中国画的未来，他意识到自己这一代人年纪都不小了，要有精干的接班人才好。

当时，中国画系的一些青年教师，李震坚、周昌谷、方增先、顾生岳、宋忠元等多数是人物画教师，青年教师中依然存在以人物画为主的思想。潘天寿认为必须确定中国画系的重点在山水、花鸟，一定要在教师中统一认识。系里可以成立山水、花鸟工作室，带出一些高年级的学生来。

他为建立一支高水平的教师队伍费尽心思。他从上海请来了陆抑非。陆抑非当时已饮誉上海，画价颇高，画风绚丽、典雅、灵秀，与唐云、张大壮、江寒汀并称上海花鸟画坛四才子。调动陆抑非几经周折，颇为不易。所以当陆抑非出现在潘天寿面前时，潘天寿第一句话出口，便是："望眼欲穿，陆先生总算请到了。"

他与吴茀之一起发现杭州大学的古文教授陆维钊先生题跋功底好，书法与画都不错，便通过省政协与杭大协商，也很快成功将陆维钊调到了美院。

潘天寿急切地要挑选一些热爱花鸟、山水画的青年教师进行培养。美院党委组织了一些青年教师向老教授拜师学艺。这是一件好事，但个别人选欠妥，老先生们不是很满意，潘天寿也有点牢骚。老先生们想自己寻找合适的徒弟，希望招收专业基础好一些的。然而党委把政治条件放在第一位，没有与老先生们预先商量。

图6-16　潘天寿、吴茀之、谢海燕合影

潘天寿尽管有些生气，但在行动上尽量与党委保持一致，还是全身心地“传带”了起来。青年教师文化修养不够，潘天寿与别的老先生们有一段时间每周抽几个晚上为他们讲授画论、画史、古典文学和书法课程，尽快提高他们的文化水平，甚至修改他们写的论文，逐个纠正错别字、改通句子。

若干年后，美术史论界有人为潘天寿深感遗憾，他的学生中未有人能真正继承潘天寿而成为一代大师。要是在他晚年由他自己挑选徒弟，情况可能有所不同。尽管担任院长，但他始终没有获得过这种权力，这确是遗憾的现实。

在选择老师方面，党委还比较尊重潘天寿的意见。当时上海画家陆俨少被打成右派后，不得重用，不能画画，只能管理资料。潘天寿派浙江美院毕业生姚耕云去上海画院向陆俨少学画，姚耕云学了一年山水，临行陆俨少送了他一部自己画的杜诗册页。那天，姚耕云捧着这本册页到景云村一号请潘天寿先生题字。潘天寿一翻这本册页便停住了。

“果然出色，出色，画得好。你看这长跋，这书法，难得难得。”潘天寿赞不绝口，就在这一刻他已决定把陆俨少请来主持山水画教学。

他们请陆俨少带作品来浙江美院展出。陆俨少风尘仆仆赶来，他已年近六十，留着一头披发，很有个人特点。

他带来的画挂在陈列室。潘天寿、吴茀之去看了，两人面面相觑，竟然不敢相信自己的眼睛。这是哪门子中国画？要是学生照他的样子去画，还有什么传统？

潘天寿不客气地对陆俨少说：“陆先生，你这是西洋画，不是中国画。”

陆俨少盯着这两个高高瘦瘦的老头儿看了好一会儿，他知道这次带来的都是新风气的画，看来不对路。他的脸红了。

陆俨少羞惭地返回上海。三个月后，带着一百张杜甫诗意图，再次来杭做了展览。

后一次展览的确让人看得过瘾。潘天寿看后兴奋地对中国画系的师生说：“真好！过去我介绍黄宾虹先生给你们，现在介绍陆俨少先生给你们，他们的画都很了不起。”

有人背后说潘天寿以前捧黄宾虹，现在捧陆俨少。风声传到潘天寿耳朵里，他笑笑说："画画是真才实学，哪里是我潘天寿一个人捧得起的。"二三十年后，黄宾虹真的被史论界公认为近现代中国山水画大师。然而，潘天寿欣赏他们的时候，他们的地位还都不是很高，尤其是陆俨少。

陆俨少随后担任浙江美院山水画教授，右派摘帽子不久的他突然红了起来。上海方面有点后悔了，迟迟不肯放人。有几年时间里，陆先生只得一个学期两个月在杭州，四个月在上海。潘先生作主，给陆先生付六个月工资，直到陆俨少最后调进浙江美院。

20世纪60年代初，整个政治气候比较宽松。潘天寿在条件允许的范围内尽最大努力充实和发展中国画教学。

1960年10月，潘天寿先后七次参加国画讲师团的会议。在他的建议下，中国画系成立讲师团，在全院范围内给师生们传授中国画知识。潘天寿对大家说："这个讲师团，应该有三个方面任务：国画理论、国画技法和现场教学。在讲技法时就要表演，结合现场教学。"他又规定听课对象包括油画训练班、教师进修室和各系四五年级的所有学生。潘天寿带头任教。在这个讲师团里，吴茀之、诸乐三、陆维钊、邓白、陆抑非、顾坤伯、黄羲、史岩、刘苇、王伯敏等都讲过课。自此，浙江美院毕业的学生，不论是油画系还是版画系、雕塑系，多多少少都有中国画的知识，甚至能画出一手像样的中国画。

此外，中国画系学生的文学课一学期从三百节增至三百六十九节。临本不够，除了购置故宫藏画二百种的印刷品，又请许多老先生画范本。不论青年教师或老年教师，每学期都分别规定了创作中国画的数量，定期举行画展。

潘天寿按照自己的教学思想克服种种外人的不理解和操作上的困难，认认真真地干起来，一个出色的老先生群体在中国画系形成了强有力的核心。全中国没有一个美院的中国画系有如此强的实力，从中央到地方，美术界都关注着这里的中国画改革方案和中国画教学体系的完善。

人、山、花分科教学

1961年4月，潘天寿赴京出席全国文科教材会议。就在这个会议上，他郑重提出了“中国画系人物、山水、花鸟三科应该分科学习”的意见。

当时全国所有的美术院校都实行综合教学，而且一律以人物画为主。人们都相信人物画最能直接反映工农兵的生活，最能为政治服务，而山水花鸟不过是刚刚摘掉“封资修”帽子的文化，怎么能与人物画平分秋色呢？这在大多数人看来都是一个不适当而且没有必要的提议。

然而，三年前潘天寿就已经在浙江美院中国画系提出过三科分设的建议，并且出过教学方案，聘请配备了专业教师，实施了分科教学试点，又分别设立了山水工作室和花鸟工作室。

起初许多人不赞成，认为山水画一般是作为人物画的补景，已经有了它存在的位置，足够了，用不着独立成科。也有人提出，即使独立成科，单独的山水、花鸟对于社会现实的反映，是存在缺陷的。至于如何“出新”，众人更觉得难办。

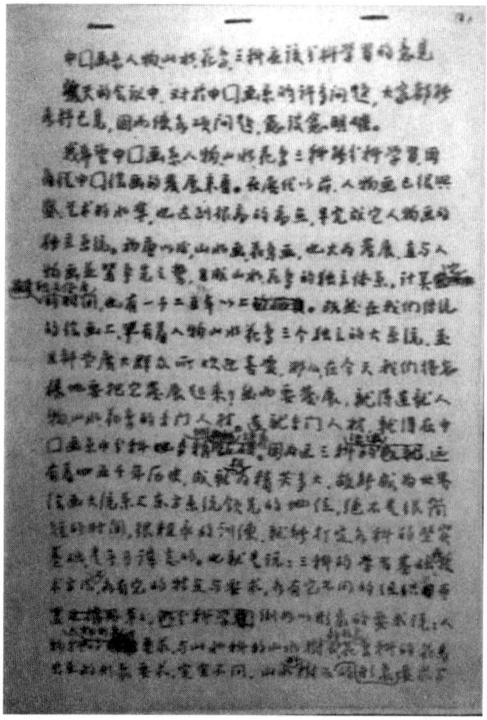
中国画系人物山水花鸟三科应该分科学习的意见

图6-17 《中国画系人物、山水、花鸟三科应该分科学习的意见》手稿

从传统来看，中国画早形成了人物、山水、花鸟三个独立的大系统，三者也都受到广大人民群众的喜爱。这三科的基础训练，各有不同的特点和要求，从培养专精人才考虑，确实有分科教学的必要。潘天寿的意思很明确，山水、花鸟两科不能作为人物的附庸，不能取消。百花齐放不能一花独放，一专多能亦非无所不能。

讨论难以达成一致，但会议还是作出一个决定，在浙江美院和中央美院开展中国画人、山、花分科教学的试点。潘天寿的建议终于被采纳了。

尽管如此，分科教学在全国一直未能全面推广，有些美院始终未实行过，但至少在部分美院的国画系实行了。中国画人、山、花的分科教学，表面上看仅仅是一个合与分的问题，其实却是一个继续推行以人物为主的“左”倾教学方针，还是切切实实贯彻“百花齐放”方针的问题。潘天寿的提议看起来只是一个教学措施，外行人会以为无关宏旨。但在圈子里的人，在画家们看来，这是个大问题。山水和花鸟画种就此而保住了，不但得到了社会的承认，也得到了发展的保障。分科以后，三科都确实培养出一批又一批的专精人才。从宏观而言，民族绘画久旱遇甘霖，终于枯木逢春，后继有人。后来的事实证明，分科主张极为英明，美术理论中民族虚无主义的倾向较彻底地得到了扭转……

潘天寿又回到了杭州的校园。浙江美院的师生每天能看到自己的院长，心里感到十分踏实。潘院长不但是学院的头脑，也是全国美术界举足轻重的大画家和大教育家。大家乐意与这位受尊敬的院长打招呼，而潘天寿也总是一副笑脸。他总是与每一个相遇的人微微颔首，他常常边走边思考问题，有时候向对方点头致意后，被问及见到某人没有，却记不起来。如同医师穿白大褂一般，他常年穿一身蓝布工作服，往往离开画室也不更换。

那几年，他出差多了起来，几乎每年都得跑好几次北京。又是全国人民代表大会，又是中国文代会，还有中国美协的会议。1960年，中国美协改选，上级领导拟将他调到北京，担任中国美协主席。但浙江省不肯放，他也不喜欢北京的气候。于是就推出何香凝当主席，他为副主席，另外还有蔡若虹、刘开渠、叶浅予、吴作人、傅抱石几位也当选为副主席。美协在浙江省成立分会，他担任主席。

社会兼职太多，画画的时间少了，他常常暗自叹息。每当套上蓝布工作服，他就不愿脱下来，觉得穿着这身工作服，自己就变得很自由，可以畅游于艺术之中，专一地思考与艺术有关的事。

当时绘画界歌颂“三面红旗”的作品不断，但他觉得有点贴标签的倾向，艺术应该是含蓄地表露才妙呀！潘天寿熟谙中国画的表现方式，他反对自然主义那般看到什么就表现什么。他认为要抓住当时生活中的主流思想来表现，即使是花鸟画也承载着思想，但应含而不露。他在给学生演讲时说：“过去作牡丹，既艳且丽，象征富贵。牡丹和猫蝶同画，以猫蝶谐音耄耋，叫做‘耄耋富

图6-18 潘天寿在给花鸟专业的学生讲课（新华社摄于1963年）

贵’，即长命富贵。牡丹与玉兰合画，谓之‘玉堂富贵’；牡丹与水仙合画，谓之‘富贵神仙’；牡丹和菖蒲，谓之‘贵寿无极’。这是过去的思想，我们现在以牡丹的粗枝大叶、大红大绿的美丽花朵，完全可以象征繁荣美丽的景象，新社会欣欣向荣无限光辉。”

山水画也一样，倪云林的山水荒疏冷落，是他逃避现实、追求隐逸生活的内心表达。如今社会不同了，我们眼中的山水则是另外一番情景。潘天寿在西湖苏堤望雨后北山诸峰，只见烟云弥漫中，山峰似铸铁般坚实，印象极深。于是决定用创作来表示自己的观点。

他没有使用隔夜宿墨的习惯，每次画毕，总亲自将砚台洗得干干净净。画前，磨出新墨，他觉得这样的墨色可以使画面更为醒目。通常潘天寿较多地用线条勾勒峰峦的轮廓，即使是阴阳凹凸也用一波三折的线条来表现。这次，他却用了成片的焦墨，群山看上去竟似铸铁一般。同样是使用米氏落茄法，米芾所作的“米家山水”写江南雨景，温润之极，而潘天寿却以苍而润的硬笔出之，情意与气势更为非凡。焦墨能“干裂秋风，润含春雨”，确实不

图6-19 《雨后千山铁铸成》

容易。

此图为潘天寿胸中早已有之，构图分上下两截。他举起山马笔在画幅中段空白处用他特有的篆隶题了七个大字“雨后千山铁铸成”，字体与铁石之山十分谐调，颇具金石之气。接着，又用行书小字落了参参差差一行款，上下两截顿时借题款得以相连，浑然一体。

这幅画，在1962年北京画展后被中国美术馆收藏，在全国美展中被视为不可多得的创新之作。

第七章 艺术全盛

个人画展引起轰动

1958年前后，潘天寿迎来创作的高峰期。但他身兼数职，找他的人多，苦于时间不够。于是夫人何愔想办法为他挡驾，有人找，就说他不在家。但试过一两次就放弃了，因为潘天寿觉得说谎不好。

找上门的人多，天气热也影响画画。有人推荐，宾馆条件好，场地大，又有空调，时间利用效率比较高。1962年夏天，大华饭店邀请他去，于是他住进了饭店。

宾馆饭店也有自己的考虑，他们要求画家留下他们所需要的，用于装饰布置的作品。

潘天寿要应酬的远远不止是宾馆。党委书记来看他了，临走时留下了一串名单，从中央到省委，谁都想有一幅潘天寿的画作收藏。虽然这些画送人是全无报酬的，但他仍然乐意画。当代画家给他们送画，是为人民服务的表现，当时大家都这样看。

潘天寿把向他求画的名单，记在一个小本子上，不管职务高低，按时间先后送画，先登记的先画，按次序在画上题好名字。[①]往往一个星期送一叠应酬画

---

① 记录送画名单的小本子在“文化大革命”期间被抄走，至今未见下落。

图7-1 潘天寿在宾馆作大画

出去。原浙江省美协秘书长朱琦曾回忆道："通过我的手向他求画，他总是给的，前后给了有好几百张。"至于通过美院党委书记去求画的，就更多了。许多求画者，潘天寿根本不认识。裱画师傅讨画他也给，而且往往给过不止一次两次。①

师生知道潘先生躲到宾馆去画画了，就不去打扰，何愔也不带孩子去宾馆。只有外地来的老学生打听到潘先生的去处，才赶到宾馆看望。

铺在地上作大画，一忽儿站起来观望全局，有时需站到桌子上，甚至爬上小梯子，一忽儿又得蹲在地上画。即使有空调，汗水仍然很多，顺着面颊落在了宣纸上，他也顾不得擦，喘着粗气，聚精会神地又是出线，又是涂抹。潘天寿仿佛大将军在指挥一场鏖战，哪里需要伏兵，哪里又得出击，占领空白，留出回旋余地，处处得留意，一点儿也不敢马虎。

有人轻手轻脚从他背后进来，看他这边添几条，那边勾几笔，不敢打断他的工作。他也没有注意周围，只顾埋头作画。

平时有客人来，他会停下来交谈。一则他不喜欢有人看着自己作画，容易分心，二则边画边谈也不很礼貌。但这个夏天他可顾不了那么多了，开学前他要把最后的几幅赶出来，留出些裱画的日子。北京新落成的中国美术馆9月底已安排举行"潘天寿国画展"，他不能失约。

暑假前，他刚完成一幅大横卷，用的是丈二匹的宣纸，题名《雨霁》。雨后天晴的雁荡，溪流、巨石、古松、苔草，清新而强悍有力。画面一反传统文人

① 杭州已故裱画师傅陈雁宾，外号"小扬州"，潘天寿的许多画是他裱的，他也向潘先生讨去过好多画。"小扬州"好饮酒，常常将潘先生的画拿去换酒喝。潘天寿知道也不生气，只是一次次给他画画，又劝他酒要少喝。

图7-2 《雨霁》

画的纤弱画风，称得上是大王雄风。

美术学院的老师都觉得此画是对大自然美的赞扬，是力的颂歌。尽管先前潘天寿为缅甸驻华大使馆作过一幅《雨霁》，但新作的《雨霁》场面更为开阔，构图也有不同。

那峥嵘突兀的巨岩山势和奇崛苍翠的老松皆呈统一的斜势，一支变化丰富的水流也自右上向左下横贯画面，大有“黄河之水天上来，奔腾到海不复回”之势。

潘天寿想利用住宾馆的时间，多画几幅大画。这一天，他又在地面上铺了一层旧报纸，然后小心地覆了一张丈二匹宣纸。他觉得雁荡山的题材还没有画够，以前画的都没有留下来自己保存。他那幅《记写雁荡山花》在1957年美协浙江省分会举行的国画展览会上展出之后，即被杭州饭店订购去了。

毕竟是已经画过的题材，他不假思索地在大画面上勾出了一块“潘公石”。他用强劲有力的笔线勾勒出的近似于方形的巨石，他画石头不像一般人那样皴擦，只上些淡淡的赭石色。黄宾虹曾称赞过潘天寿的画“力能扛鼎”，他如今画雁荡花石亦正是用的如此笔力。

他在大石旁留出了几块大小形状不同的空白，然后分别用双勾和没骨法画上生机勃勃、挺拔向上的山花山草。平时作画，他用色较少，这幅《雁荡花石》色彩用得较多。颜色种类增多，而每种色彩却保持了一种单纯，不求多变。这是他大画作得多了得出的经验，这样各种素材能服从于画面的整体要求。用色

图 7–3　《雁荡花石》

虽艳，但艳而不俗，即使是红叶和红花也都十分厚重。他追求的是古厚，画上不能有烟火气。此画他又一连画了不少天。巨石背上还有两只探头探脑的青蛙，它们似乎也来欣赏烂漫山花。二蛙客观上成了点缀之物，动物与背景闲静之物产生了对比效应，主体与主点十分注目。

尽管非常疲劳，但他觉得不能停歇。一年来，手头上已经积下了八十多幅作品，《秋夜》《松鹰》《写西湖中所见》《秋酣南国雁初飞》《黄山松》《碧桃花》《欲雪》都是尺幅不小的大中堂。这些大画因为幅面大，不容易把握，少不了要画坏，有时只好把画坏的部分裁掉重画，此中甘苦自然只有他自己最知道。他觉得丈二匹的巨帧还不够多，就把刚刚想到的另一个题材安排着画一直幅丈二巨帧。

他想到的是雷婆头峰，想到的是冠庄周围的崖石和八哥鸟。他已经过了六十五岁，人老总归有些老年人的心理，他也像普通老年人那样回忆、咀嚼旧时的生活，重温少年的岁月。他以老年人重新焕发的童心去看待世界和人生，他作下《记写少年时故乡山村中所见》，直言自己的这种心态。少年时常见的山村景象，那时只觉得很普通，如今多年客居在外，回想起来倍觉亲切。

这是更大的竖着的矩形巨崖，充满了几乎整个画面，顶天立地，咄咄逼人。然而又十分空灵，石面上连赭石颜色都不曾皴擦，仅仅是以“屋漏痕”“折钗股”的书法线条勾出山崖轮廓线。石崖上空白留得甚多，但又有芭蕉、野藤、竹笋、山草、苔点，加上蛛网穿插其间，丰富充实又有特殊的形式美感。芭蕉砍去隔年的旧枝，又在芯中抽出新芽；八只八哥鸟安详地栖息岩上，排列得有变化又统一。

“大概够了吧？”他凑到了九十一幅作品，对省美协秘书长说。

“这样的大画，其实用不着这么多数量，只怕美术馆几个大厅还容纳不下呢！”秘书长说。

9月中旬，“潘天寿国画展”在杭州预展，反响很好。之后，九十一件作品运到北京，从9月30日至10月21日在中国美术馆展出，引起了轰动。

潘天寿没有离开杭州，他的画是美协浙江分会派人带去布展的。展览期间，全国美协在京召开了座谈会。座谈会上谈得最多的是怎样评价潘天寿的绘画成就。《光明日报》的报道这样记载：

> 许多画家在发言中认为，潘天寿的国画有着高度的概括力、大胆的创造性、磅礴的气势和鲜明的时代精神。曾经一连四天参观展览会的花鸟画家王铸九说：“我从心里佩服潘天寿的画，他有出人头地之处。有人把他与吴昌硕、齐白石比，我看，吴、齐不是写意画的顶峰，从笔头豪放处、大放处看，潘先生是有过之无不及……‘画坛师首，艺苑班头’八个字，我看潘先生足以当得。”
>
> 中央美术学院中国画系教授、著名花鸟画家李苦禅，在会上回忆起他和潘天寿在杭州一起教国画时潘的创新精神，他说：“潘老一向有‘搜尽奇峰打草稿，一扫古今为快’的雄心，他是以画山水的章法，来画花鸟，有一股‘狠劲’，所以他的画气魄大，有‘黄河之水天上来’的气势。我认为他的画是‘一扫古人’，真可以‘发聩振聋’。”
>
> 座谈会上，很多美术家对于六十五高龄的老画家潘天寿的勤奋创作，老而弥笃的精神，表示钦佩……美术家张安治风趣地说：“过去潘先生题款自称‘懒寿’，现在他这样勤奋，创作欲这样旺盛，近一二年画出这么多巨幅，他完全把‘懒’字丢掉了。”老版画家邹雅、艺术鉴赏家唐兰等人觉得，潘天寿不仅丢掉了“懒”字，还忘记了“老”字，他的画越老越新，解放前那种枯瘁、悲凉的情绪，被今天作品中生气勃勃、欣欣向荣的精神

所代替，这种画风反映了我们国家蓬勃发展的面貌，表现了我国人民斗志昂扬的气概。

对于山水画与花鸟画的结合，有的画家认为应该有一个界线，不能混淆。而花鸟画家郭味蕖、王铸九等认为："潘天寿努力把山水画和花鸟画结合的道路是正确的，但走起来又是很难的，这需要长期的探索。老画家潘天寿的大胆创新精神是值得鼓励和欢迎的。"[①]

图7–4　潘天寿与何香凝、傅抱石合作中国画的情景

《文汇报》《北京日报》《北京晚报》《大公报》《浙江日报》《杭州日报》等都发了文章。吴茀之在《美术》发文介绍潘天寿艺术；《光明日报》发表了一整版潘天寿的画，又发表了邓白的介绍文章。隔了几天，王靖宪分析潘天寿中国画构思特色，吴茀之关于潘天寿绘画"造险""破险"等文章接二连三地刊出。在此期间，艾中信等也在《文汇报》上发文推崇潘天寿绘画风格的独创性。还有邓白、潘絜兹、倪贻德、娄师白、张安治等也发了文章。一时间，潘天寿的画名风靡全国。这年的秋天，还有"黄宾虹画展"在杭州举行，"林风眠画展"在上海美术馆举行，但人们谈论最多的还是潘天寿的画展。

老学生们纷纷来函祝贺，潘天寿则说："没有好作品以飨观众，深为惭歉。"他在一封回信中写道："此次在沪个展，是应中央美协之约，以时间匆促，多由旧作拼凑，甚少满意者，希你们便中多留意观众缺点之批评，使有所改进

① 见《光明日报》1962年10月17日。

至盼。”[①]

美院的在校生总忍不住要到景云村来访问自己的院长，潘天寿只要排得出时间也总是乐意与他们交谈。

一天下午，又来了几位毕业班的同学，谁知道交谈不久，有两位新华社记者前来采访。

潘天寿对记者说：“下午我有事，是不是请你们明日再来。”

记者有礼貌地答应次日再来采访。此时，几位学生也赶紧起身告辞，他们听说有事也不敢耽搁院长的工作。

“潘院长下午有事，我们以后再来。”

“误会误会，我今朝下午的事就是和你们谈谈呀！”潘天寿爽朗地笑了起来，他把与学生交谈看得很重要。

这天，潘天寿有问必答，内容涉及画史、画论，态度极其恳切。

有学生问潘先生：“八大山人是中国画史上一座难以逾越的高峰，多少有才之士学他，都为其所掩，可潘老您的画，大家觉得超越了八大山人，您是怎么学的呢？”

“八大的画确实很高，要学好他是很困难的，要超过更是难之又难。”潘天寿边想边说，“我对八大山人的画一直非常喜欢，他的画我一直注意看，但顺着他的路子去画，总觉得超不过他。后来才想到要反其道而行之，这样便离开八大而有自己的风格了。”

潘天寿平时不强调自己，很少谈自己的画。这天他为了回答学生的提问，望了一下墙上的画，说：“我首先想到的是，我们所处的时代不一样，没有八大那种国破家亡的悲愤凄苦之情，应该积极向上，在画中表现生生不息的活力。因此我想从加强画的气势和骨力两方面去着手，以表现出我们中华民族宏远壮观的伟大气魄。”

“潘先生您有两方印章，‘一味霸悍’和‘强其骨’一定与此有关吧！”

---

① 温八眉：《潘天寿老师对我的教育——诗记》，载潘天寿纪念馆、卢炘选编《潘天寿研究》，浙江美术学院出版社1989年版，第106页。

“是的，我常用这两方印章来提醒自己。这样可以与八大的圆柔隽润的笔墨不同，树立自己气雄势壮的特色。”

“潘先生的画十分含蓄凝练，大家以前都不理解为什么要‘一味霸悍’，原来这是追求大气磅礴的用语。那么，另一方印章‘不雕’是追求天然自成吧！”

潘天寿想了一想，答道：“‘不雕’，不过是自嘲罢了，朽木不可雕也。”

聪明的学生意会到，这是一种难以言传的情感流露，先生的艺术追求与时代要求之间有着某种距离，“不雕”一章透露出由此而引起的无奈之情。潘天寿作过两句诗：“不雕全朽质，借懒得天真。”他不愿为了迎合世俗而改变自己的独立人格，“不雕”正是就做人的态度而言。“不雕”二字也点出了他的一种审美观，“天然去雕饰”。

就这样，潘院长与学生共同度过了一个愉快的下午。

平时，学生提出各种各样有关中国画的问题，潘天寿也总是用非常简洁准确的语言给予回答，他毫不保留，一心一意想把自己的学问传授于人。

在系里检查教学，他是非常严格的。学生的作业展览布置在走廊上，他一张一张看过去，看得很认真，提出严格的批评。这张俗不可耐，那张用色太低劣了，另一张根本不是中国画了。线条怎么可以这样直直的一条？树是这个样子的吗？

就是在如此直率的教学风格下，中国画系培养出一批又一批中国画的行家，师生们服膺这位老校长。当初挨训时虽然不舒服，但大家都知道潘先生的眼光锐利之极，能得到他的指点是幸运的。

潘天寿对系里的教师也不例外。他要某位老先生从吴昌硕的圈子里（画风）跳出来，又要另一些教师摆脱俗气。虽然与众人是朋友，在学术上他从不含糊。

个人画展在北京、上海举办以后，南京、武汉、广州、南宁、西安等地都来邀请他。后来只去了南京和广州办展，因为那里熟人多，不去不好意思。潘天寿本人只到过广州。此时，香港方面闻讯亦来邀请，而且按香港惯例开画展要出售部分展品。

画在北京展出时，仅有一幅被陈叔通老先生要去。后来多次展出，均标明非卖品，所以画没有再减少。香港方面通过相关部门协商，让潘老一定要出售

图7-5　潘天寿、何愔及小儿子潘公凯

一些作品。无奈中潘老选出三十余件，分别标明甲乙丙，价格则让香港方面去定。展览结束展品寄回时，浙江美协大呼上当。因为所选定的可出售画件三十余幅，均留在香港了，隔了近一年才汇来画款一千二百多元。好在潘天寿并不计较金钱，反而觉得自己是拿工资的，在学校已是最高薪水，生活也过得去，便想把这笔钱捐给公家。美协的同志让他先存在银行里。潘天寿说自己的画将来也是要捐给博物馆或者学校的。

十五年后，潘天寿的家属遵照他的遗愿，把他一生留存的书画作品全部捐献给了文化部。文化部发给家属的几十万元奖金，家属又捐出来设立了潘天寿基金，用于奖掖优秀人才和开展学术活动。

1964年国庆前夕，潘天寿完成了平生最大的一幅作品《光华旦旦》，尺幅为265厘米×685厘米，长松流水、巨石群鹰布满了整个画面，古雅而辉煌。他把笔在砚台上掭了又掭，虔诚地题上一首最古老的国歌《卿云歌》。相传此为虞舜所作，含有吉庆之意：卿云烂兮，纠缦缦兮，日月光华，旦复旦兮。

这幅作品是对新中国成立十五周年的贺礼。五年前的十周年国庆他曾以毛

图7-6　《光华旦旦》

主席《沁园春·雪》的名句“江山如此多娇”作过一幅画。这些画都是美协布置的题材，潘天寿接受以后便尽心尽力完成。

画论画史研究

潘天寿研究画论画史与他从事绘画创作一样，带着强烈的使命感。他的目的是从丰富的历史艺术遗产中，从汗牛充栋的史籍和绘画珍藏中，以他画家、教育家的身份，客观地寻找发展规律，辨析各个时代各个流派的特点和得失，从而探索艺术对人生的意义，以期在传统的基础上，开拓出一条艺术发展的新路。潘天寿对自己先前所编的《中国绘画史》表示不满意，他在给一位学生的信中这样写道：“我对于画史、画论，向来也加以注意，但由于老学的根底差，总搞不出什么成绩。尤其是中国画史的各家作风派别，因为古画看得少，各家各派的技术方法，未曾好好加以摸索，对于古名家的成就、缺点，以及高低上下，往往如入汪洋大海，无从分析。只凭个人爱好或抄袭前人的成就，随便地写去，可以说自己没有真知灼见。当初我写第一本画史时，全参考日人中村不折所写的关于中国绘画史的书为底本的，主要是在学习中国画史。那时年青，所谓‘初生之犊不畏虎’，现在想起来，觉得太可笑了！解放后虽也感到过去的写得太不好，但也无勇气再写了。的确，《中国绘画史》现在能看到的，没有一本可以满意的……”①

潘天寿说的是实话，更是一种谦逊的说法。其实他编写的《中国绘画史》于1926年由上海商务印书馆初版，1936年修订再版，1983年上海人民美术出版社又根据1936年修订本再版，1988年中国书店出版社根据上海商务印书馆初版本出版影印本，无疑拥有众多的读者。当今的史论家如此品评：

潘天寿著绘画史比较多的是从绘画创作角度对史实作直觉的分析判断，而不在考证上花太多精力。有时是借题发挥，赋旧典以新意，但颇具启发

① 见《宁海文艺》1979年第4期。

性，如在第三章春秋战国及秦之绘画中，提到《庄子》和刘向《新序》中“叶公好龙”的寓言，作者引申说：“盖谓叶公所好之龙，乃神似之龙，而非真是之龙也，此语实为东方绘画之准则。”对《庄子》所提到的宋元君解衣般礴的故事，潘天寿认为从故事所推重的真情至性的表现，“实得图画之真解，非当时学术思想自由焕发之影响，固不足以至此。”这些发挥，也反映着潘天寿一贯的艺术主张。

潘天寿不曾直接参与二三十年代关于中国画的论争，但在《中国绘画史》一书中，他通过论理分析，表明自己的认识，有些与同辈的一些人得出相近的结论，有些则表现出更深入的见解。

对于清代绘画，潘天寿认为虽然由于门户之见造成画家艺术心境的浅狭，泥古学古更成为跬步不前的总趋向，但石涛、八大的存在“均大有发展而开现代的作风”，所以，这是一个“沉滞”的时代，而不能笼统地说是退化的时代。对成为一个世纪以来议论焦点的董其昌和清初四王的绘画，潘天寿着重从个人环境和时代背景上分析他们的艺术成就之得失……从时代社会统治思想对艺术现象作深层的挖掘，表现了青年时代的潘天寿在认识上的深刻之处。这一思想也贯穿于《中国绘画史》一书对绘画发展潮起潮落的史的分析之中。

潘天寿从绘画史的高度，也从绘画创作的切身领悟中，对一些古代画家艺术审美特色和渊源关系作出实事求是的分析，澄清历史上由于宗派意识造成的偏见。①

1956年，上海人民美术出版社决定出版“中国画家丛书”，约请潘天寿写《顾恺之》。潘天寿虽说自己无勇气再写画史，但周围没有比他更适写此书的人选，因此他还是接受了。

好在前些年他在民族美术研究室搜集民间古画，见到的古画多了，鉴定考

① 参见李松：《画家治史　史家论艺——谈潘天寿〈中国绘画史〉与〈谈艺录〉》，载卢炘编《潘天寿研究》（第二集），中国美术学院出版社1997年版，第353—354页。

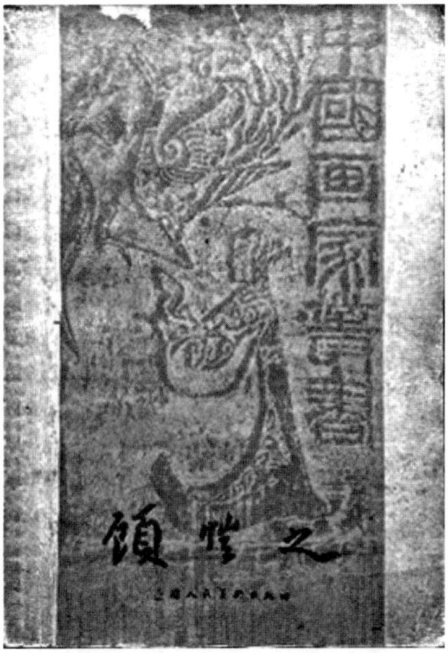

图7-7　《顾恺之》书影

证方面的功力已非寻常，这对于写画家画史很有帮助。《顾恺之》一书除了介绍顾恺之的身世、生平概况以外，对其艺术成就、传世作品以及历代评价都作了缜密的考辨。尽管只有两万多字，但其中包含的内容和学术深度，使后来的研究相形见绌。后人对顾恺之的研究虽然成果颇多，但几乎都未超出潘天寿这本书。

潘天寿界定“顾恺之真是吾国人物画家中左右历代风气的大宗师”，“吾国山水画、花卉画的远祖”，“吾国古代画家中全能的画圣”，又是“晋代画论中的代表者”。对于顾恺之的绘画作品，他列举了《贞观公私画史》《历代名画记》《宣和画谱》中所录的画迹，又增补了未经记录的散见于其他史书的一些资料。因年久失传，目前传世的仅为宋人摹本《女史箴图》《洛神赋图》《列女图》三卷，以及传为顾恺之所作的《斫琴图》。

潘天寿经过考证，指出《女史箴图》和《洛神赋图》最值得研究。

《女史箴图》是“苦口陈箴，庄言警世”，针对晋惠帝荒淫、贾后专权、道德败坏的年代所作。作品内容不必多论，人物画表现技巧之高超意义非凡。“细看全图中的衣冠服饰、习俗、道具，以及用笔设色等等，奇古朴茂，不同寻常，即系摹本，定出于宋以前名家手笔。那么，此卷与恺之的原作，当然相去不远，可为恺之画风技法的研究。故在民族传统绘画的风格与技法方面来说，虽系摹本，仍有极高的价值。”他还考证此本现为九段，全图应为十二段，故而有残缺。

《洛神赋图》原是曹植悼念甄氏的恋歌，晋明帝司马绍曾依此画过，至顾恺之将此赋作分段描写。传有五个摹本。

潘天寿从两种摹本着手，理出了顾恺之的画风与江南水乡的内在关系。将画家与地域环境、地域文化联系起来认识是潘天寿的过人之处。他说：“顾恺之生长于江南水乡之地，以他的环境习性的关系，反映于人物画上，必然会产生一种‘春蚕吐丝’‘春云浮空’‘流水行地，纯任自然’的技法。”他解释其因：“原来我国南方气候温暖，并多河流湖沼，因之习性和平，体质柔美。所穿衣服，惯于单薄宽大的丝织品。服装的形式，男子多喜裙袖翩翩，女子喜衣带飞舞，与山东孝堂山祠、武梁祠画像石的人物衣褶多用直线方角者，自有迥然不同的分野。”

对于顾恺之的三篇画论，潘天寿将其归纳为六个方面。[①]

图7-8 《听天阁画谈随笔》书影

潘天寿又将自己论画旧稿作整理，并亲自编定册子，取名《听天阁画谈随笔》。此书的出版工作，在他生前因政治运动而搁置，直到1980年才由上海人民美术出版社出版。全书分杂论、用笔、用墨、用色、布置、指画等六个部分，又加“指头画谈”的五个部分。在此基础上，潘公凯将父亲的谈艺语录辑录六百余条定名《潘天寿谈艺录》，由浙江人民美术出版社于1985年正式出版。此书后几经再版，在美术界影响很大。

对于潘天寿画论的概述，其子潘公凯说得最为准确：

他的思维方式，惯于从大处着眼，总是首先看到大局，注意到事物最基本的方面。对于民族绘画的过去和现在，他都反复地考量过，在长期的艺术实践中，形成了独到的见解。从整体的原则看局部的关系，自然容易分明。所以，他的艺术思想前后一贯，十分稳定。先父的艺术，主要从继承中国文人画的传统发展而来，他的气质、性情、理论、实践，都是中国

① 参见邓白：《潘天寿评传》，浙江美术学院出版社1988年版，第170页。

> 式的。他的艺术观，同中国传统美学思想一脉相承，是将绘画看成“心”与“物”熔合而成的产物，在重视“师造化”的同时，尤其强调中国画艺术的精神性。在他的观念中，真正的艺术是内在精神的光辉，是几千年文明陶冶下的高尚人格的表现。他对于纯朴生活的美和人类善的本性，始终充满着真挚的爱和信仰，他企望人们通过艺术创作活动和普遍的美育，逐步走向人类精神自我完成的理想境地。
>
> 他对整个民族绘画的纵横两个方面，有着全面的认识。又加之他处在一个从传统民族绘画向现代民族绘画演进的历史转折时期，故他的艺术思想，能比他的前辈中国画家，更多地涉及现代中国画发展的实际问题，有着更为开阔的视野，以至能形成一种比较系统完整的理论。
>
> 他的理论基于实践经验，不搞复杂的思辨，不做概念的游戏，单刀直入，犹如南宗禅的“顿悟”，简洁、明快，自是艺术家的本色。他的清澈，他的静观，他的实事求是，使他能悟通辩证法，深入理解艺术的本质。①

潘天寿之理论的可贵之处，也正是能在20世纪中国绘画发展中点破迷津。不少理论家的观点前后自相矛盾，在重要观点面前闪烁其词，摇曳不定，而潘天寿却是一个例外。他让人折服的是那种领袖人物特有的宏观把握能力。

他认为，“艺术为人类精神之食粮”，“高尚之艺术，能使人心感悟而渐进于至真、至善、至美之境地；美育，为人类精神自我完成之重要一端”。从事艺术，便是“以美的情趣安慰人生，以真善美来陶冶人类崇高之襟怀品格，使人类在美的艺术境地中得到最高尚之慰藉”。由此，潘天寿艺术思想的起点就高，他欲以艺术来实现人格的力量，主张为人生的艺术。

20世纪，中国画面对着一个新的环境。西方写实精神之新风的吹入，同时也带来“西化”的思潮。潘天寿坚定地认为世界绘画可分为东西两大统系，中国传统绘画是东方统系的代表，是一大高峰。“尽可互取所长，为两峰增加高度和阔度，这是十分必要的。然而决不能随随便便地吸取，不问所吸收的成分是

① 潘天寿著，藩公凯编：《潘天寿谈艺录》，浙江人民美术出版社1985年版，第223—224页。

图7-9　潘天寿与浙江美院青年教师在一起研究教学

否适合彼此的需要，是否与各自的民族历史所形成的民族风格相协调。”“中国绘画应该有中国独特的民族风格，中国绘画如果画得同西洋绘画差不多，实无异于中国绘画的自我取消。”

他分析文艺的发展与科技的发展是两回事。虽然两者都需要借鉴吸收外国的长处和成就，但区别是明显的。科技的借鉴较为直接，文学艺术的借鉴只能是间接的。他打比方说：“科技方面的发明创造，只讲功能效果的强弱好坏，而无须注意形式和风格的区别。例如美国的原子能技术与苏联的原子能技术，中国的数学和英国的数学，互相都可以直接引入，直接应用。而文艺作品都要讲究形式与风格的独特性。”他从各地域各民族的自然环境、生活方式、风俗习惯、哲学思想、民族性格、文化传统等方面进行了具体论证。

潘天寿所主张的艺术风格多样性，客观上构成了人类文明的丰富性。他强调民族艺术必须保持独立性，民族风格必须坚持独特性，其实际意义在于保护民族艺术，使之有一生存空间。无疑这就是爱国主义。他提倡“尊重民族传统，发展民族形式，是爱民族爱国家”，艺术家要为“争取民族国家的和平、独立、自由、富强、康乐而斗争”。

“中西绘画要拉开距离”，“中国的绘画，实处东方绘画统系中最高水平的地位，应该‘当仁不让’”，“对民族艺术一定要有自信”，至今学术界仍认为潘天寿是民族绘画最坚强的捍卫者。

至于中国画的意境、格调、笔墨、用色、题跋，他均有独特的见解，其中以构图理论贡献最大，他称之为“布置”或“章法”。关于取舍、虚实、主次、疏密、穿插、掩映、斜正、撑持、开合、呼应等的辩证关系，四边四角的布置、“三角觚”构图，以及关于中国秤杆秤锤式的平衡、散点透视与焦点透视的不同等，他均有创见。他的理论通俗易懂，传播极广，在绘画界影响深远。

倡办中国第一个书法篆刻专业

1962年4月，文化部在杭州又一次召开“全国高等学校文科教材会议”。

一年前，潘天寿为抢救山水、花鸟两个画种提出的分科教学建议，得到了采纳。这次全国会议，他准备再从抢救遗产的角度出发，呼吁抓一抓书法教育。

“现在学国画的学生，不会在自己画上题字，这简直是笑话。”潘天寿一开口就把与会者的注意力吸引住了，他表达意见一直很直率、很明确。

“国画系应该把书法、篆刻列为必修课。”潘天寿点出了全国不重视书法的倾向，不无忧虑地说，“现在中小学课程多，一时开设不了书法课。但书法篆刻艺术是宝贵的民族文化遗产，必须继承，少数高等艺术院校应该开办书法专业，培养书法人才。如果再不抓书法教育，就会出现后继无人的情况！”

爱好书法毕竟是中国人的共同趣味，所以，潘天寿这次的建议比分科教学的提议更有反响。文化部主持会议的领导积极支持，当即决定：全国各美术院校国画系应设书法、篆刻课，有条件的先开设，缺少条件的，应该积极创造条件，及早开设。书法篆刻专业非开办在浙江美院不可，别的学校更加没有条件。中国书法教育史上崭新的一页翻开了。

此前，潘天寿与吴茀之早已研究过关于办书法篆刻专业的事。他们认为现代学院教育应该将书法列为正课，并开设学科专业，这样才能发展书法艺术，培养出具有高等教育水平的书法人才。当时他们并没有想得很多，只是觉得老书法家已寥寥无几，且平均年龄在六十岁以上了，书法艺术后继无人，前途堪忧，应该有人传承才行。

一个包括潘天寿、吴茀之、诸乐三、陆维钊、沙孟海、朱家济、刘江的七人筹备小组成立了。潘天寿指定陆维钊具体负责，刘江协助。大家分头起草各课程教学大纲，潘天寿参加了每次筹备会议，讨论修改各课程大纲。书法篆刻专业暂时准备开设书法、篆刻、古汉语、书印史论四门专业课。

暑假也搭进去了，加紧筹备。当时电风扇都是稀罕物，杭州的夏天又酷热无比，每次开会大家都手摇一把蒲扇，但还是少不了汗流浃背。

潘天寿在自己的“止止室”里翻箱倒柜地寻找，一连忙了好些天，整理出几十件历代名家书法珍品。他决定把这些心爱的藏品全部捐给中国画系，作为学生学习的临本。他又找来画杈，小心地把画室里悬挂的李叔同、经亨颐两位先生写的对联收下来。

文化部为支持开办书法专业，拨款二千元购买图书资料。系里用这些钱，从杭州、上海、苏州、绍兴等地的古旧书店收购了近万册碑帖、印谱。但用于寻觅名家手迹，这笔钱就捉襟见肘了。

潘天寿一次性捐献几十件珍品，自然使师生们很吃惊。这些作品中有董其昌字立轴、董其昌行书、董其昌行书册页、莫是龙书法册页、张瑞图书法册页、傅青主行书立轴、伊秉绶隶书联、伊秉绶四言红麻布对、康有为字对、经亨颐对联二副、李叔同对联、李叔同书轴、李叔同书《天玺纪功碑》、弘瑜和尚书轴、蒲华字对、吴昌硕对联、吴昌硕篆书横幅、马一浮字对、张大千字对等等。不少作品有潘天寿的题签贴在轴头上，可知他不知多少次地摩挲赏玩过，但是如今他毫不犹豫地割爱了。

学生临摹更需要这些作品，潘天寿热爱自己的学生，他们身上寄托着他的期许。

1963年11月21日，潘天寿以中国书法家代表团副团长的身份出访日本，团长是陶白，成员还有王个簃和顾廷龙。他们经广州、香港，搭乘英国飞机赴日本。

夜幕降临，飞机奋力冲出层云。哦，眼前顿时展现出一个童话世界。无边无沿的月色，把银色洒向荡漾的云层之上。漫游太空星斗之间，机舱里一片赞叹声。

“飞机已到达台湾上空。”空中小姐先后用中文和英语通报乘客。

潘天寿从机窗中向外俯视，从云层缝隙里只能见到疏疏落落、暗淡微茫的灯火。何时台湾与大陆能够统一啊，台湾也该有人在期盼祖国的统一吧。他抬头又望望美丽的月色，吟就了一首七绝：“无边月色漾银澜，万里高飞星斗间。梦下有谁思汉土，微茫灯火过台湾。”他没有料到这首诗后来给他带来了许多麻

图7-10　潘天寿访日（1963年摄于日本富士山）

烦，在“文化大革命”中被误读误批。

到机场欢迎的有五六十位日本书法家，个个西装革履。日本书法家都虔诚地九十度鞠躬，代表团成员非常感动，他们不停地回礼。

从机场乘车两小时才到达代表团下榻的旅馆。沿路高楼林立，马路宽敞，四五辆汽车并排行驶。潘天寿想到自己在20世纪30年代访问日本时，东京的建筑顶多不过是四层楼，如今十层、二十层的高楼比比皆是。三十年前马路上一片木屐声，现在个个穿皮鞋，和服也换成了西装。

更使代表团惊奇的是日本学习书法的风气很盛，约一百万日本人能写汉字，书法家有十万人之多。听到介绍，代表团成员如坐针毡，此时国内对书法不重视，七十岁以下就没有什么好的书法家，而日本竟偏师突起。

代表团受到殷勤的接待，他们先后访问大阪、京都、名古屋和东京，参观了许多有名的博物馆和制作笔与墨的工厂。中小学的书法教学最叫人吃惊。潘天寿有点忐忑不安，直到参观了日本书法家的书法表演，他才松了一口气，因为他看到日本第一流书法家水平并不怎么样。“执笔不正，笔肚落纸，写字还是外行。”“但青年一代看来比我们的青年一代强。”

代表团还游览了各地的名胜古迹，按计划访问一直到12月24日才回国。

访日期间，他们四人赠送日本朋友的书画作品达三百多件，潘天寿一人就作了一百多件作品。为了作这些画，他几乎每天都睡得很迟，有时甚至到半夜一二点钟才能上床。

20世纪60年代出国访问是件稀罕事，他回杭后来不及休息就应邀去给中国画系和民盟支部讲访问日本的观感。尽管他努力如实叙述，听者也感到十分新鲜，但组织上还是觉得他“流露了对资本主义向往情绪”，“对揭露资本主义国家的腐朽本质也很不够”。[①]其实他不过是讲了日本书法家的年薪和拥有小花园的住宅，以及一些街头见闻。更多的是讲日本重视书法，认为其根底不如中国，我们只要注意培养后一代，年轻一代的书法一定可以超过日本的。他的观感充满着爱国主义激情。他没有埋怨，而是对照日本书法情况，更有信心把刚刚开创的书法篆刻专业办好。

潘天寿既是20世纪中国画大师，同样堪称20世纪中国书法大师。虽然他的书法作品在数量上难以与其绘画相比，但在20世纪60年代，他书法的独特面貌已在书画界赫赫有名，这次出访日本的书法代表团就是周恩来总理亲自点名组建的。潘天寿其时也已兼任西泠印社副社长。他为美院小卖部写的作息时间表，几次被人揭走。甚至后来在蒙冤遭迫害时，他写的大字报也被人悄悄揭去，作为书法佳作收藏。

20世纪60年代，他书写了许多匾额刊名，如绍兴的“青藤书屋”、宁波天一阁的“南国书城”、中央美术学院学报“美术研究”等等。沙孟海曾经说自己“最喜爱他的隶书、行书，境界很高”，而且撰文称，“潘先生对书法功夫很深，经常临读碑帖，兼长各体，包括文字组织结构不同的‘字体’与后世艺术风格不同的某一家某一派的‘书体’。甲骨文、石鼓文、秦篆、汉隶、章草、真书、行书，二三千年来各个不同的体制、流派，经过他的分析、赏会、提炼、吸收，应用到笔底来，无不沉雄飞动，自具风格”。还称“潘先生从结体、行款的整幅布局，惨淡经营，成竹在胸，挥洒纵横，气势磅礴，富有节奏感，可说独步一时”。[②]

潘天寿书法风格属于生辣雄强一路。“清而厚，沉着而痛快”，用笔方圆兼济，力能扛鼎；擅劲利取势，遒劲而风骨具，而真正对书坛产生影响的还是在视觉空间上的戛戛独造。单体字的结体奇纵雄放，静中寓动，笔画穿插摇曳生姿，在不平衡中求大平，于奇险处求平正，极显单体字的真态意趣，毫无媚俗之态。在章法上谋篇布局，空间对比大起大落，节奏强烈，且顾盼有情，错落

---

① 见浙江美术学院档案材料。

② 沙孟海：《潘天寿的书法》，载潘天寿纪念馆、卢炘选编《潘天寿研究》，浙江美术学院出版社1989年版，第371页。

有致。虽头脚不齐，却不齐而齐，气韵生动，传神传情。

卢辅圣评潘天寿的书法说，“它既是这一特殊时代的反映，又体现了超越这一时代的某些为特定主体意识所坚持和追求的价值内涵”，“体现了以‘观赏’而不是以‘阅读’作为书法艺术首要目标的美学思考”，“他将‘观赏’的需要凌驾于‘阅读’的需要之上，调动种种视觉形式因素和履险出格、行不由径的魄力气度，探索着书法艺术表现的最大值”。①

其实，潘天寿的书法完完全全是为自己的画服务的。他要求中国画系学生“不求三绝，但须四全”。“三绝”指诗书画，“四全”指诗书画印。他自己的“高峰意识”只对准中国画，而非欲在书法史上开宗立派。然而他对于20世纪下半叶的中国书法和书法教学的意义却是导向性的。②

名满天下

潘天寿对自己的创作总感到不满意，计划过一两年以更新的面貌再上北京办个人画展。然而“人怕出名猪怕壮”，他的社会活动与日俱增，到了应接不暇的地步。

各地来的邀请，院办给他一次次挡驾。但对学术界的老朋友、省里的老领导就无法推诿。

杭州大学夏承焘教授的语言文学研究室请他给研究生去讲“关于中国画的欣赏”。广东省委陶铸书记多次通过浙江美协请他去广州和海南岛游览讲学；山东省委谭启龙书记是浙江省委原书记，邀请他去山东；台州地委书记则听说潘老被省委宣传部长陈冰请到湖州游过太湖，就一定要请他去临海。

名画家受邀讲学，可为当地留下作品供收藏，因此深受各地欢迎。潘天寿更受人欢迎，因为他又是理论权威，他的讲学也非常有吸引力。1959年潘天寿赴京出席第二届全国人民代表大会，归途中被邀去沈阳鲁迅美术学院作了关于

---

① 参见潘天寿纪念馆编：《潘天寿书法集》，浙江人民美术出版社2001年版，第1—3页。

② 参见卢炘、张爱国编：《潘天寿与二十世纪中国书法》，中国美术学院出版社2002年版。

“文人画”的学术讲座，还当场示范作画。鲁美派专人陪护他回杭，临行前辽宁美协给江苏美协打了电报，告诉他们潘老要经过南京。南京方面马上派张文俊教授到江岸接潘老，并请他在南京艺术学院讲学并示范作画。陈之佛、谢海燕、傅抱石、亚明等南京的美术界朋友都前来拜会，又是洗尘酒宴，又是送行宴请，热闹异常。

此后，他又作过“关于中国画构图”的讲座。消息越传越广，各地都以能请到潘老为荣。他的讲座深入浅出，有独特见解，无论是画家还是理论家都极为佩服，而且喜欢收集他讲座的记录。“关于基础教学”“创作琐谈”“诗画融和”“国画创新”等，都是大家收集的讲座记录。

只要时间排得出，他总尽量满足各地的要求而挤掉了自己的创作计划。

1963年6月底刚从广州、海南岛回来，7月他又与吴茀之一起被请到了山东。山东人好客又豪爽，邀请他们游览青岛、烟台、济南、曲阜等地，遍观齐鲁风光，尤其是泰山之雄伟使他印象极深。历时两个多月，潘天寿一行三人的吃住行，山东省全包了。潘、吴二人也回赠了数量可观的绘画作品，仅潘天寿一人就作画六十一幅。如果把这些作品集中起来，可以布置一个出色的画展。

潘天寿作画很认真，即使是应酬之作也从不敷衍，所以这类应邀游览也不轻松。

秋天，台州地委请到了潘天寿、吴茀之等美院的老画家。招待很上档次，同行的有周昌谷、潘韵、吴山明等中国画系教师，也很尽兴。想不到就餐时一个难题出来了，有人提出能不能与右派分子同桌用餐？这样的问题现在看起来简直可笑，可在那时候与右派共同进餐喝酒，便是阶级界线不清，立场有问题了。潘韵是没有摘帽的右派，怎么办？几乎所有的人都在这个严肃的问题面前顿失笑容，地委书记也处于两难境地。

“一道坐，我负责。”潘天寿开了口。有潘天寿这句话，大家才欢快地吃起来。在回杭的路上，潘韵对人说：“我从来弯腰做人，这次尝到抬头‘做人’的味道了。”

这件事虽然不大，客观上却调动了一位当时处于逆境的老先生的积极性，潘天寿又一次显露出了硬气。

沉浸在学术之中的潘天寿常常会做出一些令常人难以理解的事来。

有一次，他从学校讲完课回到景云村，走在巷口，太阳已歪到了一边。往常他回家再迟，何愔总等他到后才一起吃饭，有时候何愔会到巷口等他。他也一样，要是夫人不在家，就会到处去找。所以，何愔很少离家，即使是到外面办事买菜，也总是赶在潘天寿之前回家。

但这天家里静悄悄的，没有人，他一个房间一个房间地找，发现何愔不在家。

他不知道发生了什么事，厨房里连小菜也没有。

“笃笃”的敲门声响起。“潘先生在吗?”有人在门外喊。

门开了，院办的办事员神色紧张。

“我们以为潘先生会回到办公室来的，一直在等您。”

“有事吗？进来慢慢说。”

“潘师母病了，大概是中风，手脚不能动，已经送进医院，医师说要住院，潘先生得快点去看看。”

“哦，我晓得了，你回去吧。”

“小车子已经回来了，停在车库里。”

“我不用小车。”

“潘先生你可要快点去啊!”

“我会去的。你回去好了。”潘天寿定了定神，进了书房。

他在医院病房门口出现时，大家都松了口气。“哦，总算来了!”“潘先生，你这么迟才来。”

何愔躺在病床上，在白色被单的衬照下，脸色有些苍白，手脚不听指挥，脑子却很灵清。

她听到了丈夫的声音，看着他与他人说话。

“医院里有医师在处理，我来也没有多少用处。”潘天寿冒出这么一句话，何愔只得苦笑。虽然这是实话，但话也不能这样说呀，一点也不晓得表达关怀。

何愔向丈夫投去求助的目光，她需要丈夫的支持，她希望听到一些温暖的安慰的话语。

病房里的人渐渐散去。这是单人病房，何愔正在打吊针，护士也出去了，病床边只留下了潘天寿一个人。

他从袋子里摸出一本书来，何愔有些奇怪，怎么到病房里来用功了？

“愔，舒服吗？”

“还好，有你在，我就不怕了。”

“实在也没有啥好怕的。我给你念段书，好不好？”

何愔点点头。“难得，天寿有空读书给我听，今天倒真还不错，读书解闷，好呀！”她这么想，并看到了书名《庄子》，庄子寓言多有谐趣，她很喜欢。

潘天寿先念了一段《齐物论》，庄子将生与死视为一事，超然物外。何愔不大听得懂其中深奥的哲理，只觉得故事颇为怪诞。

潘天寿念的“庄周梦蝴蝶”，何愔是知道的，人可以物化。

“古之真人，不知说（悦）生，不知恶死。其出不欣，其入不距。翛然而往，翛然而来而已矣。不忘其所始，不求其所终。受而喜之，忘而复之。是之谓不以心捐道，不以人助天，是之谓真人。”①

何愔知道这一段是告诉人们，不必以生为可喜，也不必因死而厌恶。

潘天寿瞧夫人的脸，晓得她听得懂庄子的文言，就又选了一段。

“庄子将死，弟子欲厚葬之。庄子曰：‘吾以天地为棺椁，以日月为连璧，星辰为珠玑，万物为赍送。吾葬具岂不备邪？何以加此！’弟子曰：‘吾恐乌鸢之食夫子也。’庄子曰：‘在上为乌鸢食，在下为蝼蚁食，夺彼与此，何其偏也。’”②不等潘天寿继续念下去，何愔笑出了声。

“这个庄子倒真会说话，天地、日月、星辰都成了他的陪葬品，好大的气派。也真够豁达，将自己的尸体抛于荒野让乌鸦啄食都不在乎。不过，土葬尸体腐败倒确实成了蚂蚁的食物，两者不过是五十步与百步之别呀。”何愔说着说着，突然停住了，“你今天为啥专门读这些生呀死呀的东西给我听？”

“随便挑的，蛮有意思，也读给你听听。”潘天寿边说边又翻出一段读将起

---

① 《庄子·大宗师第六》。

② 《庄子·列御寇第三十二》。

来："庄子妻死，惠子吊之，庄子则方箕踞鼓盆而歌。惠子曰：'与人居，长子、老、身死，不哭亦足矣，又鼓盆而歌，不亦甚乎！'庄子曰：'不然。是其始死也，我独何能无概然！察其始而本无生；非徒无生也，而本无形；非徒无形也，而本无气。杂乎芒芴之间，变而有气，气变而有形，形变而有生，今又变而之死，是相与为春秋冬夏四时行也。"[①]他到这里停了一下，问："明白吗？"

"生和死相互转变，犹如一年四季春夏秋冬一般，这是自然界的规律。是这个意思吗？"何愔蹙紧眉头，忍不住地说，"这个庄子不管他说得如何头头是道，妻子死了，击缶弦歌，总太过分。"

她没有再说下去，潘天寿知道她不爱听，也就收起书来。正好有护士进来，他就退了出去。

何愔实在不明白，别人安慰病人，总是说不要紧的，好好养养就能复原。她的这位先生偏偏说些死就是生，生就是死，以生与死的意义来开导人。真是个"寿头"，叫人啼笑皆非。幸亏病情得到控制，康复也快，她对此事也并没有放在心上。

潘天寿只觉得人活着应该像庄子这般通达，他又不是祈求人死，为啥人家总不理解？"大智若愚"，这也许便是真正的大家面貌、名士风度。可又有多少人能理解他呢！

潘天寿身体十分健壮，内心又坦荡平静。学术上，他是人们仰慕的高山；生活中，他是大家尊敬的长者。他有计划地安排着时间，对创作和教改都心中极有数。他的生活很有规律，清晨起床泡一大杯茶，把那只大白瓷花茶杯一放，看公用的院子脏了，就拿把扫帚去扫。然后在院子里活动手脚，这是他自己想出来的"潘氏操"，做一遍大约二三十分钟。他觉得早餐吃稀饭吃不饱，喜欢啃烧饼油条。上午画画，午饭后练毛笔字，再画画，晚上看看书，整理整理文稿。学校里有事，白天就在校办事。有空余时间，他也料理院子里种的一些花木，但多数是任其自然生长，所花时间不多。

北京方面又来与浙江省委商量把潘天寿调到北京任中国美协主席。浙江省

---

① 《庄子・至乐第十八》。

委实舍不得，要求让潘天寿留在杭州，担任中国美协副主席、浙江分会主席。潘天寿自己也觉得还是在杭州习惯，不想调动。

潘天寿将自己与黄宾虹作比较。黄宾虹自七十岁起至九十三岁，都是在家里度过的，而且在艺术上达到了自己企求的顶峰。年近七十的潘天寿显得比当年的黄老更健康、更有活力。

第八章 永恒价值

“文化大革命”罹难

1966年3月，潘天寿七十华诞，古稀之年，他在艺术之路上已攀登了五十来个年头。

他从来没有做寿的习惯，别人也不知道他的生日。此时全国政治局势紧张，大小报刊都在批判《海瑞罢官》，大家没有注意到他的寿辰，他自己亦一丝消息也不透露。然而几个老同事和晚辈还是来向他道贺。宁海老家寄来了联名贺信。三弟天素、五弟天伍、堂弟仲霖以及侄子望霖写来贺信，还制作了三副对联祝寿。

潘天寿，实实在在，回信中只说自己“对国家、父母、兄弟是嫌不够所想，于心殊感不安”，又道自己只是“因为欢喜弄弄国画，知其一不知其二，知其表不知其里”，领其诚意而不敢冒受寿联庆颂。生日一过，他便回了信，又汇去些钱。

回首昔日年华，感慨万千，他在信里也做了两副对联：“流离真岁岁，笔砚永朝朝”“七十春来何所得，古稀年始颂升平”。

以勤勉代替喜庆，这是潘天寿一贯的态度。尽管已有的成就和地位让人仰慕不已，他自己却一如既往，并更加警觉有否虚度年华，目标达到没有。他的目标是什么？中国画创新，从气势和骨力方面走出中国画创新的道路来，他要以民族绘画、民族文化振兴民族精神。

图 8-1　1966 年潘天寿为成都杜甫草堂所作的《侧目鹰石图》

一天，他把一张丈二的生宣纸裁掉一截，取了几乎是正方形的幅面，准备画一幅指墨。传统中国画很少有正方形比例的画，潘天寿却主张“纸头要么方一点，要么长一点，不方不长最讨厌”。与此相同，“用墨要么枯一点，要么湿一点，不枯不湿就乏味。用色要么索性浓，要么清淡些”。在风格上，他主张与其不痛不痒，模棱两可，还不如走极端。越到晚年，这一观点越强烈。①

他对这张铺在地板上的宣纸审视半晌。虽然《梅月图》的腹稿已积聚多日，但如何在方形幅面上布置，必须随机生发。

他端起贮墨的碟子，蹲下来看准了宣纸左下方，用右手食指蘸够了墨水，然后靠指头前端的左右两侧，甲肉并下，一会儿勾，一会儿推，来往变化应用，迅速画出了坚实的山石。山石右侧一伏地的古老虬梅顷刻冲出了右边的纸框。那铁石般的古梅，主干粗大无比，饱经风霜，极有金石之气。老梅又从框外折回，奇崛的虬枝横过画纸直向左上挺出繁而不杂的新枝。

他喘着粗气，仿佛在攀登高峰。

蹲着作大画非常吃力，他时而站起来观望，时而蹲下去涂抹。

几天以后，巨幅《梅月图》已初具规模。云雾中的月轮，若隐若现，横斜的老梅，疏影浮动。月光下老梅主干，结节瘢痕，多少年来风霜飞雪如刀似剑在上面凌虐。寒夜里这棵亘古老梅孤独地指向苍穹，尽管仍是那么刚劲，但到底苍老过甚，寒气太浓。潘天寿后退几步，觉得画面太沉重了。他用食指蘸上墨，添上一些劲枝，又用小指略染一种叫曙红的国画颜料，点上七八朵红梅。圈好梅，他后退几步观察，发觉红梅气氛不够，便接连点上一些红色花蕾。他

① 参见潘天寿著，潘公凯编：《潘天寿谈艺录》，浙江人民美术出版社 1985 年版。

不愿把整个画面处理得太压抑，尽管当时的社会政治气候是够严峻的了，但他希望看到生气。劲枝和红梅确实使画面顿然有了生气。春寒料峭之中，不多的红梅象征着顽强的生命力，显示了老树的壮健朴茂。

图8-2　潘天寿作于1966年春的《梅月图》

他又觉得月光似乎太明亮了些，于是抵掌涂抹一些淡墨染成夜空。画面再次沉下去了，出现了一种阴沉孤独的氛围。他感到有些乏力，在圈椅上坐了一阵。他随后上去给月轮增加了些暖黄，调整一下整幅画的色调。

亘古老梅呀，你送走了月轮多少个阴晴圆缺，中华民族数千年来的曲折兴衰你该是见证。啊，你本身就是民族的化身。老梅简直就是一位老人，何尝不是画家高尚人格的映照？

潘天寿在画室里踱步，他要为此画配一首相应的题画诗。

壁炉上方端放着一块片石，形状与室内中堂《浅绛山水》上的“潘公石”一个模样，坚实方正。这是他从雁荡山捡回来的，上面有他亲手刻的几个字——“雁山片石”，还专门配了木座。潘天寿不喜欢人工的假山，他向往着大自然造就的山石和历尽沧桑的古木，他要歌颂这种永恒的美。

图8-3　雁山片石

他以铸铁般的隶书在右上题了一首意蕴深远的五绝：“气结

般周雪，天成铁石身。万花皆寂寞，独俏一枝春。”在诗旁，他用扁笔行书写了两行字：“一九六六年农历乙巳黄梅开候。东越大颐寿者指墨于雁山片石居。”环顾整体，他又在左下落了“雷婆头峰寿”几个字，然后根据画面需要盖上五枚印章。

环境是冷峻的，然而那古木上的几朵新梅预示着万花齐放的春天即将不可阻挡地来到。

这一年，随着“横扫一切牛鬼蛇神”的口号，浙江美术学院抄家、批斗的风气应时而起。

潘天寿和往常一样坦然。“不会的，我们无愧于心。你说我们做过哪一件亏心事？没有。没有做过坏事，所以不用怕。”他对夫人这样说。

潘天寿以为，被抄家、被批斗的总多少有些问题，而自己毫无问题可言。他恪守与世无争、以德报怨的准则，严于律己。

可是，事态发展远不是那么让人乐观。

9月6日，潘天寿被列入“牛鬼蛇神”队伍，在雨中被拉上街游斗。

当天晚上，潘天寿就发高烧，病倒了。

从此，批斗、逼迫交代、训话以至遭打骂，没日没夜地折腾。没有人能统计出他被批斗的次数，因为谁都可以到“牛棚”拉他出来批斗。他被剃光头发，戴上高帽，挂着黑牌，在闹市区湖滨、百货公司门口、省人民大会堂……

他的身体遭到了极度的摧残，在刚进“牛棚”的二十天里，体重即减轻了十七斤。[①]

吴茀之得知潘先生被关进了“牛棚”，大惊失色。“潘先生怎么会进去的？他无党无派，有什么问题？”他对家里人说，“潘先生也进去了，我要准备好，恐怕是免不了的。”

果真不出几天，两位志同道合的朋友被关在了一起。

与潘天寿同一天被投入“牛棚”的，还有周昌谷。潘天寿是年龄最长的“反动学术权威”，周昌谷是年龄最轻的“反动学术权威”。

---

① 见潘天寿牛棚日记，现存潘天寿纪念馆。

潘天寿不曾想到，他的问题竟是从一首诗引起的。

“《梦渡黄河》，潘天寿借此诗寻访刺客，对我们党，我们伟大领袖毛主席有刻骨仇恨，实行阶级报复！”这是触目惊心的大批判语言。《梦渡黄河》被抄成大字报贴了出来：

时艰有忆田横士，诗绝弥怀敕勒歌。

为访燕幽屠狗辈，夜深风雪渡黄河。

潘天寿百思不得其解，抗战时期写的这首诗，为的是盼望敢死之士出来为抗战出力，能有什么地方不对？

原来是有人移花接木，将《梦渡黄河》说成是1964年所作。这叫潘天寿有口也辩不清。

还好，有抗战年月中的手稿作证。从“文化大革命”一开始他交上去的原始稿本里，这首《梦渡黄河》被找了出来。

然而，一波未平一波又起。

《梅月图》《秋夜》《江山多娇》《欲雪》《荷花》《残兰图》等一一遭受批判。那首《过台湾》则被直接判为“直接抒发亡国之痛，缅怀蒋家王朝的十分露骨的反革命诗篇”。

一次，红卫兵让其自报家门，自诉罪状。潘天寿说：“我，牛鬼蛇神潘天寿。”

“什么罪状？”有人追问。

他呆了半天，说：“我，我画画创新不好。”即使在批斗时他也想着画画创新，这就是潘天寿。

潘天寿、吴茀之、方干民同关一室。方干民被踢得全身乌青，实在忍受不住，服大量安眠药自尽。幸亏发现得早，总算救了回来。潘天寿和吴茀之也都全身浮肿，又被打得鼻青脸肿。他们的房间经常更换，以后又日夜加锁。批斗会花样翻新，没完没了。

潘天寿除了“反动学术权威”以外，不久被戴上两顶“帽子”，“文化特务”

图8-4　20世纪60年代的潘天寿

和“国民党特别党员”。说他是“文化特务”，只因他与陈立夫相识。说他是“国民党特别党员”，因为有人从档案中查到1945年张道藩呈报国民党中央党部秘书长吴铁城的《拟进行介绍入党之文化界人士名单》，其中有潘天寿、臧克家、姚雪垠、张恨水、刘开渠、王云五、蒋碧薇等二十八位文化名人，这显然是国民党一厢情愿的草拟计划，既无批文，也无实施。

潘天寿不得其解，从来没有填过什么表格，怎么会是国民党员的呢？他委屈地对自己最信任的学生周昌谷说：“昌谷，我想来想去没有参加过国民党，没有办过手续。”

周昌谷一如既往地相信自己崇敬的老师，吴茀之也非常同情潘先生的处境，他们都为先生捏一把冷汗。

一场所谓批潘的“淮海战役”来势汹汹。

1968年9月15日，浙江美院校门口，有人送来一大叠当天的《浙江日报》。特大号黑体通栏标题：《文化特务潘天寿为什么能长期独霸浙江美术界》。整整一大版都是浙江美院大批判办公室署名的重头文章。潘天寿被公开点名批判斗争了。这是省级党报。

9月17日，《浙江日报》再次加强力度。一下子发了五篇批判潘天寿的文章，如《把文化特务潘天寿之流永远赶出美术舞台》《“秃鹫”就是特务的化身》等等。

一下子，潘天寿被推上了孤立无援的“断头台”。

没日没夜的折磨，使这位原本体质强健、意志刚强的老人渐渐垮了下去。他变得相当憔悴，衰弱的身影犹如空虚的衣架。

半夜批斗回来，他拉开破抽屉，把白天剩下的干馒头掰成两半，一半塞给吴茀之，一半留给自己。啃着这些难咽的干馒头，他在顽强地坚持着。他等待着有一天早晨醒来，有人会来通知说他们弄错了，他们批错人了。

然而，这一天始终没有等到。

他常自言自语：“怎么会弄成这样子？中国的艺术还有救吗？”

1969年中共九大后，落实政策、稳定形势等工作初步展开，批斗对象一个个解脱，然而对潘天寿的批斗却还在升级。他被押解到嵊县和宁海等地游斗。

肉体的折磨毁坏了他原本高大结实的形体，精神的摧残更是使他冤屈、羞愧、困惑和伤心透顶。自幼接受传统儒家教育的潘天寿，想的是衣锦还乡、荣归故里才能光宗耀祖、有益民众。可如今，他在外勤勤恳恳为事业奋斗了半个多世纪，待到古稀之年返回故乡时，竟被无故诬为囚犯，遭尽人间所有屈辱。

在返回杭州的这趟列车上，潘天寿怎么也平静不下来。他的感触太强了，他的冤情太大了。

地面上有一只空的香烟壳。他小心地捡了起来，拆开展平，然后握着钢笔的手颤颤抖抖地写起诗来。他要把心灵的诗记录下来。

“千山复万山，山山峰峦好。一别四十年，相识人已老。”

故乡呀！生我养我的美好的故乡呀！多少回别梦依稀，而如今真的返乡却无可奈何地老了。

“入世悔愁浅，逃名痛未遐。万峰最深处，饮水有生涯。”

入世不深，逃名不远，早知如此，不如隐居。但面对生活，潘天寿又坚强起来了，像是要战胜矛盾的心理，他又握笔写下了第三首绝句，也是他一生中最后的一首诗：

“莫嫌笼絷狭，心如天地宽。是非在罗织，自古有沉冤。”

他对人生看得如此透彻，了无牵挂。二十个铮铮作响的字，是他的心声，是支持他继续活下去的力量。

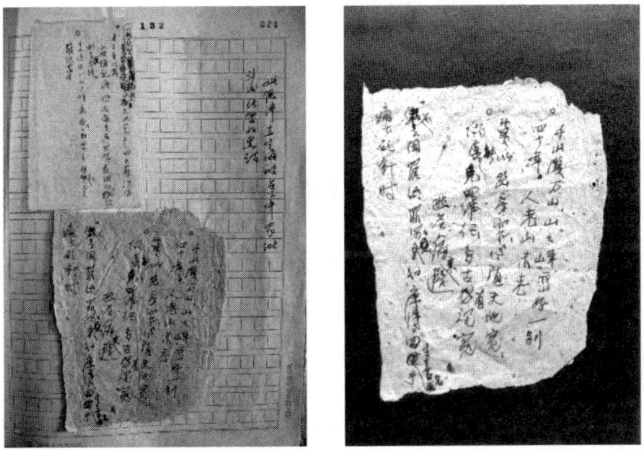

图8-5　潘天寿最后一首诗的手稿

学院专案组为了完成上级

的结案指示，派来三个人向重病卧床的潘天寿宣读定性材料，还是定他为“反动学术权威”，属敌我矛盾。这等于是向垂危病人猛击一掌。潘天寿气愤地进行了驳斥，拒绝在材料上签字。他那平顶式的白发根根挺直，怒发冲冠，病情恶化。

造反派一直不让他住院治疗。直到1970年隆冬，七十三岁的潘天寿才住进了医院。确切地说，他并没有住进病房，而是在病区的走廊里安了张病床，躺在上面。后来病重了，被准许搬进一个八张病床的大病房。何愔在丈夫病床边的水泥地上铺好一张草席，这地铺就是她的床。

来医院看望潘天寿的人很少，医院对他的病也没有什么有效的措施。高血压、主动脉粥样硬化、心脏扩张，再加上血尿。一日三餐，只能喝下一两粥。每次查房，医师经过潘天寿的病床，总是不问不睬。家属要求去别的医院会诊，却被告知上面不同意。

9月4日下午，吴茀之赶到医院来看望潘天寿。这一对知心朋友谈得很兴奋也很长久。长期以来，美术界的朋友和不少师生都想念着这位老院长，但很少有人敢赴医院探视。潘天寿实在太缺乏朋友和师生的交往了。这天的快乐竟然使潘天寿忘了自己生命残烛的微弱，已经不多的生命之油耗尽了。

他双脚不停地抽搐着。

“我想叫它不要抖……”他开始呻吟，“哦，吤难过，吤难过。”

炘儿在父亲那皮包骨头的腿上揉拿，想设法减轻他一点儿痛苦。

“我想叫它不要动……哦……不成功……我想……让它……不要抖……”

天还没有亮，潘天寿先生在黎明前的黑暗之中离开了人间。

这一夜，没有月亮。

次日，吴茀之闻讯赶到，用那双颤抖的手把潘天寿全身摸了一遍，他是来与自己的老师、近五十年的老朋友作最后的告别。

离家时，他曾对家里人说：“父母法场被绑，儿女是无所顾忌的了，我要去与潘先生告别。”此时，他的政治处境亦相当不妙。他还是来了。高高瘦瘦的身子，带着极度的忧伤和悲哀，久久地不愿离开一步。同来的还有老同事诸乐三教授，也一样的不舍。

浙江美术学院没有派人来。第七天，学院通知，请示省里，省里专门发了一个文件：一不准开追悼会，二不准报道。

他就这样极其孤独地走了。

永恒的价值

还在被审查的时候，潘天寿曾对夫人何愔说过："事实终究是事实，我们没有做过亏心事，我们是爱国的，总有一天事情会弄清楚的。"

在潘天寿含冤辞世五年后，"文化大革命"浩劫终告结束。被颠倒了的事实重新纠正了过来。在审判"四人帮"的起诉书上，潘天寿的名字出现在被迫害致死的杰出艺术家名单之中。

1977年9月25日，中共浙江省委为他公开平反昭雪。

何愔为丈夫在杭州玉皇山脚的一个坡上找到了安息的归宿地。潘天寿生前对玉皇山情有独钟，他喜欢登临玉皇山顶。他曾经对人说过：此处可以看到西湖和钱塘江两种不同的风光，向北眺望，西湖之秀美尽收眼底，而转过头向南远眺，可以目及钱塘江的勃勃雄姿。江天一色的确让人心旷神怡，钱塘江大桥至六和塔亦依稀可辨。《之江远眺》和《西湖美女峰》都取材于此。

重病住院的陆维钊教授得知潘天寿之墓需要写墓碑，他抱病艰难地起身，一丝不苟地为老朋友书写这块碑文，留下了他一生最后的墨迹。可知倾注了多少的深情。

墓地离潘天寿工作生活了四十多年的浙江美术学院不远，每当清明时节，师生们便结伴来到此地瞻仰怀念。

图8-6　玉皇山麓的潘天寿墓

1978年9月5日，"潘天寿先生追悼会"终于在先生含冤去世七周年的日子隆重举行。杭州、北京等地又先后举办了规模盛大的“潘天寿书画展”。潘天寿研究也成了美术界的一个热点。

20世纪70年代末至80年代初，出现了潘天寿逝世后的第一个研究热潮。特别是1980年“潘天寿遗作展”在北京举行，反响非常强烈。中国美术家协会在京举办座谈会，美术界前辈、著名画家和评论家数十人出席，其中江丰、王朝闻、李苦禅、蔡若虹、莫朴、刘开渠、庞熏琹、彦涵、常书鸿、潘絜兹、张仃、胡絜青等作了重要发言，对潘天寿作了很高的评价。第一，认定潘天寿是独树一帜的艺术家，是美术史的大家，而不同于一般的名家。在齐白石以后，潘天寿的写意花鸟画使传统文人画发展到了一个新的高峰，他的画充满新意。第二，潘天寿的画品高，人品亦高，足以为人师法。第三，作为绘画大家，潘天寿的作品和各种资料要广泛搜集，希望出版画册，加强研究。

座谈会以后，潘天寿生前友好和学生写了许多回忆文章。其中有老同学冯蕅然，老同事刘海粟、谢海燕，老朋友王个簃，还有张振铎、高冠华、吴冠中、蔡若虹、应野平等早年的学生，以及为数众多的后期学生。这些文章可分两种。一是回忆录形式，多数是作者写自己与潘天寿交往后留下的美好难忘的印象，赞扬潘天寿高尚的人品。这为潘天寿研究留下了宝贵的第一手资料，短短几年时间，这一类文章有近百篇之多。另一类是对潘天寿艺术的探讨。吴茀之在20世纪60年代为《潘天寿画集》所作的序起了纲领性作用。许多研究论文接受了吴茀之的观点，并进行各自的阐发。其中，吴冠中的《潘天寿绘画的造型特色》，着重研究潘天寿构图的平面分割，面积的黑白、虚实的对比处理，指出“潘天寿的艺术并非以赏心悦目为能事，他直探博大与崇高的精神世界”，“如果将潘画与西方现代绘画中某些精华作品对照研究，可找到其间有许多契合的因素，特别在结构方面与立体派中某些倾向更是不谋而合”。潘公凯、朱金楼关于“强其骨”的论述，从美学、风格论的角度阐发了潘天寿画面的骨力气势，剖析了其绘画奇险、刚劲、雄健的特点。沙孟海的《潘天寿的书法》一文指出“潘天寿先生画名满天下，书名为画名所掩”，“潘先生从结体、行款的整幅布局，惨淡经营，成竹在胸，挥洒纵横，气势磅礴，富有节奏感，可说独步一时”。邓白的《潘天寿的指头画》、刘江的《平中寓奇——潘天寿的篆刻艺术初探》等论文都已开始从某一领域某一个侧面分门别类对潘天寿的艺术进行研究探讨。

《潘天寿画集》《潘天寿美术文集》《潘天寿常用印集》等陆续出版，潘天寿自己编写的《听天阁画谈随笔》在1980年正式出版并多次再版。另外，潘天寿所著《中国绘画史》也再版发行，《潘天寿书画集》、叶尚青编的《潘天寿论画笔录》、潘公凯编的《潘天寿谈艺录》相继问世。1983年，《东海》文学杂志首次连载卢炘的传记文学《雷婆头峰一寿者——记国画大师潘天寿先生》。

这一阶段的研究，可称为纪念性研究。多数作者凭自己掌握的部分资料自发地撰文怀念和赞扬，尚未进入有组织有系统的深入细致研究阶段。尽管如此，这是一个不可忽视的重要阶段，很多老人在弥留之际，或艰难地自己动笔，或口述让人笔录下来，为日后的深入研究作了资料上的准备。许多人尚未见到出版物就已告别了人世。

1981年文化部批准成立的“潘天寿纪念馆”，在杭州南山路景云村一号潘天寿旧居正式对外开放，何愔为首任馆长。

开馆典礼那天，来了许多书画界名人、文化部领导、省委领导。何愔登台

图8-7　潘天寿纪念馆

致词，这是她第一次在大庭广众下演讲，也是她一生中唯一的演讲，用的是杭州话，说得非常实在。她说："天寿一生努力工作，用来回报生他养他的祖国，现在我们把他的遗作献给国家，是为了实现他的遗愿。"

两年后，何愔癌症复发，治疗无效而离世。在最后的这两三年里，这位坚强的女性，在美院领导和文化部领导的支持和众多师生的帮助下，做成了两件事，意义非凡。

第一件事就是这"潘天寿纪念馆"的建立。如今这座纪念馆被全国纪念馆同行公认为在陈列展示和学术研究方面名列前茅。1995年，江泽民来参观时，称赞这座小型纪念馆办得很好。

第二件事是何愔立遗嘱向国家无偿捐献劫后余存的潘天寿一百二十幅书画。1983年9月2日她告别人世，子女们在1984年就实现了母亲的遗嘱。如此慷慨的捐赠震动中国画坛。十年浩劫后，向政府无偿捐献价值连城的名画，这是第一例。也有人为之可惜，潘天寿存世书画不多，为何不多留些给子女？何愔曾这样告诫子女："父亲的艺术是祖国和人民的财产。你们要靠自己的劳动养活自己，若靠遗产是没有出息的！如果有什么遗产的话，是父亲的人品。"话语铿锵有力，掷地有声。子女们把母亲准备好的潘天寿各个时期的代表作（以晚年精品为多）一次性作了捐赠。

图8-8　潘天寿夫人何愔女士（摄于1981年）

文化部发给家属几十万元奖金，他们又捐出来设立潘天寿基金，用以发展美术事业，奖掖对民族美术事业有贡献的人物并发放奖学金。潘天寿基金会成立以后，成功地组织过许多次大型学术活动。何愔女士此举带动了“文化大革命”后美术界名画家家属献画的系列爱国行动。[①]

1985年以后，潘天寿研究的第二次热潮悄然而至，研究专著开始出现。第一部全面地系统地研究潘天寿的专著是潘公凯撰写的《潘天寿评传》。1988年，邓白撰写的《潘天寿评传》出版。1990年，卢炘选编的《潘天寿研究》结集出版，并获首届全国美术图书奖。同年，潘公凯参与剧本编写的电影纪录片《潘天寿的绘画艺术》以及电视片《飘散了的记忆》，将潘天寿研究首次引入影视界。

1990年，香港艺术中心隆重举办“潘天寿绘画展”，带文字分析说明的大型画册《潘天寿画集》出版。这次画展在海外掀起了热潮，仅港台报纸杂志发表的相关文章不下八十篇。

1991年，潘天寿纪念馆编选的《潘天寿诗存》线装书出版。有一批热爱潘天寿艺术的画家和研究者以潘天寿纪念馆和基金会为中心开展活动，从此研究活动开始变得比较有组织。

1992年，潘天寿基金会与北京炎黄艺术馆共同举办“中国画四大家——吴昌硕、齐白石、黄宾虹、潘天寿”大型画展和学术研讨会，出版了颇有影响的论文集——《吴昌硕、齐白石、黄宾虹、潘天寿四大家研究》。

1993年，潘天寿纪念馆与浙江美术学院中国画系联合举办“浙江美院中国画六十五年”系列活动，画展、研讨会、论文集、画集轰动一时。

1994年，“潘天寿研究会”成立。同年，潘天寿国际学术研讨会在潘天寿纪念馆隆重举行，来自美国、日本，中国台湾、香港和内地的七十几位著名美术史论家和画家共聚一堂，并从个案的研究导出了对艺术史几个观点的争论。就“对‘开拓型’‘延续性’划分的否定”“中国画的‘现代形态’和‘现代化’”“从大文化角度认识潘天寿的意义”等七个问题进行了热烈的学术讨论，海内外七八家重要的美术刊物全部长篇刊登会议综述。

潘天寿研究的第三次热潮始于1997年潘天寿诞辰一百周年纪念活动。被公

① 继潘天寿家属以后，仅中国美术学院吴茀之、陆维钊、陆俨少、沙孟海等书画名家的家属先后向政府捐赠作品，并建立了纪念馆。

认为国内规模最大、学术含量最多的这次系列活动，由文化部、浙江省人民政府、中国文联共同主办。江泽民参观了在中国美术馆举办的“潘天寿百年纪念展”及与之相配合的“中国画百年精品展”。中央和国家有关部门负责人李铁映、陈作霖、刘忠德等出席了在钓鱼台国宾馆举行的纪念大会。正如文化部长刘忠德在会上所肯定的，“潘天寿毕生致力于民族艺术的振兴和发展，将中国传统绘画推到了一个新的高峰”，“20世纪中国民族美术的发展面临着新与旧的矛盾和中与西的碰撞，潘天寿先生面对这一课题，显示了独特的清醒和远见。一方面，他恰当地把握了继承与革新的辩证关系，极为重视对传统的研究、理解与继承，又始终将革新传统、发展传统作为艺术追求的主旨；另一方面，他在借鉴和引进西方绘画形式和成果的问题上，强调文学艺术与科学技术的不同特点和区别，强调民族风格的独立性和独特性”。

同时，在中国美术馆的大厅举行了“潘天寿艺术研讨会”，又在钓鱼台国宾馆举行了“20世纪中国画——传统的延续与演进”国际学术研讨会。中国（包括港台）、美国、英国、德国、法国、日本、韩国、澳大利亚、新加坡等地二百多位著名美术史论家和著名画家出席了两个研讨会，又参观了画展。《潘天寿书画集》获第三届国家图书奖，潘天寿传记两种、研究论文集两种、《潘天寿诗存校注》及其他有关潘天寿的专著的出版，把学术研究推向又一个高峰。《潘天寿作品选》一套六张邮票的发行和首发式的举行，潘天寿铜像揭幕，潘天寿广场修建，潘天寿中学建立，潘天寿画展在北京、成都举行，又赴加拿大温哥华、中国台北等大城市举办，潘天寿旧居被列为重点文物保护单位……1997年的中国美术界简直成了“潘天寿年”。

在最后的岁月，在生存还是毁灭的选择中，潘天寿坚持了自己的理想，“在邪恶与人格尊严发生冲突的时候，不肯屈从而死于非命”，他“以肉体的毁灭换得了精神的完整和不朽”，“以一种壮烈的方式，对自己的理想作最后的肯定”。[①]他获得了永恒的价值。

---

① 参见孙振华：《疏离与超越的魅力——论潘天寿的当代意义》，载郎绍君等《吴昌硕、齐白石、黄宾虹、潘天寿四大家研究》，浙江美术学院出版社1992年版，第345—372页。

潘天寿，他的名字又回到了人们口中。“中国有个潘天寿。”每当谈论20世纪的中国绘画，人们总是这样钦佩地说。中国美术史理所当然地给他留出了位置，因为他使这一段美术史闪闪发光，使这一段美术教育史彪炳后世。他是一个值得永远怀念的人物。

第九章　高山仰止

一位书画家的历史地位得以认定，五十年也许是最小的时间尺度。太近的时间和距离不仅无助于人们认识美，反而使人判断出现偏差。黄宾虹先生甚至说过："我的画要五十年后才能为世所知。"在20世纪中国画四大家中，吴昌硕享年八十四岁、齐白石享年九十四岁、黄宾虹享年九十一岁，均享高寿。相传缶庐四十学画，白石衰年变法，宾虹晚年大成，名家的成熟创作期约莫也就四十余载。潘天寿七十五岁离世，然其三十出名，创作期与前辈相差无几。可吾辈仍扼腕叹息痛失潘师，因先生是罹难而死，在不该走的时候离开了我们！半个世纪过去了，每逢忌日纪念先生，心情总是沉重不堪，难以释怀。

当然最好的纪念该是研究与学习，以行动继承先生之未竟事业。

潘先生的成就主要在艺术创作和艺术教育两个方面，此中凝聚着先生高尚之人格精神，犹如一盏明灯一直照耀着后人砥砺前行。

作为20世纪中国画传统四大家之一，潘先生发扬民族绘画精神，在传承中开拓，他的作品辉煌灿烂，在绘画史上独树高标。潘先生主张与"融合论""取消论"相对的"特色论"，认为中西绘画要拉开距离，中国画必须保持自己的独特性和独立性。他的作品与他的理论完全一致，具体可概括为五点：

第一，继承文人画诗书画印相融的特点，注重意境、气韵、格调等中国民族绘画的价值标准。他强调"吾国唐宋以后之绘画，是综合文章、诗词、书法、印章而成者。其丰富多彩，均非西洋绘画所能比拟。吾故曰：'画事不须三绝，而须四全。'四全者，诗、书、画、印章是也。"他自己的作品推陈出新，诗书画印融汇一炉，他指出："艺术之高下，终在境界。境界层上，一步一重天。往往辛苦一世，未必梦见。"置境界、格调为首位要务。

第二，特别强调中国画要讲究骨法用笔，突出用笔（线条）的作用。他认为"吾国绘画，以笔线为间架，故以线为骨。骨须有骨气；骨气者，骨之质也，以此为表达对象内在生生活力之基础。故张爱宾云：'骨气形似，皆本于立意，而归于用笔。'"线条精炼，变化无穷，造就了中国画明豁的特点。这自然也是潘天寿作品最主要的特点。

第三，善于创作寻丈巨幅作品，精于画面章法构图研究。在这一点上可谓前无古人，至今亦未见有在构图上胜于潘天寿者。

第四，改变了传统的折枝花卉画法，先生把花鸟放在大自然中去表现，特别喜欢画有生气有野气的东西。山水画则苍古厚重而静穆幽深，非常注意山川的传神和寓意。继而尝试将山水与花鸟相结合，创造出大山一角、山花烂漫的作品，面貌为之一新。

第五，继清代高其佩指墨画的成就，潘天寿晚年指墨巨幅登上指墨画的顶峰，引领着指墨画的现代发展。

作为一位出色的艺术家，潘天寿的艺术风格独树一帜——沉雄阔大、奇崛高华。他大量传统又出新的优秀作品展示了他中国画"特色论"的发展空间是无限广阔的。他的作品总给人以气魄宏大、激动、振奋的感觉。尤其是20世纪五六十年代的巨幅作品，奠定了他在绘画史上的崇高地位。

艺术不能没有主观的因素，画是主观感情和客观对象结合的产物。他的作品真诚朴实，充溢着内在的精神美，体现了中华民族深沉的精神力量。中国文化是重视精神道德的文化，只有当一个艺术家的道德、修养、境界、情感、艺术气质和技艺都达到高水平的和谐匹配时，才能创造出真正具有永久价值的作品。

潘天寿的独立人格向来为美术界、文化界所崇敬，凡是涉及艺术和艺术教学的见解，他从不含糊，尽管他平时和蔼可亲、随和恬淡。他对虚无主义的文化自卑情绪、否定中国画的思潮敢于顶风逆浪。有人说"中国画不能画大画，所以不能为现实服务"，他就接二连三画出精彩的丈二幅面的大画来。他以自己的行动给予否定中国画价值的思潮有力回击。

“只有潘天寿才算真正自觉地从中国画内部来发现问题，并提出自己方案的优秀画家。”（严善錞语）他继承了文人画的优秀传统而改变了文人画的图式。他在中国画不被重视的困境中，发扬精神性，重建人文图式，从笔墨内涵、构图画法到格调意境等综合探索中，将作品推到大气磅礴的境地，从而以慑人的力量感和强烈的现代意识在学术层面上捍卫了民族传统。

如果说吴昌硕以金石书法入画，酣畅雄强而明丽典雅；齐白石具有平民本色，作品天真童趣而简拙生辣；黄宾虹以学识的深邃幽奥，获得了浑厚丰润的效果；那么潘天寿则以自强不息的生生活力，“一味霸悍”地独揽雄伟博大气势，特具中国气派。

潘天寿的伟大之处，还在于他通过近半个世纪的美术教育影响了整整一代人，他的弟子传人目前已经遍及全国，客观上已经形成了一个学派。这个学派既有完整的美学思想和教育规范，又有大量实战经验和作品成果，为数众多的学生形成了阶梯型的人才队伍。

当我们把潘天寿和他的学派置于历史环境作文化危亡与抗争的分析，并与相邻诸位大师的学说作比较，再溯源古代学派、近代学派之关联，可发现其对文化思想、强国理念、美术教育、美术创作的意义。综观其理论与实践，实为新时期的国学演进。这种演进核心是哲学，却在中国画领域鲜明地呈现了出来。中国画是一个载体，捍卫与推进中国画其实也是在捍卫国学，其作用带有普遍性，意义深远。这是把“求真务实，民族自信，坚持特色，为传统增高阔”作为己任的学派，它的核心在于一个“正”字，正气、正学、正道。

中国的传统经典教育、人格教育原本居世界前列。近代的改制将教育转变为较单一的知识传授、专业教育，传统文化包括中国画，产生了价值危机、生存危机。文化精英为传统文化的生存发展奔走呼号、奋力抗争，潘天寿学派即是这种抗争的产物，其学术特色与传统文化品质接轨，赤子之心，难能可贵。

学派特色与通常说的艺术特色不是同一概念，潘天寿学派艺术重人格，实践出真知，既贵有所承，亦贵能跋扈。潘先生说吾师弘一法师云：“应使文艺以人传，不可人以文艺传。”他确信：“有至大、至刚、至中、至正之气，蕴蓄于胸中，为学必尽其极，为事必得其全，旁及艺事，不求工而自能登峰造极。”请注意，这里“旁及艺事”四字之主次何其分明。艺术家首先应该是堂堂正正的君子，称得上一个现代文化人，其艺事才能登峰造极，其艺术才能达到育人的目的。

对于国学的“承”与“变”，潘天寿作过许多论述，颇具辩证性。如对于“外师造化，中得心源”，潘天寿则说“还需上法古人，方不遗前人已发之秘”，八个字再添加四个字“上法古人”，这又是何其重要的学术观点。论及中国画，他说：“中国画要讲诗情画意，讲境界、格调，要表现高尚的情操。这也就是思想性。”

纵向寻源，潘天寿学派继承了传统的儒家文化，又从道、释文化中吸取了营养，实施了对中和之美的继承和超越。

潘天寿家乡宁海的明代儒士方孝孺对他影响极大，他就读的小学就是正学学堂。另一位对他影响很大的是阳明先生。王阳明主张经世致用，创新图存。阳明先生提出知行合一之说，将立德、立功、立言作为人生的目的。阳明先生修身为本，正心诚意，致知格物，自身就是弟子学生最好的榜样。在这样的影响下，潘天寿一生正大光明，身体力行，在艺教中特别注重“致良知”，追求成为道德完善之人。

道家学说遵循自然规律，倡导“归真返朴，复归自然”。佛学家强调透过现象看本质，看透人生天地。潘天寿的《谈艺录》处处闪耀出此类智慧光芒，大到人生天地，小到处理中国画用笔用墨。

潘天寿在学理上远承儒道释诸家，他中国画的“接力棒”来自吴昌硕，“吴齐黄潘”到潘天寿才真正有形成一个学派的可能，而潘天寿则在新型的艺术高校从学统方面强调艺术的功能，视艺术为知行合一的完美个性表达，并最终成就了自己的艺术人生。

大事年表

1897年（清光绪二十三年丁酉）　1岁

3月14日（农历二月十二），出生于浙江省宁海县冠庄村。原名天谨，学名天授，字大颐，号阿寿，别署懒秃、朽居士、懒道人、懒头陀、颐者、心阿兰若住持、寿者、古竹园丁寿者等，晚年常署雷婆头峰寿者。父名秉璋，字子陶。县庠生，能书。

1903年（清光绪二十九年癸卯）　7岁

是年，宁海王锡彤反洋教起义，经过冠庄得到潘秉璋设宴接待，但终被镇压。生母受惊吓，因产后褥病故。入村中私塾读书。始喜习字和临摹《三国演义》《水浒传》等小说中的插图。

1910年（宣统二年庚戌）　14岁

入县城缑中小学读书。购得《芥子园画传》及一些字帖，始有志于中国书画。两年后转学正学高小。

1915年（民国四年乙卯）　19岁

从高小毕业。考入浙江省立第一师范学校，赴杭州就读。

1918年（民国七年戊午） 22岁

寒假回乡，遵父命与同县姜吉花结婚。

1919年（民国八年己未） 23岁

五四运动影响杭城，参加学生爱国游行集会。

1920年（民国九年庚申） 24岁

从浙江第一师范毕业。受五年师范教育，得到名师经亨颐、李叔同、夏丏尊等的培育和熏陶。毕业后，返宁海正学高小任教。刻苦自学绘画、书法、篆刻和诗词。

1922年（民国十一年壬戌） 26岁

转浙江孝丰（今属安吉县）高小任教，与沈遂真就地举办双人书画展。作《秃头僧图》等。经师友介绍，赴上海民国女子工艺学校教绘画。

1923年（民国十二年癸亥） 27岁

夏，兼任上海美术专门学校国画实习和理论课教师，与诸闻韵共创中国第一个国画系（科）。结识吴昌硕、王一亭、黄宾虹等著名前辈画家。吴昌硕对他厚爱有加，赠篆书对联“天惊地怪见落笔，巷语街谈总入诗”及一首七古长诗嘉勉。赞其“年仅弱冠才斗量”。但也发现潘天寿对古人重功力、严法则主张有些掉以轻心，所以又婉转地指出：“只恐荆棘丛中行太速，一跌须防堕深谷，寿乎寿乎愁尔独。”姜吉花生长女秀兰。

1924年（民国十三年甲子） 28岁

正式辞去民国女子工艺学校教职，受聘为上海美术专门学校教授。

1926年（民国十五年丙寅） 30岁

与友人俞寄凡、潘伯英等共同发起创办上海新华艺术专科学校。所编《中国绘画史》由商务印书馆正式出版。姜吉花生次女贞。

1927年（民国十六年丁卯）　31岁

新华艺术专科学校正式成立，出任艺术教育系主任。

1928年（民国十七年戊辰）　32岁

杭州国立艺术院成立（后改为国立杭州艺术专科学校），受聘为国画系主任教授，兼书画研究会指导教师。定居杭州，仍兼任上海美专、新华艺专教授。与姜吉花离婚。

1929年（民国十八年己巳）　33岁

赴日本考察艺术教育。负责操办国立杭州艺术专科学校师生作品展。

1930年（民国十九年庚午）　34岁

与国立杭州艺术专科学校首届生何文如（愔）结婚。

1931年（民国二十年辛未）　35岁

何愔生长子炘。

1932年（民国二十一年壬申）　36岁

与诸闻韵、吴茀之、张振铎、张书旂等组织国画研究会——“白社”，主张以扬州画派的革新精神从事国画创作。先后在上海、南京、杭州和苏州等地举办画展。何愔生女儿曦。

1934年（民国二十三年甲戌）　38岁

与邵裴子等人同游黄山，并写长诗记游。

1935年（民国二十四年乙亥） 39岁

与姜丹书、朱屺瞻等同游富春江、金华北山，访古苎萝村，并写长诗记游。

1936年（民国二十五年丙子） 40岁

所编《中国绘画史》修订本出版，并被收入“大学丛书”。何愔生次子敉。

1937年（民国二十六年丁丑） 41岁

抗日战争爆发，随国立杭州艺术专科学校内迁。在十年安定的教学生涯中所创作和收藏的中国书画，因留杭未携走而尽遭损毁。

1938年（民国二十七年戊寅） 42岁

杭州艺专与北京艺专在湖南省沅陵县合并为国立艺专。整理旧诗稿，编成《诗剩》一册。国立艺专奉令西迁昆明，遂将生病无法西行的夫人何愔送回浙江省缙云县岳父处，约友人绕道越南河内，奔赴昆明。

1939年（民国二十八年己卯） 43岁

国立艺专迁昆明呈贡安江村，中西画分科，主持中国画教学。

1940年（民国二十九年庚辰） 44岁

国立艺专迁四川璧山，出任教务长。次子敉在浙江缙云因受日机轰炸惊吓而夭亡。

1941年（民国三十年辛巳） 45岁

按规定休假一年，回浙江缙云县探亲，并采集绘画素材。

1942年（民国三十一年壬午） 46岁

返四川，至江西上饶因病折回，获准续假。赴福建建阳，任东南联合大学教授。

1943年（民国三十二年癸未）　47岁

东南联合大学并入英士大学，搬迁至浙江云和，出任艺术教育系图工组主任。不久，教育部电示请赴重庆担任国立艺专校长，自认办事能力不强，坚辞不就，并退回路费。

1944年（民国三十三年甲申）　48岁

教育部再次来电，国立艺专师生亦一再来电请求，乃接受校长之职，并邀谢海燕、吴茀之同赴重庆磐溪，同时仍兼授国画课程。离浙前，《听天阁诗存》结集出版。在磐溪编著教材《治印丛谈》。

1945年（民国三十四年乙酉）　49岁

抗战胜利。在昆明举办个人画展，所展作品售罄。

1946年（民国三十五年丙戌）　50岁

国立艺专迁回杭州，先行赴杭参加接收，筹建校舍。

1947年（民国三十六年丁亥）　51岁

聘黄宾虹任国立艺专教授。辞去国立艺专校长职务，全力投入艺术创作和教学，同时兼任上海美专教授。何愔生三子公凯。

1948年（民国三十七年戊子）　52岁

是年创作颇丰，作《松鹰图》《濠梁观鱼图》《柏园图》《读经僧图》等。

1949年（己丑）　53岁

中华人民共和国成立。

1950年（庚寅）　54岁

国立艺专改名中央美术学院华东分院。中西画合并成绘画系。随学校师生下乡，作《踊跃争缴农业税》等表现时代风貌的人物画，自嘲是“六十六，学大木”。为留用教授，任民族美术研究室主任，与吴茀之等大量收购、鉴定民间藏画，分类造册，装裱修整，充实院系收藏，为教学提供了充分的直观教材，从此该校绘画系古画收藏为全国高校之最。

1951年（辛卯）　55岁

参加皖北土改工作队。

1953年（癸巳）　57岁

出席中国文学艺术工作者第二次代表大会。学院成立彩墨画系。作大幅指墨画《松梅群鸽图》。

1954年（甲午）　58岁

作《竹谷图》《美女峰图》《睡猫图》等。撰写《毛笔的常识》。

1955年（乙未）　59岁

赴雁荡山写生，回杭后作《灵岩涧一角图》《梅雨初晴图》等。

1956年（丙申）　60岁

中央美院华东分院恢复国画系。撰写《顾恺之》专著。

1957年（丁酉）　61岁

任中央美院华东分院副院长。美术界批判民族虚无主义倾向。撰写《中国画题款之研究》《谈谈中国传统绘画的风格》。

1958年（戊戌）　62岁

被补选为第一届全国人民代表大会代表。荣获苏联艺术科学研究院名誉院士称号。作《铁石帆运图》《小篷船图》《露气图》等。

1959年（己亥）　63岁

中央美院华东分院改名为浙江美术学院，出任院长。出席第二届全国人民代表大会。应邀以《鹫鹰图》《小篷船图》《江天新霁图卷》等作品参加苏联举办的“我们同时代人”展览。作《百丈岩古松图卷》《晴晨图》等。

1960年（庚子）　64岁

任中国美术家协会副主席。作《小龙湫下一角图》《小龙湫一截图》《百花齐放图》等。尝试创作山水与花鸟相结合的新作。

1961年（辛丑）　65岁

兼任中国美术家协会浙江分会主席。出席全国高等学校文科教材会议，针对山水、花鸟不受重视的情况，提出“中国画系人物、山水、花鸟三科应该分科学习”的意见，认为中国画早有人物、山水、花鸟三个独立的大系统，都受到广大人民群众的喜爱；三科的学习基础，各有它不同的特点与要求，为了培养专精人才，三科必须分开教学。会议上他展示了浙江美术学院国画系的教学方案，得到上级的首肯与兄弟院校的响应，从此，全国性的国画系分科教学逐渐形成，从而挽救了山水、花鸟画濒临边缘化的局面。作《小亭枯树图》《雨后千山铁铸成图》等。重游太湖。

1962年（壬寅）　66岁

在杭州、北京等地举办个人画展。在素描教学讨论会上，反对“素描是一切造型艺术的基础”的提法以及“绘画都是从自然界来的”“西洋素描就是摹写自然最科学的方法”等观点，强调中国画一定要建立自己的造型基础，主张摒弃以明暗素描为中国画基础训练的教学方法，而代之以传统的白描、双钩练习；吸收西洋素描的速写作为基础训练的内容之一，并加强写生、临摹、默写等训练。由此，中国画教学出现新面貌。作《雁荡花石图卷》《雨霁图》等。重游黄山。

1963年（癸卯） 67岁

任中国书法代表团副团长，访问日本。在交流过程中，认定必须加紧筹办书法篆刻专业。中国第一个书法篆刻专业在他的首倡下，经上级批准正式成立，开始招收本科生。与陆维钊、诸乐三、沙孟海等人一起为此做了大量工作。赴山东等地讲学，游泰山。整理《听天阁诗存》。《潘天寿画集》出版。作《雁荡山花图》《无限风光图》等。

1964年（甲辰） 68岁

出席第三届全国人民代表大会。个人画展在香港举办。作《泰山图》《劲松图》等。

1965年（乙巳） 69岁

参加上虞农村社教工作队。去湖州作画。重游太湖。

1966年（丙午） 70岁

作《梅月图》等。“文化大革命”开始后，被诬为“反动学术权威”，遭受迫害。

1969年（己酉） 73岁

被押往家乡游斗，极其悲愤。作最后一首诗：“莫嫌笼絷窄，心如天地宽。是非在罗织，自古有沉冤。”

1971年（辛亥） 75岁

听罢被定为“反动学术权威”的结论，愤慨之至，再度遭受打击，于9月5日不幸逝世。

潘天寿主要传世作品

设色枇杷图轴（1918年），74cm×43.5cm，西泠印社藏

清影摇风图轴（1919年），95cm×21cm，宁海文物管理委员会藏

雪竹图轴（1919年），95cm×21cm，宁海文物管理委员会藏

紫藤白头翁图轴（1919年），85cm×32.8cm，浙江省美术家协会藏

行书菜根谭四条屏（1919年），131cm×31cm，潘天寿纪念馆藏

疏林寒鸦图轴（1920年），23.2cm×20.8cm，私人收藏

晚山疏钟图轴（1920年），22.8cm×20.5cm，私人收藏

秋菊佳色图轴（1920年），88cm×44.2cm，潘天寿纪念馆藏

一帘花影图轴（1920年），95.2cm×43.8cm，潘天寿纪念馆藏

紫藤明月图轴（1921年），142.4cm×75cm，宁海文物管理委员会藏

雪景八哥图轴（1921年），142.5cm×79.3cm，青岛市博物馆藏

济公与象图轴（1922年），168.5cm×90.3cm，宁海文物管理委员会藏

秃头僧图（1922年），94.8cm×172cm，潘天寿纪念馆藏

古木寒鸦图（1922年），40cm×14.5cm，潘天寿纪念馆藏

长风白水图（1922年），52.2cm×166cm，私人收藏

设色芳草图轴（1922年），172cm×30cm，私人收藏

拟缶翁墨荷图轴，138.5cm×68.3cm，宁海文物管理委员会藏

参禅老衲图轴（1924年），82.2cm×39cm，私人收藏

枯竹图轴（1924年），86.5cm×40cm，潘天寿纪念馆藏

行乞图轴（1924年），140cm×38.7cm，私人收藏
晴峦晓色图轴（1925年），152cm×43.2cm，潘天寿纪念馆藏
暗香冷梅图轴（1925年），69.5cm×34.5cm，潘天寿纪念馆藏
空山幽兰图轴（1925年），69cm×34.5cm，潘天寿纪念馆藏
湘江瘦竹图轴（1925年），68.5cm×34.5cm，潘天寿纪念馆藏
湿露秋菊图轴（1925年），68.5cm×34.5cm，潘天寿纪念馆藏
古梅图轴（1925年），94.4cm×40.6cm，私人收藏
赠中望行书轴（1927年），148.5cm×37.5cm，潘天寿纪念馆藏
绯袍图轴（1928年），150.8cm×46.2cm，宁海文物管理委员会藏
银涛天际图轴（1928年），199cm×52.5cm，私人收藏
墨色小鸟图轴（1928年），43cm×33.5cm，潘天寿纪念馆藏
行书客枕商船轴（1928年），131cm×33cm，温州市博物馆藏
青山白云图轴（1928年），179cm×55cm，中国美术馆藏
设色芙蓉图轴（1928年），178cm×53.5cm，北京荣宝斋藏
鸡冠八哥图轴（1929年），150.5cm×47.6cm，宁海文物管理委员会藏
黄菊图轴（1929年），33.5cm×34.1cm，私人收藏
玉蜀黍图轴（1929年），30.7cm×33.2cm，私人收藏
西湖秋色图轴（1929年），33cm×33.7cm，私人收藏
曲谷图轴（1930年）
片帆夕阳图轴（1930年），84cm×43.5cm，私人收藏
墨笔花图（1931年），33.7cm×40.6cm，潘天寿纪念馆藏
霜天暮钟图（1931年），33.7cm×40.6cm，潘天寿纪念馆藏
甬江口炮台图（1932年），33.4cm×40.5cm，潘天寿纪念馆藏
赠悲鸿鱼鹰图轴（1932年）
晴秋图（1932年），33.5cm×39.1cm，潘天寿纪念馆藏
荷花图（1932年），33.4cm×40.8cm，潘天寿纪念馆藏
桂鱼图（1933年），33.4cm×40.7cm，潘天寿纪念馆藏
夕阳山外山图轴（1933年），151.7cm×47.7cm，潘天寿纪念馆藏

梅兰竹图轴（1933年），88.9cm×38.5cm，潘天寿纪念馆藏
烟雨修竹图轴（1933年），178.8cm×47cm，私人收藏
行书清晨诗（1934年），32.5cm×34cm，私人收藏
行书啼乌曲诗（1934年），32.5cm×34cm，私人收藏
梦游黄山图轴（1936年），247.2cm×46.7cm，潘天寿纪念馆藏
水墨菊竹图轴（1937年），109cm×40cm，潘天寿纪念馆藏
墨色小山水图轴（1938年），43.4cm×32.6cm，潘天寿纪念馆藏
楚兰图轴（1940年），私人收藏
瓶梅图轴（1941年），私人收藏
老松苍岩图轴（1941年），69cm×39cm，私人收藏
秃笔山水图轴（一）（1941年），黑龙江省博物馆藏
凉月秋荷图轴（1941年），121cm×45cm，私人收藏
赠士林兰竹图轴（1941年），35cm×29cm，私人收藏
逼画屏斋匾额（1941年），32cm×142.5cm，私人收藏
小城山小册页（1941年），私人收藏
岩菊图轴（1943年），68.7cm×33cm，潘天寿纪念馆藏
赠海燕墨兰横幅（1944年），33cm×126cm，私人收藏
行书画论手卷（1943年），23cm×130cm，私人收藏
赠子颐卜文轴（1944年），148.8cm×25.5cm，私人收藏
微雨蔷薇图轴（1944年），私人收藏
洞庭片帆图轴（1945年），61.5cm×35cm，私人收藏
江洲夜泊图轴（二）（1944年），134cm×34cm，私人收藏
春江帆影图轴（1945年），奉化文物管理委员会藏
浅绛山水图轴（1945年），107.9cm×109cm，潘天寿纪念馆藏
赠任天楷书联，133cm×23.5cm×2，私人收藏
霞光凝水图轴（1945年），65.9cm×45.1cm，美国纽约大都会博物馆藏
幽兰灵芝图轴（1946年），148.5cm×38cm，潘天寿纪念馆藏
水墨山水图轴（1947年），60.5cm×68cm，潘天寿纪念馆藏

卜文通谷阳林长对饮轴（1948年），132cm×32.7cm，潘天寿纪念馆藏

萱花狸奴图轴（1948年），130cm×42cm，黑龙江省博物馆藏

行书安禅倘有华光衲轴（1948年），147.5cm×38cm，潘天寿纪念馆藏

隶书荣名为生五言联（1948年），143cm×39.4cm×2，宁海文物管理委员会藏

灵芝图轴（1948年），132.5cm×45.2cm，潘天寿纪念馆藏

旧友晤谈图轴（1948年），90.7cm×40.5cm，潘天寿纪念馆藏

盆兰墨鸡图轴（1948年），75cm×40.3cm，潘天寿纪念馆藏

秋意图轴（1948年），220cm×47cm，潘天寿纪念馆藏

春兰新放图轴（1948年），135cm×33.5cm，私人收藏

行书耐有寒香图轴（1948年），126.3cm×30.4cm，潘天寿纪念馆藏

携琴访友图轴（一）（1948年），106cm×54.7cm，中国美术馆藏

灵鹫图轴（1948年），89cm×33.4cm，潘天寿纪念馆藏

松下观瀑图轴（1948年），138.8cm×52.2cm，中国美术学院中国画系藏

松鹰图轴（1948年），148.8cm×47cm，中国美术馆藏

行乞图轴（1948年），118cm×33.8cm，潘天寿纪念馆藏

濠梁观鱼图轴（1948年），154cm×32cm，潘天寿纪念馆藏

烟雨蛙声图轴（1948年），68cm×135cm，潘天寿纪念馆藏

磐石墨鸡图轴（1948年），68cm×136.5cm，潘天寿纪念馆藏

读经僧图卷（1948年），68cm×136cm，中国美术馆藏

耕罢图卷（1949年），133.9cm×270cm，宁海文物管理委员会藏

梅花高士图轴（1950年），136.7cm×42cm，潘天寿纪念馆藏

文艺工作者访问贫雇农图（1950年），42cm×46.3cm，潘天寿纪念馆藏

踊跃争缴农业税图（1950年），47.9cm×37.2cm，中国美术馆藏

丰收图（1952年），49.5cm×37.2cm，潘天寿纪念馆藏

江南春雨图轴（1953年），85.8cm×77.2cm，潘天寿纪念馆藏

江洲夜泊图轴（四）（1953年），120cm×171.5cm，潘天寿纪念馆藏

焦墨水山图轴（1953年），183.3cm×66cm，潘天寿纪念馆藏

江洲夜泊图轴（五）（1954年），164.5cm×108.7cm，潘天寿纪念馆藏

之江遥望图轴（1954年），135.2cm×33.6cm，潘天寿纪念馆藏

美女峰图轴（1954年），79.4cm×61.7cm，潘天寿纪念馆藏

行书咏兰诗卷（1954年），33.2cm×172.9cm，私人收藏

棕榈图轴（1954年），177.4cm×47.4cm，中国美术馆藏

晚风荷香图轴（1954年），150cm×42.7cm，潘天寿纪念馆藏

秋光烂漫图轴（1954年），148.5cm×40.5cm，宁海文物管理委员会藏

睡猫图（1954年），87cm×76.2cm，中国美术馆藏

欲雪图轴（1954年），69cm×77.5cm，潘天寿纪念馆藏

小憩图轴（1954年），224cm×105cm，潘天寿纪念馆藏

朱荷图卷（1955年），41cm×146cm，私人收藏

行书天柱自擎天轴（1955年），145cm×47cm，温州市博物馆藏

篆书四壁岩花九言联（1955年），182cm×40cmcm×2，温州市雁荡山风景旅游管理局藏

灵岩涧一角图轴（1955年），119.7cm×116.7cm，中国美术馆藏

梅雨初晴图轴（1955年），107cm×107.2cm，中国美术馆藏

盛放图轴（1955年），133cm×50cm，中国美术馆藏

莹莹山水图轴（1957年），61.2cm×61cm，浙江省美术家协会藏

观瀑图轴（三），184.8cm×74.8cm，中国美术学院中国画系藏

龙山图轴（1956年），70.5cm×51.5cm，潘天寿纪念馆藏

雁荡花石图卷（一）（1957年），浙江省博物馆藏

诚斋诗意图轴（1958年），132cm×33.5cm，私人收藏

铁石帆运图轴（1958年），248cm×242cm，潘天寿纪念馆藏

新雏图轴（1958年），95.8cm×34.7cm，潘天寿纪念馆藏

红荷图轴（1958年），76.5cm×50.5cm，潘天寿纪念馆藏

露气图轴（1958年），129.6cm×154.2cm，中国美术馆藏

春艳图轴（1958年），248cm×62cm，中国美术馆藏

华光烂漫图轴（1958年），120.4cm×41.8cm，西泠印社藏

长松流水图卷（1958年），141cm×365cm，潘天寿纪念馆藏
葡萄枇杷（册页）（1958年），16.9cm×22.7cm，潘天寿纪念馆藏
秋晨（册页）（1958年），16.8cm×22.8cm，潘天寿纪念馆藏
凌霄花（册页）（1958年），16.7cm×22.8cm，潘天寿纪念馆藏
诚斋诗意（册页），16.7cm×22.8cm，潘天寿纪念馆藏
白描水仙（册页）（1958年），16.7cm×22.8cm，潘天寿纪念馆藏
大岩桐（册页）（1958年），16.7cm×22.8cm，潘天寿纪念馆藏
黄菊（册页）（1958年），16.9cm×22.3cm，潘天寿纪念馆藏
凤仙花（册页）（1958年），16.6cm×23.5cm，潘天寿纪念馆藏
荷花蜻蜓（册页）（1958年），17cm×22.7cm，潘天寿纪念馆藏
百丈岩古松图卷（1959年）
江天新霁图卷（1959年），72.1cm×244.1cm，中国美术馆藏
拟米襄阳山水图轴（1959年），67cm×36cm，私人收藏
百花齐放图轴（1959年），78.4cm×52cm，中国美术学院国画系藏
新喜图轴（1959年），63cm×44.3cm，中国美术学院中国画系藏
江山如此多娇图轴（1959年），72cm×30cm，潘天寿纪念馆藏
毛主席词意图轴（1959年），49.8cm×26.9cm，潘天寿纪念馆藏
芰荷图轴（1959年），128cm×87.4cm，潘天寿纪念馆藏
芳香袭予图轴（1959年），137cm×39cm，中国美术学院藏
红莲图轴（1959年），245.5cm×60cm，中国美术馆藏
泰华赤松图轴（1959年），81.2cm×89.5cm，潘天寿纪念馆藏
鱼鹰红荷图卷（1959年），197.5cm×300cm，钓鱼台国宾馆藏
湘江翠竹图（1959年），直径47cm，潘天寿纪念馆藏
云台东望图，直径45cm，潘天寿纪念馆藏
袭予图（1959年），直径47.8cm，中国美术学院中国画系藏
醉雀图1959年），直径33cm，潘天寿纪念馆藏
九溪写生图，直径47cm，潘天寿纪念馆藏
金文遣小子敦（册页）（1959年），26cm×38cm，中国美术学院中国画系藏

金文兮仲敦（册页）（1959年），25.6cm×38cm，中国美术学院中国画系藏

隶书尚方铜器铭文（册页）（1959年），25.6cm×37.8cm，中国美术学院中国画系藏

夕阳渔归图（1960年），直径44.6cm，中国美术学院中国画系藏

黄山松图轴（1960年），153cm×117cm，潘天寿纪念馆藏

松石图轴（1960年），179.5cm×140.5cm，潘天寿纪念馆藏

小龙湫一截图卷（1960年），162.3cm×260cm，潘天寿纪念馆藏

接天莲叶图卷（1960年），137.5cm×276.8cm，潘天寿纪念馆藏

庭院鸡雏图卷（1961年），33.5cm×138cm，私人收藏

携琴访友图轴（二）（1961年），107cm×73.5cm，潘天寿纪念馆藏

春塘水暖图轴（1961年），249cm×102cm，潘天寿纪念馆藏

松鹰图轴（1961年），252.8cm×73.2cm，潘天寿纪念馆藏

抱雏图轴（1961年），151.5cm×48.5cm，潘天寿纪念馆藏

梅兰夜色图轴（1961年），224cm×61.3cm，潘天寿纪念馆藏

晴峦积翠图轴（1961年），156.5cm×61.5cm，潘天寿纪念馆藏

小亭枯树图轴（1961年），139.5cm×62cm，潘天寿纪念馆藏

雨后千山铁铸成图轴（1961年），89.5cm×45.6cm，中国美术馆藏

西风黄菊图轴（1961年），79.5cm×46.5cm，潘天寿纪念馆藏

梅鹤图轴（1961年），142cm×44.7cm，潘天寿纪念馆藏

微风燕子斜图轴（1961年），180cm×47.5cm，潘天寿纪念馆藏

雁荡写生图卷（1961年），49cm×179cm，潘天寿纪念馆藏

春草池塘诗意图卷（1961年），60cm×245cm，潘天寿纪念馆藏

春花图轴（1961年），74.8cm×64.7cm，潘天寿纪念馆藏

朱荷图卷（1961年），37.5cm×150.5cm，潘天寿纪念馆藏

鱼鹰图轴（1961年），144.5cm×165.3cm，潘天寿纪念馆藏

青绿山水图轴（1962年），69cm×54cm，潘天寿纪念馆藏

秋酣南国图轴（1962年），108.3cm×107.8cm，潘天寿纪念馆藏

西湖碧桃图轴（1962年），177.5cm×48cm，潘天寿纪念馆藏

梅花芭蕉图轴（1962年），183cm×50.7cm，潘天寿纪念馆藏
设色兰竹图轴（1962年），95cm×71cm，潘天寿纪念馆藏
萱花狸奴图轴，168cm×48.2cm，潘天寿纪念馆藏
秋夜图轴（1962年），211cm×51.5cm，潘天寿纪念馆藏
欲雪图轴（1962年），67cm×57.9cm，潘天寿纪念馆藏
鱼乐图轴（1962年），108cm×57.5cm，潘天寿纪念馆藏
雨霁图卷（1962年），141cm×363.3cm，潘天寿纪念馆藏
夏塘水牛图卷，142.7cm×367cm，潘天寿纪念馆藏
雁荡花石图卷（1962年），150.2cm×346.9cm，潘天寿纪念馆藏
八哥崖石图轴（1962年），261cm×143cm，潘天寿纪念馆藏
雨霁图卷（1963年），143.5cm×359cm，钓鱼台国宾馆藏
朱荷图轴（1963年），125cm×65.5cm，潘天寿纪念馆藏
新放图轴（1963年），60cm×53.3cm，潘天寿纪念馆藏
小龙湫下一角图轴（1963年），107.8cm×107.5cm，潘天寿纪念馆藏
雁荡山花图轴（1963年），122cm×121cm，潘天寿纪念馆藏
睡鸟图轴（1963年），61.5cm×56cm，潘天寿纪念馆藏
无限风光图轴（1963年），361cm×132cm，潘天寿纪念馆藏
朝霞图轴（1964年），82cm×79.5cm，潘天寿纪念馆藏
映日图轴（1964年），161.5cm×99cm，潘天寿纪念馆藏
泰山图轴（1964年），247cm×79cm，潘天寿纪念馆藏
劲松图轴（1964年），207cm×151cm，潘天寿纪念馆藏
光华旦旦图卷（1964年），265cm×685cm，潘天寿纪念馆藏
暮色劲松图轴（1964年），345cm×143.1cm，潘天寿纪念馆藏
雄视图轴，347.3cm×143cm，潘天寿纪念馆藏
初升图轴，330cm×144cm，潘天寿纪念馆藏
松石梅月图轴，329cm×149cm，潘天寿纪念馆藏
梅月图轴（1966年），182cm×152cm，潘天寿纪念馆藏
行书楚雨沧海图轴（1920年），22.5cm×20.5cm，私人收藏

楷书世人谈山水四条屏（1927年），私人收藏

简笔青绿山水图轴，79.5cm×33.5cm，浙江省美术家协会藏

行书莫干山诗轴（1934年），32.5cm×34cm

行书姜坞梦醒感别诗，118.5cm×29cm，私人收藏

金文摹楚公钟轴（1940年）

行书秋意瓦檐赊轴（1940年），166cm×32cm

行书访旧论怀卷，33cm×182.5cm，温州市博物馆藏

隶书丙午神钩铭，26cm×38cm，中国美术学院中国画系藏

行书我忆西泠，26cm×37cm，中国美术学院中国画系藏

行书登龙山，25.8cm×38cm，中国美术学院中国画系藏

潘天寿主要著作

著作

《中国绘画史》，上海商务印书馆，1926年。

《听天阁诗存》，1943年。

《顾恺之》，上海人民美术出版社，1958年。

《听天阁画谈随笔》，上海人民美术出版社，1980年。

《潘天寿美术文集》，人民美术出版社，1983年。

《潘天寿论画笔录》，叶留青记录整理，上海人民美术出版社，1984年。

《潘天寿谈艺录》，潘公凯编，浙江人民美术出版社，1985年。

《潘天寿诗存》，潘天寿纪念馆编，浙江美术学院出版社，1991年。

文章

《中国绘画史略》，载《新艺术半月刊》，1926年第7—9期。

《域外绘画流入中土考略》，载《中国绘画史》，上海商务印书馆，1936年。

《中国画院考》，载《高等教育季刊》，1942年第2卷第4期。

《中国花卉画之起源及其派别》，载《前途》，1933年第4期。

《校史》，载杭州国立艺术专科学校《艺专校庆特刊》，1947年。

《回忆吴昌硕先生》，载《美术杂志》，1957年第1期。

《吴道子的生平概况》，载《美术研究》，1957年第1期。

《谁说“中国画必然淘汰”》，载《美术研究》，1957年第4期。

《谈黄宾虹山水画的成就》，载《东海》，1962年第10期。

《谈中国画的布局》，载《美术丛刊》，1980年2月刊，总第9期。

《谈用笔》，载《迎春花》，1981年第4期。

散佚的著作和文章

《中国书法史》。

《无谓斋谈屑》。

画册

《白社画集》，潘天寿与人合编，上海金城工艺社，1932年。

《潘天寿画集》，上海人民美术出版社，1963年。

《潘天寿画集》，香港南通图书公司，1978年（根据上海人民美术出版社1963年版重印）。

《潘天寿画选》，上海人民美术出版社，1979年。

《潘天寿画辑》，人民美术出版社，1979年。

《潘天寿画集》，台湾艺术家出版社，1980年。

《潘天寿》（书画集），邓白跋，浙江人民美术出版社，1980年。

《潘天寿书画集》（上、下），王靖宪、李蒂编，人民美术出版社，1982年。

《潘天寿册页选》，浙江人民美术出版社，1984年。

《潘天寿绘画册》，香港半岛雅集出版社，1990年。

《潘天寿画集》，浙江人民美术出版社，1991年。

《荣宝斋画谱　写意花鸟部分》，荣宝斋出版社，1994年。

《中国近现代名家画集　潘天寿》，人民美术出版社，1994年。

《巨匠与中国名画·潘天寿》，卢炘编，台湾麦克股份有限公司出版社，1996年。

《潘天寿书画集》（上、下），《潘天寿书画集》编辑委员会编，浙江人民美术出版社，1997年。

《潘天寿画鹰》，湖北美术出版社，1999年。

《中国画名家作品精选　潘天寿作品》，陕西人民美术出版社，1999年。

《潘天寿山水》，卢炘编，西泠印社出版社，1998年。

《潘天寿书法集》，潘天寿纪念馆编，浙江人民美术出版社，2001年。

《世纪经典——潘天寿》，广东美术馆、潘天寿纪念馆合编，中国美术学院出版社，2003年。

《潘天寿作品精选》，天津杨柳青画社，2003年。

《潘天寿花鸟册》，上海画报出版社，2002年。

《中国现代十大名画家画集　潘天寿》，北京工艺美术出版社，2003年。

《中国画名家经典画库（现代部分）　潘天寿》，河北美术出版社，2003年。

《潘天寿画集》（上、下），人民美术出版社，2004年。

《潘天寿常用印款》，江吟主编，西泠印社出版社，2006年。

《中国名家绘画　潘天寿》，张胜远编，人民美术出版社，2006年。

《潘天寿印存》，刘江编订，西泠印社出版社，2007年。

《潘天寿艺术》，吕章申主编，安徽美术出版社，2011年。

《潘天寿全集》（1—5卷），《潘天寿全集》编辑委员会编，浙江人民美术出版社、浙江大学出版社，2014—2015年。

《民族翰骨——潘天寿诞辰120周年纪念图集》，许江主编，中国美术学院出版社，2017年。

《潘天寿书画精品集》，卢炘主编，浙江摄影出版社，2018年。

原版后记

《大笔淋漓》的书名出自潘天寿先生一首七绝，全诗为：“草草文章偏绝古，披离书画更精神。如椽大笔淋漓在，三百年中第一人。”此诗题于《徐天池墨花长卷》。徐天池（1521—1593）即徐渭，号青藤，浙江山阴（今绍兴）人，他是开大写意画派的杰出画家，又是著名剧作家（杂剧《四声猿》），一生潦倒，从不妩媚权势。其画“无法中有法”，“乱而不乱”。《明画录》谓其中岁始学花卉，初不经意，涉笔潇洒，天趣灿发，可称散僧入圣。潘天寿先生以“三百年中第一人”许之，可见其对徐渭的钦佩，也可视为相距数百年的大艺术家之神交。潘先生何尝不是如此，以其成就和人格也可谓入圣。为画圣立传我深感荣幸，但自1983年以来二十年间虽写过四五种篇幅不等的传记，总还留有不少遗憾。

1997年1月，中国青年出版社出版的《潘天寿》传记（二十七万字）列入“中国现代名人传记系列丛书”，再版时又列入“中国绘画大师传记系列丛书”。2000年10月，河北教育出版社出版的《潘天寿》传记列入“中国名画家全集”。前者是文学传记，后者属于评传。虽然在动笔之前有过许多年的积累，但1997年正值潘天寿先生诞辰一百周年，纪念活动前期的准备工作很紧张。筹办纪念大会、大型画展、学术研讨会及编论文集，还有一本《潘天寿诗词校注》，写传记只能利用间歇。完稿后曾想用一段时间坐下来修改润饰，但作为一百周年的献礼作品又有着时间上的无奈。想不到出版后同行和朋友们反映还不错，所以后来我才敢继续写评传之类的书。河北教育出版社出的书图文并茂，可读性相对要好一些。那时美院校园整改工程的基建工作已经上马，院领导又抽我去兼职。招投标、考察、签合同等事务十分繁杂。作为纪念馆馆长的我又不能放松本职工作，举办“潘天寿书法特展”，召开“潘天寿与二十世纪中国书法”学术研讨会，出版论文集；此后又组织馆外收藏“潘天寿作品展”“潘天寿生平图片展”“潘天寿、吴茀之、诸乐三书画联展”“海上十二家画展”“浙江中青年十二人展”等，每次活动都有学术座谈和书籍出版。也就是这段时间，“浙江文化名人传记丛书”中的《潘天寿传》交给我来完成。这是浙江省社会科学院对我的信任，况且又是本职工作，我自然欣然接受，但时间依然太紧。

这次写《潘天寿传》，我努力从潘天寿所处时代着眼，增加学术性，减少描写成分，但大体脉络和内容与中国青年出版社出版的《潘天寿》传记相近，也可以说是改写。

我曾经在《潘天寿研究》第二集的“编后记”中说过：“潘天寿研究是一个富矿，值得花精力长期研究发掘。”这些年我本人写的关于潘天寿的专著和文章，发表的文字已近一百万字，所编的更有二三百万字之多，但我要说，这还远远不够，潘天寿的文化意义开掘，还刚刚开始。我对自己所带的研究生说，继续这种研究，把潘天寿这样世界级的大画家的影响，从神州大地扩展到全球去，是你们这一代义不容辞的任务，我当与大家共同努力。真的，这是我的心愿。

最后，感谢潘天寿的家属、浙江省社会科学院的支持，使本书得以问世，并敬请读者批评指正。

卢　炘

2003年12月11日于中国美术学院

修订后记

《大笔淋漓——潘天寿传》出版二十年后，再版修订需要有些说明。这次就潘天寿诞辰一百二十周年纪念活动的重要学术成果，如“文化自信”等观点，以及潘天寿在美术史和美术教育史上的意义作一简单概述，增加了“第九章 高山仰止”。在附录中增加了“主要传世作品目录”，含二百二十二件书画作品的名称、尺幅以及收藏地，意在增加资料性和学术性；又增加了“潘天寿主要著作书目”以及一些文献照片。文字量略有增加，也作了一些勘误和文句修改，期待读者和专家批评指正。

最后，衷心感谢潘公凯、姜书凯、尚佐文、周飞强、陈永怡、徐新红、诸旻、诸正昊、董天依、卜根强、诸晓云等先生女士的大力支持，为我提供资料图片，节省了我很多时间！衷心感谢“浙江文化名人传记丛书”课题组的指导和关心！衷心感谢出版社的辛勤付出！

卢炘于2023年3月30日